Göschens Kaufmännische Bibliothek Band 5

Deutsch-Portugiesische Handelskorrespondenz

von

Prof. Carlos Helbling

ehemals Lehrer an der gewerblichen Fortbildungsschule zu Murnau (Bayern), Professor an der k. k. österreichischen Schule und am kgl. serbischen Gymnasium zu Konstantinopel, an der italienischen Nationalschule zu Kairo, an der französischen Handelsschule zu Smyrna, z. Z. Professor am Nationalkolleg und am polytechnischen Lyceum und Direktor eines Handelskursus zu Lissabon Ehrenmitglied der orientalischen Akademie „El Chark“ zu Konstantinopel

LEIPZIG

G. J. Göschen'sche Verlagshandlung

1904

Spamersche Buchdruckerei, Leipzig

Inhaltsverzeichnis. Indice.

Allgemeines.

Erläuterungen zum Warengeschäft.

Warengeschäfte.

Erläuterungen zum Bankgeschäft.

Wechselgeschäfte.

Kontokorrentgeschäfte.

Erläuterungen zum Kommissionsgeschäft.

Einkaufskommission.

Verkaufskommission.

Erläuterungen zum Speditionsgeschäft.

Aufgaben.

Umwandlung gegebener Brieftexte.

Inhaltsangabe für anzufertigende Briefe.

Warengeschäft:

Bankgeschäft:

Kommissionsgeschäft:

Speditionsgeschäft:

Sachregister.

Deutsche und portugiesische Formulare.

Allgemeines.

Aufschrift und Anrede.

Die Firma des Absenders findet sich meist vorgedruckt links oben am Briefbogen. Oft enthält der Vordruck Angaben über die telephonische oder telegraphische Verbindung:

E. Plantier e C.ia, Lisbôa

Telephone 22-34. Direcçäo telegraphica: Plantier, Lisbôa

Der Bindestrich in der Telephonnummer bedeutet, daß nach dem üblichen Anruf des Telephonbeamten die Nummer *vinte e dois . . . trinta e quatro* anzusagen ist, nicht: dois mil duzentos e trinta e quatro.

Abgekürzte Aufschriften (endereços telegraphicos) sind statt der vollen Adresse dann zulässig, wenn sie bei der Telegraphenanstalt hinterlegt worden sind. Bei der Hinterlegung ist eine besondere Gebühr im voraus zu entrichten.

Die bei Großstädten erforderliche Angabe der Straße pflegt dem Namen der Stadt und die der Hausnummer dem Namen der Straße vorausgestellt zu werden.

Im Vordruck erscheint die Hausnummer sehr häufig doppelt, vor und hinter dem Straßennamen; sie ist stets durch Komma getrennt:

33, Rua Santa Catharina, 33 no Porto
22, Avenida da Liberdade, 22, Lisbôa.

*

Bei kleineren Orten folgt dem Ortsnamen stets die Angabe der betreffenden Provinzen, Distrikte oder Kreise meist in Klammern:

em Lagos (Algarve) **em Leiria (Estremadura).**

Für Briefe, die an Behörden, Gesellschaften oder Körperschaften gerichtet sind, genügt es, auf dem Briefumschlag den Namen der betreffenden Körperschaft anzugeben:

Credito Franco-Portuguez, Lisbôa.

Oft wird jedoch vorgezogen, an den Vertreter der Gesellschaft zu adressieren:

Ex.mo S.r Director
do Banco de Portugal **Lisbôa.**

In der Anrede oder im Brieftexte selbst wird der berufene Vertreter der Körperschaft angeredet, oder die Ansprache richtet sich an die Mitglieder der Gesellschaft:

Ill.mo Ex.mo S.r Governador do Banco de Portugal.

*

Die vielgestaltete Anrede des deutschen Briefes, wie sie durch Beifügungen von „geehrt, geschätzt, hochgeehrt, hochzuverehrend" usw. entsteht, ist einfach durch Ill.mo S.r zu geben; die Ausdrücke: „Wohlgeboren", „Hochwohlgeboren" usw. bleiben ebenfalls unübersetzt.

Eine besondere Aufmerksamkeit liegt im Geschäftsbrief darin, daß man im Verfolge des Briefes das Illmo S.^{r} (Illustrissimo Senhor) durch den Ausdruck V. S^{a} (Vossa Senhoria) wiederholt:

Ill.^{mos} S.^{res} Bastos e filhos, Barcellos

Ill.^{mos} S.^{res} oder **Amigos e S.^{res}**

Temos a honra de participar a V. S^{a} ....

Der Anrede folgt weder Komma noch Ausrufungszeichen.

Bei Anführung besprochener Personen kann man die Abkürzung „S.^{r}" verwenden:

Respondi ao Sr Alberto

Die Kürzungen: P. P. = *praemissis praemittendis*, P. T. = *praemissis titulis*, S. T. = *sine* (*salvo*) *titulo*, in Rundschreiben, die sich an einen größeren Kundenkreis wenden, sind zwar nicht geläufig, doch findet man sie schon bisweilen verwendet.

Begrüſsungsformeln am Schluſs.

Als Begrüßungsformeln am Schlusse des Briefes dienen:

Receba V. S^{a} os meus comprimentos —

Com subida consideração e estima sou de V. S^{a} —

Aceite V. S^{a} o protesto dos meus melhores sentimentos —

Tenho a honra de ser de V. S^{a} —

und viele andere, die im Verlaufe unserer Briefsammlung zur Anwendung kommen werden.

Durch Beifügung von Eigenschaftswörtern, wie *sincero, respeitador* u. a. m. gewinnen diese Formeln an Höflichkeit.

Enthält der Briefschluß eine Bezugnahme auf den Absender des Briefes, so schreibe man:

Aguardando }
Esperando } *a sua favoravel resposta, temos a honra de subscrever*

de V. S^{a}

att.^{o} Ven.^{dor} (*e Am.^{o}*) oder *m.^{to} att.^{o} Ven.^{dor}*

Schreibung des Datums.

Die Angabe des Datums erfolgt durch Grundzahlen; der im Deutschen übliche Punkt verschwindet sohin im Portugiesischen, also:

Lisbôa, (em) 2 de Maio de 1903

Die Namen der Monate werden im Geschäftsbriefe meist mit großem Anfangsbuchstaben geschrieben.

Abkürzungen für die Monate sind wenig gebräuchlich; die Abkürzungen 7^{bro}, 8^{bro}, 9^{bro}, 10^{bro} unter allen Umständen zu vermeiden. Man schreibt jedoch vielfach:

Lisbôa, 5-5-03.

Gebrauch der Zeiten.

Der Portugiese verwechselt häufig das Futur mit dem Präsens.

Man sagt z. B.: Beigeschlossen finden Sie = *Junto encontrará V. S^{a}*

Aber wie im Deutschen: Ich bemerke = *faço lhe observar.*

Dagegen: Tun Sie was Sie wollen = *V. S^{a} fará o que entender,*

und wieder: Sie können auf uns ziehen = *V. S^{a} pode saccar contra nós.*

Konjunktiv statt des Imperatifs.

Höfliche Befehlsformen werden erzielt:

durch Umschreibung mit „querer": *queira (mandar),*

durch Anfügung von: *peço lhe o obsequio de (enviar),*

durch Verwendung des Futurs: *V. Sa terá a bondade de (enviar).*

Am 15. Mai zahlen Sie: *Em 15 de Maio pagará V. Sa*

Em 15 de Maio se servirá V. Sa de pagar.

Wir bitten um Ihre geschätzten Aufträge: *Queira favorecer — nos com as suas ordens.*

Preterito perfeito simples statt Imperfektum.

Sollen abgeschlossene Vorgänge besprochen werden — im kaufmännischen Briefe ist das die Regel — so darf weder das Imperfekt noch das zusammengesetzte Perfekt zur Bezeichnung des betreffenden Vorganges stehen, sondern ausschließlich das *Preterito perfeito simples:*

Wir erfuhren durch: *Soubemos por.*

Wir erlaubten uns: *Tomámos a liberdade de . . .*

Die Sendung entsprach nicht unseren Erwartungen: *A remessa não correspondeu á nossa expectativa.*

Umschreibung deutscher Umstandswörter.

Die nachstehenden Umstandswörter werden häufig in folgender Weise umschrieben:

Meine Depesche ist Ihnen jedenfalls rechtzeitig zugegangen: *O meu telegramma deveria ter lhe chegado a tempo ás mãos.*

Immerhin hat mich diese Nachricht beunruhigt: *Esta noticia não deixou comtudo de inquietar-me.*

*

angeblich	=	*como consta*
bald	=	*não tarda em*
ferner, weiterhin	=	*continua a*
gern, lieber	=	*preferir*
immerhin	=	*não deixar de*
jedenfalls	=	*em todo o caso*
leider	=	*sinto*
schließlich	=	*finalmente*
schwerlich	=	*estar impedido de*
soeben, sogleich	=	*acabar de*

Der kaufmännische Briefwechsel.

Der Briefwechsel des Kaufmanns hat die Erwerbung, Erhaltung und Erweiterung seiner geschäftlichen Beziehungen zur Aufgabe.

Der kaufmännische Brief ist in doppelter Hinsicht von Bedeutung:

1. stellt er die getroffenen Abmachungen fest und dient deshalb in Streitfällen als Beweismittel;
2. bildet er die Grundlage für die Eintragungen in die Geschäftsbücher.

Einen sachgemäßen Brief wird nur der verfassen können, der mit dem Entwickelungsgange des Geschäftes, über welches er schreibt, wohlvertraut ist und zugleich die zur Erledigung desselben erforderlichen geschäftstechnischen Kenntnisse besitzt. — Diese Kenntnisse allein aber befähigen noch nicht zur Abfassung eines guten kaufmännischen Briefes; der Korrespondent muß außerdem:

1. die im kaufmännischen Briefwechsel üblichen Ausdrucksformen beherrschen;
2. sich kurz, deutlich und sprachrichtig ausdrücken;
3. für übersichtliche Anordnung des Brieftextes sorgen.

In dieser Beziehung theoretische Anweisungen zu erteilen ist zwecklos, weil die Ansprüche außerordentlich verschieden sind und die Ausdrucksformeln je nach Art und Umfang des Geschäftes wesentlich voneinander abweichen.

Durch eingehendes Studium und gewissenhafte Nachahmung geeigneter Vorbilder wird der Lernende am schnellsten und sichersten in den Besitz der erforderlichen Kenntnisse gelangen. Die folgenden, dem Verkehrsleben der Gegenwart entlehnten Briefgruppen sollen ihm dabei behilflich sein.

Jede dieser Gruppen behandelt einen Geschäftsgang, d. h. sie umfaßt alle Verhandlungen, die von der Anbahnung bis zur Abwickelung des betreffenden Geschäfts geführt worden sind. Die verschiedenen Möglichkeiten, wie ein und derselbe Geschäftsgang sich abwickeln kann, sind in den einzelnen Beispielen berücksichtigt.

Die Gruppen untereinander sind so geordnet, daß der Lernende vom Leichteren zum Schwereren geführt wird.

Dem Inhalt nach behandelt die Sammlung in vier getrennten Abteilungen:

Abteilung A das Warengeschäft;
„ B „ Bankgeschäft;
„ C „ Kommissionsgeschäft;
„ D „ Speditionsgeschäft.

A correspondencia commercial

A correspondencia serve ao negociante para encetar novas relações, para ampliar e segurar as que ha.

Tem a correspondencia mais outros fins:

1.º authentica as convenções feitas e serve para estabelecel-as como prova perante a autoridade judicial, no caso de contestação.
2.º forma a base para a contabilidade.

Para redigir uma carta com conhecimento da causa, deve-se estar ao corrente dos negocios e possuir os conhecimentos technicos necessarios para fallar d'elles e formar o seu juizo.

Para redigir a carta convenientemente é preciso alem d'isso:

1.º observar a ordem methodica e as regras geralmente adoptadas
2.º empregar os termos proprios, os termos exactos
3.º exprimir-se com correcção, clareza, concisão e elegancia.

Attendendo ás exigencias diversas e á quantidade de modelos, que variam necessariamente entre si, conforme a natureza das operações e a importancia da casa que as desempenha, seria ocioso dar preceitos a este respeito. Só com larga pratica, estudando e imitando bons modelos obter-se-hão as qualidades tão preciosas que fazem o bom correspondente. As cartas seguintes são divididas em grupos. Cada grupo é composto d'uma serie de cartas, cada serie trata d'um ramo de negocios. Cada negocio é tratado desde o principio das relações até á sua conclusão definitiva. Os grupos são compostos de forma que demonstrem a diversidade das transacções e a variedade dos recursos para os levar ao fim. São coordenados conforme a maior ou menor difficuldade que apresentam, começando sempre pelo menos difficil.

Conforme o assumpto de que tratam, reunimos os grupos em 4 partes:

A. Primeira parte: *Commercio de mercadorias.*
B. Segunda parte: *Negocios de banco.*
C. Terceira parte: *Commissões e consignações.*
D. Quarta parte: *Transportes e seguros.*

Die jeder Abteilung vorangehenden Erläuterungen sollen einen allgemeinen Überblick über die Gattung vermitteln, während die den einzelnen Geschäftsgängen vorgedruckten Inhaltsangaben zugleich als Anleitung zur Ausarbeitung der Aufgaben dienen mögen.

A. Das Warengeschäft.

Im Warengeschäft kommen hauptsächlich folgende Briefgattungen in Betracht:

a) Anfragen (Bitte um Preisanstellung);
b) Anträge (Angebote, Anerbieten, Offerten);
c) Bestellungen (Aufträge, Orders);
d) Auftragsbestätigungen oder Ausführungsanzeigen mit Rechnung;
e) Begleichung der Rechnung (Anschaffung, Zahlung, Regulierung);
f) Empfangsbestätigungen (Empfangsanzeigen).

In einzelnen Fällen werden noch hinzukommen:

g) Erkundigungen;
h) Beschwerden (Reklamationen);
i) Mahnungen.

a) Anfragen (Bitte um Preisanstellung).

Eine wesentliche Aufgabe des Kaufmanns besteht darin, sich für seine Ware die billigsten Bezugsquellen zu sichern. Fehlt es ihm an Angeboten, oder erscheint ihm das Gebotene ungenügend, so wird er bei verschiedenen Lieferanten Umfrage halten und unter den eingehenden Angeboten seine Wahl treffen.

Anfragen können mündlich, telephonisch, telegraphisch oder brieflich erfolgen; sie erstrecken sich auf Beschaffenheit (Qualität), Menge (Quantität), Preis und Lieferungsbedingungen.

Für gewöhnlich bestätigt der vorsichtige Geschäftsmann brieflich die persönlich, telephonisch oder telegraphisch eingezogenen Erkundigungen, sowie die Antworten, die er darauf erhalten hat.

Cada uma d'estas partes é precedida de algumas noções geraes sobre a especie dos negocios de que trata. Para facilitar a comprehensão das differentes operações ha antes de cada grupo um resumo das cartas que o compõem.

Rascunhos de cartas, imitando estes resumos, servirão de base para o estudante redigir novas cartas.

No fim se dará uma pequena collecção dos formularios mais usados.

A. Commercio de mercadorias

O commercio de mercadorias dará lugar á correspondencia seguinte:

a) Iniciação de relações;
b) Offerecimento de serviços;
c) Ordens ou encommendas;
d) Confirmação de encommendas;
e) Liquidação de contas;
f) Aviso de recepção e recibos.

Em certos casos haverá ainda:

g) Informações e referencias;
h) Reclamações e justificações;
i) Intimação de pagamento.

a) Iniciação de relações

Descobrir bons productos a preço conveniente é uma das condições essenciaes para se sair bem no commercio. Compete ao negociante descobrir aquelle que produz melhor e ao preço mais barato e dirigir-se a elle de preferencia a outros para fazer as suas compras.

Estas investigações se fazem: de viva voz, por telephone, por telegrapho e por carta; referem-se: á quantidade, qualidade, ao preço e ás condições de venda.

As informações tomadas de viva voz, por telephone ou telegrapho, assim como as resportas recebidas são geralmente confirmadas por carta para evitar um malentendido.

b) Anträge (Anerbieten, Preisanstellung, Offerte).

Anträge können unmittelbar (direkt) oder mittelbar (indirekt) gemacht werden.

Indirekte Anerbieten erfolgen durch Auslegen der Ware an der Verkaufsstelle oder durch Vermittlung von Reisenden, Agenten, Kommissionären.

Direkte Anerbieten können persönlich, telephonisch, telegraphisch oder schriftlich gemacht werden.

Die schriftlichen Anerbietungen sind entweder allgemein gehalten und für einen größeren Kundenkreis berechnet (Zirkularanerbieten) oder sie tragen den Bedürfnissen des einzelnen Kunden Rechnung (briefliche Anerbieten).

Häufig gehen mit den brieflichen Anerbieten zugleich Warenproben und Preislisten an die Adressaten ab.

Lautet das Anerbieten auf einen bestimmten Warenposten, oder sind Qualität, Quantität, Preis und Lieferungsbedingungen angegeben, so ist der Verkäufer verpflichtet zu liefern.

Will er sich das Verfügungsrecht über die dem Käufer angestellte Ware vorbehalten, so muß er seinem Antrag das Wort „freibleibend", beifügen.

c) Bestellungen (Aufträge, Orders).

Bei Bestellungen müssen Beschaffenheit, Menge und Preis der geforderten Ware genau angegeben sein; häufig wird man dem Auftrag Vorschriften über Verpackung, Versendung und Zahlung hinzufügen.

Kann sich der Besteller auf früher erteilte Aufträge beziehen, so vermeidet er die Wiederholung dieser Angaben durch den Zusatz „wie gehabt".

d) Ausführungs-, Versandanzeigen und Rechnungen.

Kann ein Auftrag nicht sofort erledigt werden, so wird der Eingang desselben dem Auftraggeber vorläufig angezeigt. Zur Verhütung von Mißverständnissen wird die Bestellung in der Auftragsbestätigung wiederholt, oder es wird dem Briefe eine Kommissionskopie beigelegt.

Ist der Auftrag sofort ausführbar, so tritt an die Stelle der Auftragsbestätigung entweder die Versandanzeige oder der Fakturenbrief oder die Rechnung.

Die Versandanzeige oder der Text des Fakturenbriefes enthält:

1. Datum und Form der Bestellung (durch Telephon, Depesche, Brief, Vertreter);
2. Datum der Ausführung und Form der Versendung;
3. Rechnungsbetrag nebst Bitte um dessen Gutschrift;
4. Abmachung bezüglich der Zahlungen;
5. Bitte um weitere Aufträge.

b) Offertas de serviço

As offertas de serviço se fazem de viva voz, muitas vezes por intermedio de viajantes, representantes, agentes de commercio ou commissarios; fazem-se egualmente por telegrapho, telephone ou carta.

Quando as offertas de serviço , feitas por cartas, se dirigem á clientela inteira, são geralmente impressas (offertas em circular).

Quando são destinadas a um ou varios freguezes determinados, fazem-se por escripto (offertas em manuscripto).

A data da circular é a do dia da expedição ou mesmo não se põe data. Nos preços-correntes designa-se apenas o mez.

A offerta manuscrita, frequentemente acompanhada d'uma remessa de amostras, detalha e especifica a maior parte das vezes a qualidade, quantidade, o preço e as condições de venda d'um certo lote de mercadorias.

Neste caso, o proponente é obrigado a realisar a sua offerta, conforme o pedido do correspondente, a não ser que se tenha reservado o direito de dispôr por outra forma da mercadoria por uma clausula estipulada, como: «sem compromisso» — «salvo venda anterior».

c) Encommendas (ordens)

A encommenda deve mencionar d'uma maneira concisa a quantidade, a qualidade e o preço da mercadoria que se deseja. Muitas vezes o comprador dará indicações relativas á emballagem, expedição e liquidação.

Para fazer a sua encommenda, o committente pode anida servir-se d'uma nota de commissão. A nota de commissão é um impresso, contendo todos os pormenores necessarios para a execução da encommenda que o comprador encherá nos lugares deixados em branco.

d) Confirmação de encommendas

Se o fornecedor não poder executar immediatamente a encommenda recebida, tratará de accusar logo a recepção e confirmal-a ao committente por carta, postal ou nota de confirmação. Para evitar todo e qualquer malentendido conterá a confirmação os mesmos dizeres da encommenda ou da nota de commissão: a designação exacta da mercadoria, o preço, as condições de pagamento, desconto, de entrega etc.

Se as mercadorias encommendadas forem expedidas immediatamente, substitue-se a confirmação pela factura da venda.

Distinguem-se 2 especies de facturas: as facturas de praça, quando o comprador habita a mesma cidade que o vendedor; facturas de fóra, quando reside em qualquer outro lugar.

A factura deve contêr os dizeres seguintes:

Nome commercial ou firma do vendedor;

Lugar e data da venda;

O/nome commercial ou firma do comprador;

A quantidade (pezo, medida, cubagem), a designação e o preço da mercadoria;

A importancia total e as condições de pagamento.

Die Rechnung selbst muß folgende Angaben enthalten:

1. Namen oder Firma des Absenders der Ware (Verkäufers);
2. Ort und Zeit der Ausstellung der Rechnung;
3. Namen oder Firma des Empfängers der Ware (Käufers);
4. Zeichen und Nummer sowie Art der Verpackung (Faß, Kiste, Sack etc.);
5. Menge (Maß, Gewicht), Namen und Preis der Ware;
6. Beförderungsart (Bote, Fuhrmann, Post, Schiff, Bahn: Eil-, Frachtgut);
7. Angaben über Zahlung (Anschaffung, Regulierung).

Außerdem können noch Lieferungsfristen vereinbart, Versicherung der Ware auf dem Transport vorgesehen oder Bedingungen über Rücksendung der Verpackung, Zulässigkeit von Reklamationen u. s. w. gestellt werden.

e) Begleichung der Rechnung (Zahlung, Anschaffung, Regulierung).

Die Erlegung des Rechnungsbetrags seitens des Käufers kann nach Zeit, Form und Art verschieden sein; sie kann erfolgen:

a) „Zug um Zug", d. h. bei Übernahme der Ware;
b) „per Kasse", d. h. innerhalb einer kurzen Frist (10 bis 30 Tage) vom Datum der Faktur ab gerechnet;
c) „auf Ziel", d. h. nach einer im voraus bestimmten Frist;
d) „gegen Einsendung des Betrags" bei der Bestellung;
e) „gegen Nachnahme" durch die Post- und Bahnverwaltung.

Bar- und Zielkauf. Erfolgt die Bezahlung der Ware „Zug um Zug" oder „per Kasse", so spricht man von „Bar- oder Kontantkauf"; ist der Kaufpreis „auf Ziel" vereinbart, so bezeichnet man das Geschäft als Zeit oder Zielkauf.

Zahlungsmittel:

a) Bargeld (Gold, Silber oder Banknoten);
b) Wertpapiere (Wechsel, Scheck, Anweisung);
c) Waren, die in Gegenrechnung gestellt (abgerechnet, verrechnet) werden.

A factura d'expedição conterá alem d'isso:

A data e especie de encommenda: por telephone, telegramma, carta ou representante;

O modo e as condições de transporte: se em caminho de ferro de pequena ou grande velocidade; portes a pagar; portes pagos; livre de porte: por estafeta
» almocreve
» navio
» vapor

A marca, pezo [bruto e liquido], tara, cubagem, numero de ordem dos volumes e especie de emballagem [caixa, barril, sacco etc.].

Observação 1.ª: Quanto ás indicações que as facturas devem contêr, não ha ordem. Cada casa segue a ordem de indicação que lhe convem e nem sempre as emprega todas quantas aqui vêm enunciadas.

Para indicar o mesmo documento de venda ha 2 expressões: factura e conta. Em geral são confundidas; mas o termo *factura* applica-se ao documento *com* despezas: em geral são as de fóra: a expressão *conta*, emprega-se com referencia á venda *sem* despezas.

e) Liquidação de contas

Podemos effectuar a liquidação de differentes maneiras: conforme a epoca, o lugar, a forma e a maneira.

Epocas: As liquidações são effectuadas: «com antecipação, a prompto pagamento, a prazo».

O pagamento com antecipação pode ser feito por remessa de fundos por occasião da encommenda ou por reembolso.

As remessas por reembolso fazem suppôr que a mercadoria não será entregue ao comprador senão com pagamento da importancia da factura ou das despezas occasionadas pelo transporte. Os reembolsos se fazem por meio de correio, do caminho de ferro ou d'um commissario.

Pagamento de prompto: Estes pagamentos se effectuam na occasião da entrega. Muitas vezes o comprador faz um abatimento sobre a quantia a pagar que se chama «Desconto».

Comtudo no commercio de mercadorias, as liquidações no domicilio do devedor são egualmente considerados como pagamentos de prompto e gozam de desconto. O pagamento a prazo effectua-se n'uma epoca fixada de antemão, mas posterior á entrega da mercadoria e sem desconto.

Lugar e maneira: A liquidação se pode fazer por factura, recibo ou valor commercial.

1.º no domicilio do crédor (pagamento);

2.º no domicilio do devedor (cobrança);

3.º por lançamentos (cheque, letra, consignação).

Forma: A liquidação pode ser effectuada: em dinheiro (moedas de ouro ou prata), notas de banco em valores (valores de commercio, titulos, estampilhas), em mercadorias (por compensação de facturas).

Zahlungsformen:

a) Erlag des Betrags an der Kasse gegen Quittung;
b) Aushändigung des Betrags an den Verkäufer oder an dessen Bevollmächtigten (Reisenden, Agenten);
c) Vermittelung der Post (Postanweisung, Geldbrief);
d) Übertragung von einem Konto auf das andere (Giroverkehr).

Skonto. Käufer, die das vom Verkäufer gewährte Ziel in Anspruch nehmen, haben den vollen Fakturenpreis zu erlegen.

Zieht der Käufer vor, früher zu zahlen, so kann er einen Preisnachlaß beanspruchen, der sehr verschieden ist.

Im Warengeschäft pflegt die Höhe dieses Preisnachlasses in Prozenten ausgedrückt am Kopf der Faktur angegeben zu sein und wird meist Skonto, selten Rabatt oder Dekort genannt.

Der für Skonto angegebene Prozentsatz bezieht sich auf die Zahlungsfrist.

Sind also bei einer Rechnung von 1000 Mark, die in 3 Monaten zahlbar ist, 3% Skonto angegeben, so beträgt der Preisnachlaß bei Barzahlung 30 Mark.

Diskont. Im Bankgeschäft wird auf Wechsel, die noch nicht fällig sind, ebenfalls ein Preisnachlaß als Entschädigung für die Zinsen berechnet, welche bis zur Einlösung der Wechsel laufen. Auch dieser Preisnachlaß wird nach Prozenten berechnet, heißt Diskont und bezieht sich auf das Jahr.

Sind also bei einem Wechsel von 1000 Mark, der in 90 Tagen fällig ist, 3% Diskont zu berechnen, so beträgt der Preisnachlaß bei Begebung desselben 7,50 Mark.

Annahme von Geldbeträgen. Handlungsreisende sind kraft ihrer Stellung zur Erhebung von Geldern bei der Kundschaft befugt, dagegen müssen Agenten zur Entgegennahme von Zahlungen besonders bevollmächtigt sein.

Einziehung von Geldbeträgen. Fällig gewordene Rechnungsbeträge können durch Vermittelung der Post (Postaufträge, Postnachnahmekarten) eingezogen werden. — Mitunter beauftragt der Gläubiger einen Geschäftsfreund oder ein Bankhaus am Platze des Schuldners, den Betrag gegen Quittung zu erheben, nachdem er den Schuldner zuvor brieflich von diesem Schritte verständigt hat.

Überweisung. Die Begleichung des Rechnungsbetrags durch Überweisung kann nur erfolgen, wenn Käufer und Verkäufer bei demselben Bankhause Girokonto haben. Sie erfolgt durch Übertragung der vom Auftraggeber bezeichneten Summe, von dessen Konto auf das Konto des andern Girokunden.

Roter Scheck. Die Reichsbank besorgt diese Übertragungen für ihre Girokontoinhaber kostenlos und in jeder beliebigen Höhe, gleichviel ob sie auf denselben Platz lauten oder nach einem anderen Orte bestimmt sind, an dem sie eine Zweiganstalt unterhält.

Zu Übertragungen auf Konten an demselben oder an einem andern Bankplatze sind rote Scheckformulare bestimmt, die die Reichsbank kostenlos in Heften von mindestens 50 Stück an ihre Girokunden abgibt, und die diese sorgfältig aufzubewahren haben.

Observação 2: Quanto a pagamentos ha differentes formas sob o ponto de vista da *epoca:*

c/antecipação: se é feito antes do vencimento

a prompto e immediato pagamento: se é feito no acto da compra

a prompto pagamento: se se realisa nos primeiros 8 dias

a dinheiro: se se effectua em 30 dias

a prazo: quando se mencionar o dia do vencimento a um, dois, tres etc. mezes.

Desconto. E'o abataminto feito por aquelle que paga antes do termo fixado. No commercio das mercadorias o desconto é effectuado sobre o pagamento das facturas antes do vencimento.

Nas operações do banco, o desconto se faz pela negociação dos valores de commercio ainda não vencidos:

A taxa do desconto varia conforme as circumstancias, e é sempre estabelecido a tanto por cento. No commercio das mercadorias, a percentagem encontra-se indicada na factura e se refere ao prazo concedido para saldar. Para uma factura de 100$000, a 90 dias de vencimento, 3% de desconto representam pois 750 rs.

Observação 3: Segundo os costumes da praça o desconto de 3% corresponde a 6 mezes de prazo. Quem pagar 6 mezes antes do vencimento tem direito a 3% de desconto; quem liquidar 3 mezes antes, só tem direito a 1½%. — Por cada mez antes, n'uma palavra, ha jus a ½%.

Cobranças: Os viajantes e representantes de commercio em Portugal, caso que tenham o direito de fazer cobrança, são portadores d'uma autorisação especial da sua casa. As liquidações feitas sem autorisação especial do vendedor podem ser contestadas; aliás fazem-se por correio, banqueiro ou correspondente.

A administração dos correios encarrega-se da cobrança de facturas, recibos e valores de commercio que não excedam 300$000.

Os banqueiros cobram egualmente os valores que se lhes remettem para este fim; tarifas especiaes informam os freguezes das condições geraes, da perda no cambio, das reservas e restricções que o banqueiro leva necessariamente n'estas operações.

Transferencia de valores: E'a liquidação realisada pela transferencia d'uma quantia d'uma conta para outra. A transferencia faz-se varias vezes pelo banqueiro, que por ordem ou debito d'um dos seus freguezes leva a somma indicada ao credito d'um outro freguez.

«Bons» de transferencia: Os depositarios do Banco de Portugal têm a faculdade de fazer transferir, ao credito d'outros succursaes qualquer quantia até a importancia dos seus creditos; estas transferencias porem não podem pagar premio inferior a 200 reis.

Para simplificar a operação, o Banco de Portugal entrega aos seus depositarios «chéques de transferencia», impressos sobre papel azul e unidos em cadernetas. Tambem por carta se pode dar ordem de transferencia.

Recibo, Quitança. Estes nomes designam o escripto ou impresso accusando a recepção do pagamento.

No caso de pagamento por ordem ou por conta d'um terceiro o pagador exige 2 recibos, dos quaes um se chama «original» e o outro «duplicado». O primeiro fica em poder do pagador para documento de s/caixa, o segundo é remettido a quem ordenou o pagamento.

Weißer Scheck. Bare Abhebungen erfolgen durch weiße Schecks, welche auf eine bestimmte Firma mit dem Zusatz „oder Überbringer" lauten.

Die ursprünglich nur für den Platzverkehr bestimmten weißen Schecks dürfen neuerdings auch an Kontoinhaber anderer Bankplätze zahlbar gestellt werden, wenn sie in der Mitte des oberen Randes den Vermerk „Fernscheck" tragen.

Doppelquittung. Bei Zahlungen für Rechnung dritter werden die Quittungen doppelt ausgestellt; sie tragen dann den Vermerk „doppelt für einfach gültig".

f) Empfangsbestätigungen (Empfangsanzeigen).

Der Eingang einer Geldsendung wird dem Absender vom Empfänger durch Brief oder Postkarte bestätigt. Die Empfangsanzeige gibt den Betrag, das Zahlungsmittel, etwaige Abzüge für Skonto etc. und die Verbuchung an, die das Geld gefunden hat. Sie schließt gewöhnlich mit einem Worte des Dankes und der Empfehlung zu ferneren Diensten.

Em Portugal, os recibos a cima de 1$000 devem ser providos d'um sello para cada recibo ou verba em separado, tanto o original como o duplicado, sejam elles feitos em carta ou impressos.

A taxa é: de 1 a 10$000 . . . . 10 rs
de 10 a 50$000 . . . . 20 rs
de 50 a 100$000 . . . . 30 rs
de 100 a 250$000 . . . . 50 rs
de 250 a 500$000 . . . . 100 rs
e assim para diante com mais 50 rs para cada 250$000.

Os sellos devem ser inutilisados com a assignatura e a data.

Observação 4. Lei do sello: O commerciante procura sempre esquivar-se a despezas que podem ser evitados. Assim havendo necessidade de recibo em duplicado, resolve a difficuldade, fazendo um recibo com todas as formalidades da lei: é o que ha de servir para documento de caixa; quanto ao duplicado substitue-o por uma carta de aviso, fugindo a toda e qualquer expressão que signifique ou possa significar: *recebi.*

f) Aviso de recepção

Em geral, o destinatario annuncia ao expedidor, seja por carta, seja por bilhete postal, que recebeu a somma devida:

O aviso de recepção indica:

1.º a importancia e a forma da remessa

2.º a deducção feita por desconto, se houver

3.º a promessa de fazer lançamento em conformidade.

Muitas vezes os grandes estabelecimentos de commercio juntam ás suas remessas de valores «reléves», impressos a titulo de copiador. O destinatario não tem senão que devolver este aviso de recepção provido da sua assignatura e do respectivo sello.

NB. Costuma-se agradecer a quantia recebida recommendando-se para novas encommendas.

Briefe im Warengeschäft.

Kaffee.

1. Unter dem Datum des Poststempels offerieren Blank & Co., Leipzig, durch gedrucktes Zirkular ihrer Kundschaft besonders preiswerte Kaffees.

2. Am 10. August 19 . . wiederholen Blank & Co. brieflich ihre Offerte, da das Zirkular unbeantwortet geblieben ist; gleichzeitig überreichen sie Preisliste und Proben.

3. Am 15. August 19 . . bestätigt Richard Martin, Grimma, den Empfang des Antrags vom 10. d. M. und erteilt einen Auftrag.

4. Am 17. August 19 . . zeigen Blank & Co. mittels Fakturenbriefs an, daß der Auftrag ausgeführt ist.

5. Am 28. August 19 . . schickt Richard Martin den Rechnungsbetrag abzüglich Skonto per Post ein.

6. Am 29. August 19 . . bekennen sich Blank & Co. durch Postkarte zum Empfang des Geldes.

1.

Blank & Co.,
Kaffeeimport.
Fernsprecher No. 868.

Leipzig, Datum des Poststempels.

P. P.

Infolge günstiger Abschlüsse sind wir in der Lage, Ihnen folgende Kaffees in vorzüglicher Qualität zu den beistehenden sehr vorteilhaften Preisen unter bekannten Konditionen zu offerieren:

reell breitbohnigen Rio, je nach Qualität	85— 89	Pfennig.
„ Santos Perl	72— 98	„
gew. Guatemala	74— 84	„
Preanger	95—105	„
Menado	110—125	„

Wir bemerken, daß die Ende vorigen Jahres begonnene Preissteigerung langsam fortschreitet und sich besonders in den billigsten Sorten sehr bemerkbar macht. Es empfiehlt sich deshalb, mit der Bestellung nicht zu zögern.

Hochachtungsvoll

Blank & Co.

Negocio de mercadorias

Café

1.º Com data do dia, os S.res Quintão e C.ia, Lisbôa, offerecem á sua clientella diversos cafés por circular impressa.

2.º Em 10 d'Agosto de 19.. os S.res Quintão e C.ia repetem a sua offerta a Gustavo Saldanha, Setubal, por carta manuscripta. Pelo mesmo correio enviam amostras.

3.º Em 15 d'Agosto de 19.. Gustavo Saldanha, Setubal, accusa a Quintão e C.ia, Lisbôa, a recepção da sua offerta e faz uma encommenda.

4.º Em 17 d'Agosto de 19.. Quintão e C.ia, Lisbôa, dão aviso que a encommenda está executada e enviam factura.

5.º Em 28 d'Agosto de 19.. G. Saldanha, Setubal envia a Quintão a C.ia, a importancia da factura com deducção do desconto.

6.º Em 29 d'Agosto de 19.. Quintão e C.ia, Lisbõa, accusam a G. Saldanha, Setubal, a recepção da remessa do dinheiro.

1.

QUINTÃO E C.ia
Conde Barão 25
LISBÔA
Importação directa
Telephone n.º 23.

Lisbôa, Maio de 19..

Em consequencia de não haver intermediario algum, temos a vantagem de lhe poder offerecer, em qualidade superior, a preços favoraveis, livres de todas as despezas, e postas na estação as seguintes qualidades de café:

N.º 264	Santos,	avariado, bom, conf. qualid: a	R.s	2300	por	15 K
» 267	»	superior, extra	»	3600	»	»
» 312	»	Guatemala lavado	»	3750	»	»
» 362	»	Cabo Verde	»	3950	»	»

Desde o proximo mez passado os preços do café estão muito firmes; parece portanto inevitavel uma alta importante.

No Brazil sobe ella por 20 % nas qualidades ordinarias. Como compramos os nossos cafés directamente nas colonias, garantimos a sua pureza

Com toda a consideração

Quintão e C.ia

2.

Blank & Co.,
Kaffeeimport.
Fernsprecher No. 868.

Leipzig, den 10. August 19..

Herrn Richard Martin, Grimma.

Zu unserem Bedauern vermissen wir seit längerer Zeit Ihre geschätzten Aufträge.

Wir übersandten Ihnen heute per Post unsere soeben zur Ausgabe gelangte Preisliste für rohe und geröstete Kaffees zur gefl. Durchsicht.

Außerdem bemusterten wir Ihnen als besonders preiswert, ab hier zu den bekannten Bedingungen:

No. 820 ff. Menado per $^1/_2$ kg à 120 Pf.
„ 842 ff. Guatemala „ „ „ à 82 „

Es würde uns freuen, wenn diese Kaffees Ihren Beifall fänden und Sie uns Ihre geschätzten Aufträge überschreiben wollten.

Hochachtend

Blank & Co.

3.

Richard Martin,
Kolonialwaren.

Grimma, den 15. August 19..

Herren Blank & Co., Leipzig.

Im Besitz Ihres Geehrten vom 10. d. M. danke ich Ihnen für gefl. Zusendung der Preisliste und Proben.

Für die mir bemusterten Kaffees habe ich augenblicklich keine Verwendung. Dagegen bitte ich Sie, mir als Frachtgut zu senden:

2 Sack Salem Plantagen . . . . à ℳ 1,10
1 „ ff. Santos reell breitbohnig à „ 0,65

Ich rechne auf umgehende Erledigung meines Auftrags und zeichne

hochachtungsvoll

Richard Martin.

2.

QUINTÃO e C.ia
Conde Barão 25
LISBÔA

Lisbôa, 10 d'Agosto de 19 . .

Ill.mo S.r Gustavo Saldanha, Setubal

Sentimos bastante não termos ha tempo recebido as s/ordens.

Tomamos pois a liberdade de remetter-lhe, cintado, o n/ultimo preço-corrente de cafés crús e torrados. Alem d'isso enviamos pelo correio, como especialmente recommendaveis; amostras de:

N.º 842	Guatemala lavado	por	15 k.º	. . .	R.s 3750
» 820	Cabo Verde	»	15 »	. . .	» 3950

franco e livre de direitos.

Muito estimariamos receber as s/ordens.

Esforçar-nos-hiamos por justificar a confiança com que tivesse a bondade de honrar-nos.

Com a mais subida consideração

de V. Sa

att.os Ven.dores obg.dos
Quintão e C.ia

3.

GUSTAVO SALDANHA
Artigos coloniaes

Setubal, 15 d'Agosto de 19 . .

Ill.mos S.res Quintão e C.ia, Lisbôa

Agradeço a remessa do s/preço-corrente e as s/amostras do 10 c.

Por agora não me interessam os cafés que me designaram.

Queiram enviar-me, em pequena velocidade, livre de direitos:

2	saccas	Santos avariado	por	15 k.º	. . .	R.s 3100
1	sacca	» superior	»	15 »	. . .	» 3810

Conto com prompta execução da m/encommenda e apresento lhes os m/respeitosos cumprimentos

Gustavo Saldanha.

4.

Blank & Co.,
Kaffeeimport.
Fernsprecher No. 868.

Leipzig, den 17. August 19..

Herrn Richard Martin, Grimma.

Über den uns am 15. d. M. brieflich *erteilten Auftrag beehren wir uns, Ihnen untenstehende Faktur zu erteilen, deren Betrag Sie uns mit:*

ℳ 437,95 *gefl. gutschreiben wollen.*

Wir halten uns zu ferneren Aufträgen bestens empfohlen und zeichnen

hochachtungsvoll

Blank & Co.

Rechnung
von
Blank & Co.

Ziel 3 Monate *oder per Kasse* mit $1\frac{1}{4}$% Skonto
innerhalb 14 Tagen vom Tage der Ausstellung ab.

Erfüllungsort Leipzig.

Reklamationen werden nur berücksichtigt, wenn sie innerhalb 8 Tagen, vom Empfang der Ware an gerechnet, erfolgen.

Wir sandten Ihnen auf Ihre Order, Rechnung und Gefahr ohne unsere Verantwortlichkeit für Gewichtsdifferenzen durch Bahn:

C P	2 Bll. ff. Salem Plantagen			
5 & 6	B° 160 T^a 2 Ntto. 158 à 1,10 per ½ kg . . .	ℳ	347	60
B & C	1 Bll. ff. Santos breitbohnig			
3228	B° 70 T^a ½ Ntto. 69½ à 65 per ½ kg . . .	„	90	35
		ℳ	437	95

5.

Richard Martin,
Kolonialwaren.

Grimma, den 28. August 19..

Herren Blank & Co., Leipzig.

Zum Ausgleich Ihrer Rechnung vom 17. d. M. übersende ich Ihnen beiliegend:

ℳ 432,45,
zuzüglich „ 5,50 $1\frac{1}{4}$ % Skonto
ℳ 437,95, wofür Sie mich unter gefl. Empfangsanzeige erkennen wollen.

Hochachtungsvoll

Richard Martin.

4.

QUINTÃO e C.ia
Conde Barão 25
LISBÔA

Lisbôa, 17 d'Agosto de 19..

Ill.mo S.r Gustavo Saldanha, Setubal

Temos a honra de lhes remetter junto a esta a factura da encommenda que teve a bondade de fazer-nos pela s/estimada do 15 c.

Esta factura se eleva a

R.s 56.465

que rogamos o favor de levar ao n/credito.

Esperando as s/novas ordens queira aceitar os protestos da n/consideração

Quintão e C.ia

S.r Gustavo Saldanha, Setubal
Deve a Quintão e C.ia

Factura dos artigos abaixo-remettidos em caminho de ferro, pequena velocidade, franco estação de Setubal, por s/conta e risco

Marcas e Numeros	Quantid.	Designação da Mercadoria	Preço por 15 k.o	$	Importancia
H. Q.					
26.69	*2*	*Saccas Santos avariado 150 k.o* . . .	*31.00*	*31,000*	
283	*1*	*Sacca Santos superior 100 k.o*	*38.20*	*25,465*	*56.465*

5.

GUSTAVO SALDANHA
Artigos coloniaes

Setubal, 28 d'Agosto de 19..

Ill.mos S.res Quintão e C.ia, Lisbôa

Para liquidação da s/factura do 17 c., remetto incluso:

2 Notas de banco N.os	76543 . .	50,000
	84325 . .	5,000
em estampilhas		0,335
2 % de Desconto		1,130
	Total R.s	56,465

Queiram accusar-me a recepção na volta do correio.
Sem mais sou com estima

de V. Sa

att.o Ven.dor
Gustavo Saldanha.

6. (Postkarte.)

Herrn Richard Martin, Grimma.

Wir bekennen uns zum Empfange der uns mit Brief vom 28. August 19.. gefälligst übersandten:

ℳ 432,45, die wir nebst
„ 5,50 $1^1/_4$ % Skonto Ihrem werten Konto mit
ℳ 437,95 dankend gutschrieben.

Leipzig,
den 29. August 19..

Hochachtungsvoll
Blank & Co.

6.

QUINTÃO e C.ia
Conde Barão 25
LISBÔA

Lisbôa, 29 d'Agosto de 19..

Ill.mo S.r Gustavo Saldanha, Setubal

Conforme o detalhe abaixo, accusamos a recepção da s/carta do 28 c.te que continha

R.s 56,465

pelos quaes creditamos a s/conta, valor correspondente a s/factura do 17 c.

Esperando o favor das s/novas ordens, creia-nos

s/remessa do 28 c.	R.s	55	335
Desconto 2%	»	1	130
N/factura do 17 c.	»	56	465

de V. Sa

att.os Ven.dores

Quintão e C.ia

Spielwaren.

7. Am 10. Dezember 19 . . bestellt Emil Sanders, Hannover, durch Telegramm bei R. Frank & Söhne, Sonneberg in Thüringen, 10 Dutzend Puppen.

8. Am 10. Dezember 19 . . bestätigt Emil Sanders, Hannover, dieses Telegramm brieflich.

9. Am 11. Dezember 19 . . sichern R. Frank & Söhne, Sonneberg, pünktliche Ausführung der Bestellung zu.

10. Am 17. Dezember 19 . . übersenden R. Frank & Söhne, Sonneberg, Fakturenbrief; die Puppen sind in 5 Postpaketen verschickt worden, der Rechnungsbetrag soll bei Vereinsbank, Hannover, eingezahlt werden.

11. Am 17. Dezember 19 . . beauftragen R. Frank & Söhne, Sonneberg, die Vereinsbank, Hannover, den Rechnungsbetrag bei Reichsbankstelle Erfurt für sie einzuzahlen.

12. Am 28. Dezember 19 . . benachrichtigt Emil Sanders, Hannover, die Lieferanten, daß er den Rechnungsbetrag bei Vereinsbank, Hannover, erlegt hat.

13. Am 28. Dezember 19 . . quittiert Vereinsbank, Hannover, auf Formular über den empfangenen Rechnungsbetrag.

7.

Depesche unter dem Datum 10. Dezember 19 . .

Puppenfrank Sonneberg.

Sendet postwendend zehn Dutzend Puppen 712.

Sanders.

Brinquedos

7.º Em 10 de Dezembro de 19.. Andreas Machado, Pampilhosa, encommenda á Ribeiro, irmãos, Rua de Cedofeita, 17 Porto, em telegramma: 10 grozas de bonecas de barro.

8.º Em 10 de Dezembro de 19.. este telegramma é confirmado por carta e nota de commissão.

9.º Em 11 de Dezembro de 19.. Ribeiro, Porto, accusa a Machado, Pampilhosa, a recepção da encommenda pelo s/representante.

10.º Em 17 de Dezembro de 19.. Ribeiro irmãos, Porto enviam a Machado, Pampilhosa, a factura da sua encommenda, expedida no mesmo dia em 3 colis postaes de 3 kilos para a estação de Pampilhosa. A liquidação deve ser feita por intervenção de M. Pereira, banqueiro em Pampilhosa.

11.º Em 28 de Janeiro de 19.. Ribeiro irmãos, Porto, pedem a M. Pereira Pampilhosa que lhes envie a importancia da s/factura por transferencia ao banco de Portugal succursal em Coimbra.

12.º Em 30 de Janeiro de 19.. A. Machado, Pampilhosa, previne os s/fornecedores da transferencia, effectuada conforme as s/instrucções, á caixa de M. Pereira, banqueiro em Pampilhosa. Remette lhes:

13.º O duplicado do recibo, provido dos competentes sellos.

7.

Telegramma:

RIBEIRO, PORTO

Enviem 10 grozas de bonecos de barro 110 por correio

Machado.

8.

Hannover, den 10. Dezember 19..

Herren R. Frank & Söhne, Sonneberg.

Ich bestätige mein heutiges Telegramm:

„Sendet postwendend zehn Dutzend Puppen 712“.

Die Ware muß spätestens am 18. d. M. hier eintreffen; andernfalls bitte ich die Zusendung zu unterlassen.

Achtungsvoll

Emil Sanders.

9.

Sonneberg, den 11. Dezember 19..

Herrn Emil Sanders, Hannover.

Ihren gefälligen Auftrag vom 10. d. M. auf:

10 Dutzend Puppen 712

haben wir vorgemerkt und werden Ihnen die Sendung rechtzeitig zugehen lassen.

Stets gern zu Ihren Diensten

hochachtungsvoll

p. pa. R. Frank & Söhne

R. Welter.

8.

Bazar Catholico
ANDREAS MACHADO
PAMPILHOSA

Pampilhosa, 10 de Dezembro de 19..

Ill.mos S.res Ribeiro, irmãos, Porto

Confirmo o m/telegramma d'esta manhã

Enviem por correio 10 grozas de bonecos de barro 110

Preciso d'esta mercadoria até 18 c., o mais tardar. Passado este prazo fica a encommenda sem effeito.

Recebam os m/respeituosos comprimentos

Andreas Machado.

Nota de Commissão

BAZAR CATHOLICO, PAMPILHOSA

N.º 2345

Pampilhosa, 10 de Dezembro de 19..

Encommenda aos Ill.mos S.res Ribeiro, Irm.s, Porto

Os artigos abaixo-designados, nas seguintes condições:
Entrega: immediata, o mais tardar até 18 cor.
Pagavel: 30 dias; emballagem e porte extra 5 % de bonificação; 2 % a prompto pagamento 10 grozas de bonecos de barro 110 á 2 $400.

9.

Manufactura de brinquedos
RIBEIRO IRMÃOS
R. de Cedofeita 17
PORTO
Telephone 26—14 Telegramma:
Ribeiro

Porto, 11 de Decembro de 19..

Ill.mo S.r Andreas Machado, Pampilhosa

Tomamos nota da encommenda que nos fez por carta em 10 do mez corr.:

10 grozas de bonecos de barro N.º 110

Temos a honra de informar V. Sª que a remessa será feita no prazo designado e por correio, conforme o s/pedido.

Sempre ás s/ordens aceite os sinceros cumprimentos de quem é

de V. Sª

att.º Ven.dor

por Ribeiro, irmãos
Alfredo da Cunha.

10.

Telephon No. 2614.
Depeschenadresse: Puppenfrank.
Girokonto: Reichsbankstelle Erfurt.

Sonneberg, den 17. Dezember 19 . .

Rechnung

von R. Frank & Söhne.

für Herrn Emil Sanders, Hannover.

Reklamationen werden nur 8 Tage nach Empfang der Ware berücksichtigt.
Konditionen: 4 Monat; per Kasse mit 3 % Skonto, franko hier.

Kistenzeichen	*Gros*	*Dutzend*	*Stück*	*Wir senden Ihnen für Ihre Rechnung und Gefahr durch:* die Post	*Zahlbar in Erfurt*					
				5 Pakete mit Adresse						
		10		Puppen 712 ℳ	3	30	—			
				10 % Skonto „		3	—			
				ℳ		27	—			
				Packung „		1	—			
				Porto „		2	50	ℳ	3 0	5 0
				zur gefl. Gutschrift.						

Den Betrag belieben Sie wie früher bei Vereinsbank Hannover für unsere Rechnung zu erlegen.

Wir bitten um baldige Erneuerung Ihrer geschätzten Aufträge und empfehlen uns

hochachtungsvoll

R. Frank & Söhne.

11.

Sonneberg, den 17. Dezember 19 . .

Vereinsbank, Hannover.

Herr Emil Sanders, dort, wird demnächst für unsere Rechnung bei Ihnen einen kleineren Betrag erlegen, den Sie gefl. mit der Reichsbankstelle Erfurt zu unseren Gunsten verrechnen wollen.

Hochachtungsvoll

R. Frank & Söhne.

10.

Brinquedos de Crianças
Empreza ceramica
Marca da fabrica R. J.

Ceramica
RIBEIRO IRM.S
17 Rua de Cedofeita 17

Telephone 26—14
Telegrammas:
Ribeiro, Porto

Porto, 17 de Dezembro de 19..

Deve o Ill.mo S.r Andreas Machado, Pampilhosa

As mercadorias seguintes, expedidas de s/c e risco, pagaveis em Coimbra com 30 dias de prazo depois da entrega e com o desconto de 2 % e bonificação de 5 %

Não se aceitam reclamações passado 8 dias depois da entrega	Marca e Numero	Groza	Duzia	Peças			$	$
	RF	*10*	—	—	*bonecos de barro N.o 110* . .	*2400*	*24 000*	*24 000*
					emballagem			*800*
					porte			*375*
								25 175
					Desconto 2 %		*480*	
					Bonificação 5 %		*1 200*	*1 680*
							R.s	*23 495*
					Valor para 31 de Janeiro proximo			

Temos a honra de remetter a V. Sa a factura junta das mercadorias que teve a bondade de nos encommendar por carta do 10 c. Agradecemos o obsequio de entregar ao S.r Pereira, desta cidade a importancia de 23 $495.

Na esperança de novas ordens ficamos com toda a consideração

De V. Sa

M.to att.os Ven.dores

por Ribeiro Irm.s
Alfredo da Cunha

11.

Manufactura de brinquedos
RIBEIRO IRM.S
17 Rua de Cedofeita 17
PORTO

Porto, 28 de Janeiro de 19..

Ill.mo S.r Henrique Pereira, Pampilhosa

Damos lhe parte que o S.r Andreas Machado da s/cidade lhe remetterá 23 $495 importancia da n/factura.

Queira fazer entregar esta quantia a succursal do Banco de Portugal em Coimbra, a credito da n/conta.

Com subida consideração e respeito, subserevemo-nos

De V. Sa

att.os Ven.dores

por Ribeiro Irm.s

12.

Hannover, den 28. Dezember 19 . .

Herren R. Frank & Söhne, Sonneberg.

Zum Ausgleich der mir am 17. Dezember a. c. gesandten Rechnung erlegte ich heute bei der hiesigen Vereinsbank:

	ℳ 29,60
die Sie zuzüglich 3 % Skonto	„ —,90
mit	ℳ 30,50

zur Entlastung meines Kontos verwenden wollen.

Achtungsvoll

Emil Sanders.

13.

Vereinsbank, Hannover.

No. 116 A

Für ℳ 29,60

Hannover, 28. Dezember 19 . .

Wir beehren uns, Ihnen doppelt *nur für einfach gültig anzuzeigen, daß uns heute von*

Herrn Emil Sanders, hier,

im Auftrage und für Rechnung } Ihre eigene

Mark Neunundzwanzig 60/100

erlegt wurden, welche wir Ihnen unter besonderer Aufgabe gutbringen.

Hochachtungsvoll

Herren R. Frank & Söhne, Sonneberg.

Vereinsbank.

Wilk. Klein.

12.

Bazar Catholico
ANDREAS MACHADO
PAMPILHOSA

Pampilhosa, 30 de Janeiro de 19..

Ill.mos S.res Ribeiro, Irm.s, Porto

Para pagamento da s/factura do 17 de Dezembro do proximo passado, remetti conforme as suas instrucções da mesma data, ao S.r Henrique Pereira d'esta cidade:

R.s 23 $ 495

pela qual me creditará sem outro aviso. Incluo recibo.

Aceitem os m/sinceros cumprimentos

Andreas Machado.

(1 recibo)

13.

RECIBO

Recebi do Ill.mo S.r Andreas Machado, Pampilhosa

por ordem de }
por conta de } S.res Ribeiro, Irm.s, Porto

a quantia de Vinte e tres Mil quatro centos e noventa e cinco reis de que passei 2 recibos, um só valido

Pampilhosa, 30 de Janeiro de 19..

Henrique Pereira.

São R.s 23 $ 495

Strickwaren.

14. Am 1. August 19.. bestätigt Alfred Krause, Riesa a/Elbe, der Chemnitzer Tricotagenfabrik, A.-G., Chemnitz i. S., den soeben telephonisch erteilten Auftrag auf eine Lieferung per September.

15. Am 2. August 19.. bestätigt die Chemnitzer Tricotagenfabrik, A.-G., Chemnitz i. S., diesen Auftrag.

16. Am 25. September 19.. meldet die Chemnitzer Tricotagenfabrik, A.-G., Chemnitz i. S. die Ausführung des Auftrags.

17. Am 25. September 19.. überreicht die Chemnitzer Tricotagenfabrik, A.-G., Chemnitz i. S. Alfred Krause, Riesa a/E., Faktur.

18. Am 26. September 19.. bitten Spediteure J. Schneider & Co., Chemnitz i. S., durch Postkarte Alfred Krause, Riesa a/E., über die Ware zu verfügen.

19. Am 27. September 19.. ordnet Alfred Krause, Riesa a/E., an, ihm die Strickwaren zuzusenden.

20. Am 30. September 19.. meldet Alfred Krause, Riesa a/E., der Chemnitzer Tricotagenfabrik, A.-G., daß er den Fakturenbetrag bei der Reichsbank angewiesen habe.

21. Am 2. Oktober 19.. quittiert die Chemnitzer Tricotagenfabrik, A.-G., Chemnitz i. S., über den Empfang des Geldes.

14.

Alfred Krause.
Telephon No. 13.

Riesa a/E., den 1. August 19..

Chemnitzer Tricotagenfabrik, A.-G., Chemnitz.

Unter Bezugnahme auf die soeben gehabte telephonische Besprechung wiederhole ich hiermit den Ihnen erteilten Auftrag auf:

100 Dtzd. Strümpfe No. 246 à ℳ 3,—
150 „ „ „ 316 à „ 3,50

lieferbar per Ende September, gegen 30 Tage Ziel bei 2 % Skonto; Verpackung franko.

Die Sendung belieben Sie wie bisher zur Verfügung der Herren J. Schneider & Co., dort, zu halten, denen ich Versandauftrag erteilen werde.

Sorgfältigster Ausführung meines Auftrags, dessen umgehende Bestätigung ich mir erbitte, gewärtig, zeichne ich

hochachtungsvoll

Alfred Krause.

Artigos de Malha

14.º Em 1 d'Agosto de 19.. Luiz Lami, Santarem, confirma por carta a ordem telegraphica dada n'esse dia a João Monteiro pae e filho, Thomar.

15.º Em 2 d'Agosto de 19.. João Monteiro, pae e filho, Thomar, confirmam a ordem recebida a Luiz Lami, Santarem.

16.º Em 25 de Setembro de 19.. João Monteiro, pae e filho, Thomar, mandam a Luiz Lami, Santarem, o duplicado da guia de remessa.

17.º Em 25 de Setembro de 19.. João Monteiro, pae e filho, Thomar remettem a Luiz Lami, Santarem, factura das Mercadorias, remettidas aos cuidados de Dantas irmãos, recoveiros em Santarem.

18.º Em 26 de Setembro de 19.. Dantas, irmãos, Thomar, convidam Luiz Lami, Santarem por bilhete postal, para dispôr da remessa.

19.º Em 27 de Setembro de 19.. Luiz Lami, Santarem, dá ordem a Dantas, irmãos, Thomar, de expedir a caixa.

20.º Em 30 d'Outubro de 19.. Luiz Lami, Santarem, envia um Chèque sobre o Credito Franco-Portuguez, Lisbôa, em liquidação da factura d'esta remessa.

21.º Em 2 de Novembro de 19.. João Monteiro, pae e filho, Thomar, accusam a recepção do chèque.

14.

Antiga casa
LUIZ LAMI, SUCC.or
MEIAS, PIUGAS
em lã, algodão e fio
Telephone N.º 13.

Santarem, 1 d'Agosto de 19..

N.º 7245

Ill.mos S.res João Monteiro, pae e filho, Thomar

Confirmo a ordem que lhe transmetti por telegramma:

100 Duz. pares de piugas d'algodão	N.º 246	à	600 R.s
150 « » » meias de lã, qual. sup.	» 316	à	1$800

a entregar em fins de Setembro proximo, com liquidação a 30 dias de prazo com 2 % de desconto.

Queiram ter a mercadoria á disposição dos S.res Dantas, irmãos que se encarregarão da expedição.

Recommendando ao s/bom cuidado a execução d'esta encommenda, fico com toda a consideração

de V. Sª

M.to att.º Ven.dor

Luiz Lami.

15.

Chemnitzer Tricotagenfabrik, A.-G.,
Chemnitz.
Girokonto bei der Reichsbank.
Girokonto bei der Sächs. Bank.
Telegrammadresse: Tricotnolte.
Telephonanschluß No. 416.

Chemnitz, den 2. August 19..

Herrn Alfred Krause, Riesa a/E.

Hierdurch bestätigen wir Ihnen dankend den uns gestern erteilten Auftrag auf:

100 Dutzend Strümpfe No. 246 à ℳ 3,—
150 „ „ „ 316 à „ 3,50

per Ende September, gegen Kasse mit 2 % Skonto.

Wir werden die Bestellung sorgfältig ausführen und halten uns für ferneren Bedarf bestens empfohlen.

Hochachtungsvoll

Chemnitzer Tricotagenfabrik, A.-G.
Richard Nolte.

16.

Chemnitzer Tricotagenfabrik, A.-G.,
Chemnitz.
Girokonto bei der Reichsbank.
Girokonto bei der Sächs. Bank.
Telegrammadresse: Tricotnolte.
Telephonanschluß No. 416.

Chemnitz, den 25. September 19..

Herrn Alfred Krause, Riesa a/E.

Den uns am 1. August a. c. gütigst erteilten Auftrag haben wir bestens ausgeführt und die Ware ordnungsgemäß zur Verfügung von J. Schneider & Co., hier, gestellt.

Anbei finden Sie Rechnung darüber, deren Betrag von

ℳ 825,—

Sie uns gefl. gutbringen wollen.

Wir danken für das uns geschenkte Vertrauen und bitten, uns auch ferner damit beehren zu wollen.

Hochachtungsvoll

Chemnitzer Tricotagenfabrik, A.-G.
Richard Nolte.

15.

Artigos de Malha
JOÃO MONTEIRO, pae e filho
THOMAR
Direcção telegraphica:
Jomonto, Thomar

Thomar, 2 d'Agosto de 19..

Ill.mo S.r Luiz Lami, Santarem

Tomamos nota da s/encommenda de hontem:

100 Duz. pares de piugas d'algodão N.º 246 à 600 R.s
150 » » » meias de lã qual. sup. » 316 à 1$800

para entregar em fins de Setembro proximo, liquidação a 30 dias depois da entrega, com 2% de desconto.

Faremos tudo quanto possivel para executar esta encommenda com inteira satisfação sua.

Esperando as s/novas ordens somos com toda a consideração.

De V. Sa

M.to att.o Ven.dor

por João Monteiro, pae e filho
Ferreira.

16.

ARTIGOS DE MALHA EM TODOS OS GENEROS
Marca de fabrica
J. M. P. e F.
registrado

JOÃO MONTEIRO
pae e filho

Santarem, 25 de Setembro de 19..

Mercadorias entregues ao S.r Luiz Lami, Santarem por intermedio dos S.res Dantas, irmãos, recoveiros, para ser expedido em pequena velocidade, estação Santarem.

Sendo os nossos artigos cuidadosamente emballados, não somos responsaveis por avarias em transito.	N.º do Catalogo	Quant.	Designação dos objectos
	246	*100 Duz.*	*pares de piugas de algodão*
	316	*150 »*	*» » meias de lã qual. super. n'uma caixa J. M. N.º 4575 pezo: 76 k.os 500*

17.

Chemnitzer Tricotagenfabrik, A.-G.
Chemnitz.
Girokonto bei der Reichsbank.
Girokonto bei der Sächs. Bank.
Telegrammadresse: Tricotnolte.
Telephonanschluß No. 416.

Chemnitz, den 25. September 19..

Rechnung

für Herrn Alfred Krause, Riesa a/E.
von Chemnitzer Tricotagenfabrik, A.-G.

		M	₰	M	₰
Gerichtsstand Chemnitz.	Wir sandten Ihnen für Ihre werte Rechnung und Gefahr durch J. Schneider & Co., hier:				
Str.-Fol. 17. Komm.-No. 196.	100 Dtzd. Strümpfe No. 246 à	3	—	300	—
	150 „ do. „ 316 „	3	50	525	—
	Ziel 30 Tage. 2% Skonto.			825	—

Alle unsere Waren reisen ab Abgangsstation auf Gefahr des Empfängers. Reklamationen haben innerhalb 8 Tagen zu erfolgen, andernfalls lehnen wir jede Verbindlichkeit ab.

18. (Postkarte.)

J. Schneider & Co., Chemnitz.

ersuchen um Verfügung über:

1 Kiste Strickwaren
von Sendung der Chemnitzer Tricotagenfabrik, A.-G.

Chemnitz i. S., 26./9. 19..

Hochachtungsvoll
J. Schneider & Co.

17.

Artigos de Malha
em todas as especies
Meias e piugas em crú
e côr

JOÃO MONTEIRO, pae e filho
THOMAR

Coletes, ceroulas, camisolas, saias
Fabricação mecanica

Ill.mo S.r Luiz Lami, Santarem

Deve os artigos abaixo-designados, para entregar e pagar em Thomar, remettidos hoje aos S.res Dantas, irmãos, n'esta, para serem expedidos em pequena velocidade, estação: Santarem.

No caso de demora de pagamento, carregar-se-hão juros.

Thomar, 25 de Setembro de 19..

Nenhuma reclamação será attendida 15 dias depois da data da fact.

N.os	Quantid.		Preço por Duzia	$	$
4575	*1*	*Caixa artigos de Malha*			
		100 duz. piugas d'alg. N.o 246	*600*	*60 000*	
		150 » meias de lã sup. N.o 316	*1$800*	*270 000*	
		Liquidação em 31 d'Outubro de 19..		*R.s*	*330 000*

Seguindo as s/instrucções do 1.º d'Agosto ult., remettemos aos S.res Dantas, irmaõs, n/praça os artigos acima designados, cuja factura se eleva a:

330$000

a s/debito. Esperando que ficará satisfeito com esta remessa e que nos honrará com as s/futuras ordens, subscrevemos com toda a consideração

De V. Sª

M.to att.os Ven.dores obg.dos

por João Monteiro, pae e filho

Ferreira.

Annexos
nota d'entrega, remettida
aos S.res Dantas, irm.s

18.

Bilhete postal

DANTAS IRMÃOS
Commissão e recovagem

Thomar, 26 de Setembro de 19..

Ill.mo Luiz Lami, Santarem.

Estamos habilitados a informar V. Sª, que os S.res João Monteiro, pae e filho da n/praça remetteram para os n/armazens, a s/disposição e para ser expedida em pequena velocidade, á estação de Santarem:

J. M. Nº. 4575 uma caixa, artigos de Malha

pezo bruto 76 k 500 Net. 71 k.os

Queiram dar as s/ordens n'este sentido e creiam-nos com toda a consideração

de V. Sª

M.to att.os

Dantas irmãos.

(*Kopierfähig.*) **19.**

Speditions-Auftrag für J. Schneider & Co., Chemnitz.

Sie wollen abholen und wie nachstehend expedieren:

Marke	*No.*	*Zahl*	*Kolli*	*Inhalt*	*Gewicht Kilo*		*Empfänger*	*Bemerkungen wegen Art der Beförderung Assekuranz etc,*
					Brutto	*Netto*		
A. N.	5100	1	Kiste	Strickwaren	300,—	270,—		p. Frachtgut ohne Assekuranz.

Diese Kiste hält die Chemnitzer Tricotagenfabrik, A.-G., zu Ihrer Verfügung. Ich ersuche Sie, mir dieselbe schleunigst nach hier senden zu lassen.

Riesa a/E., den 27./9. 19 . . *Alfred Krause.*

Es wird gebeten, sich zu Speditions-Aufträgen ausschließlich meiner Formulare bedienen zu wollen. Auf gefällige Notiz stehen Formulare jederzeit zur Verfügung.

20.

Alfred Krause.
Telephon No. 13.

Riesa a/E., den 30. September 19 . .

Chemnitzer Tricotagenfabrik, A.-G., Chemnitz.

Durch Reichsbankgirokonto überwies ich Ihnen heute:

	ℳ 808,50,	die Sie zuzüglich
2 % Skonto	„ 16,50	
	ℳ 825,—	

zum Ausgleich Ihrer Rechnung vom 25. d. M. verwenden wollen.

Ich bitte, mir den Empfang zu bestätigen.

Hochachtungsvoll

Alfred Krause.

19.

(Bilhete postal)

Santarem, 27 de Setembro de 19..

Ill.mos S.res Dantas irmãos, Thomar

Queiram expedir á m/entrega, em pequena velocidade, a caixa que os S.res João Monteiro, pae e filho, lhes entregaram para mim.

Luiz Lami.

20.

LUIZ LAMI SUCC.r
Meias e piugas
em lã. algodão e fio
Telephone N.o 13.

Santarem 30 d'Outubro de 19..

Ill.mos S.res João Monteiro, pae a filho, Thomar

Em liquidação de s/conta de 25 de Setembro ult. cuja especificação encontrará abaixo, remetto lhe iucluso.

R.s 323$400 — n'um chèque N.o 2275

sobre o Credito Franco Portuguez em Lisbôa.

Rogo lhes o obsequio de creditar a m/c. por saldo na data de hoje. Com toda a consideração

Luiz Lami.

	$	
s/factura de 25 de Setembro .	330	000
Desconto 2%.	6	600
R.s	323	400

21.

Chemnitzer Tricotagenfabrik, A.-G.,
Chemnitz.
Girokonto bei der Reichsbank.
Girokonto bei der Sächs. Bank.
Telegrammadresse: Tricotnolte.
Telephonanschluß No. 416.

Chemnitz, den 2. Oktober 19 . .

Herrn Alfred Krause, Riesa a/E.

Wir empfingen Ihr Geehrtes vom 30. September a. c. und haben den uns durch Reichsbank überwiesenen Betrag von:

	ℳ 808,50
zuzüglich 2 % Diskonto	„ 16,50
	ℳ 825,—

zum Ausgleich unserer Faktur vom 25. September verwendet.

Ihren weiteren Aufträgen gern entgegensehend, zeichnen wir

hochachtungsvoll

Chemnitzer Tricotagenfabrik, A.-G.
Richard Nolte.

21.

Artigos em malha
JOÃO MONTEIRO, pae e filho
THOMAR
Direcção telegraphica
Jomonta, Thomar

Thomar, 31 d'Outubro 19..

Ill.mo S.r Luiz Lami, Santarem

Estamos de posse de s/estimado de hoje que serviu de capa a um chèque de R.s 323$400 cuja importancia foi levada ao s/credito, conforme o detalhe abaixo:

n/factura de 25 de Setembro	R.s	330$000
Desconto 2%	„	6$600
	R.s	323$400.

Esperando as s/novas ordens subscrevemos com a maior consideração

de V. S.ras

att.os Ven.dores obg.dos

p. João Monteiro, pae e filho
Ferreira.

Papier.

22. Am 3. November 19 .. fragt Max Arnold, Dresden, bei A. Berger & Co., Chemnitz, an, zu welchem Preis und bis wann sie einen Posten Briefpapier nach Probe liefern können.

23. Am 4. November 19 .. erklären sich A. Berger & Co., Chemnitz, bereit, die Lieferung in ca. 4 Wochen zu bewerkstelligen, und überreichen verschiedene Muster unter Angabe der Lieferungsbedingungen.

24. Am 10. November 19 .. fragen A. Berger & Co., Chemnitz, die auf Ihre Offerte vom 4./11. keine Antwort erhalten haben, an, ob ihnen die Lieferung übertragen wird.

25. Am 11. November 19 .. erwidert Max Arnold, Dresden, daß ihm der geforderte Preis zu hoch ist.

26. Am 12. November 19 .. erklären sich A. Berger & Co., Chemnitz, zu einer Preisherabminderung bereit, um den Auftrag zu erhalten.

27. Am 13. November 19 .. macht M. Arnold, Dresden, telegraphisch Gegenofferte, er verlangt Drahtantwort. Nach Eingang der letzteren erteilt M. Arnold am gleichen Tage seinen Auftrag und gibt Vorschriften über Ablieferung und Zusendung.

28. Am 13. November 19 .. übersenden Berger & Co., Chemnitz, Kommissionskopie und verlangen Vergütung des durch die Eilgutsendung entstehenden Mehrbetrags an Fracht.

29. Am 23. November 19 .. zeigen A. Berger & Co., Chemnitz, den Versand der Eilgutsendung an.

30. Am 14. Dezember 19 .. überreichen Berger & Co., Chemnitz, Faktur und Brief mit der Bitte um Gutschrift.

31. Am 10. Januar 19 .. überweist M. Arnold, Dresden, den Fakturenbetrag abzüglich 2% Skonto durch Reichsbankgiro.

32. Am 13. Januar 19 .. bekennen sich Berger & Co., Chemnitz, zum Empfange des Geldes.

22.

Max Arnold, Dresden.
Telephon No. 346.

Dresden, den 3. November 19 ..

Herren Albert Berger & Co., Chemnitz i. S.

Unter Bezugnahme auf die mir kürzlich übersandte Preisliste frage ich hiermit an, zu welchem äußersten Preis Sie mir ein Postpapier liefern würden, welches dem anliegenden Muster in Satinage, Färbung und Gewicht möglichst nahe kommt, und welche Lieferzeit Sie hierfür beanspruchen.

Format 46 × 59, Gewicht ca. 18 kg per ‰ Bg., mit Wasserzeichen, bei Abnahme ca. 1200 kg.

Hochachtungsvoll

Max Arnold.

Muster

Papel

22.º Em 3 de Novembro de 19.. Manuel Ressano, Villa Franca, envia a Delgado e Cia, Prado, uma amostra de papel de cartas pedindo que lhe indiquem as condições de venda d'esta qualidade.

23.º Em 4 de Novembro de 19.. Delgado e C.ia, Prado, remettem, differentas amostras semelhantes com a indicação dos preços e condições.

24.º Em 10 de Novembro de 19.. Delgado e C.ia, Prado, que não receberam resposta, perguntam a Manuel Ressano, Villa Franca, se podem contar com a encommenda.

25.º Em 11 de Novembro 19.. Manuel Ressano, Villa Franca, responde lhes que acha os preços demasiadamente altos.

26.º Em 11 de Novembro de 19.. Delgado e C.ia, Prado, para obter a encommenda fazem uma reducção de preços.

27.º Em 13 de Novembro de 19.. Manuel Ressano, Villa Franca, informa por telegramma o preço que lhe convem, pede resposta telegraphica. Ao receber a confirmação, Manuel Ressano, Villa Franca faz a s/encommenda e estipula as condições da entrega.

28.º Em 14 de Novembro de 19.. Delgado e C.ia, Prado, confirmam a M. Ressano, Villa Franca a ordem recebida por copia da encommenda. Pedem o embolso do excesso das despezas, provenientes da expedição em grande velocidade.

29.º Em 23 de Novembro de 19.. Delgado e C.ia, Prado, dão parte da s/remessa em grande velocidade no mesmo dia.

30.º Em 14 de Dezembro de 19.. Delgado e C.ia, Prado, remettem a Manuel Ressano, Villa Franca, factura das s/remessas, pedindo que os credite pela importancia.

31.º Em 10 de Janeiro de 19.. Manuel Ressano, Villa Franca, remette a Delgado e C.ia, Prado, o pagamento da s/factura, deduzindo o desconto.

32.º Em 13 de Janeiro de 19.. Delgado e C.ie, Prado, accusam a recepção da importancia.

22.

MANUEL RESSANO
Papel de todas as especies
Telephone N.º 346.

Villa Franca, 3 de Novembro de 19..

Ill.mos S.res Delgado e C.ia, Prado

Recebi, ha tempo, o preço-corrente que V. Sres me remetteram cintado pelo correio.

Queiram dizer, -me qual seria o ultimo preço de papel de cartas, em setinagem e côr conforme á amostra junta, e quanto tempo lhe seria preciso para a entrega.

Formato: 11×18, com marca agua.
Trata-se d'uma ennommenda de 1000 resmas.

Espero a s/remessa por volta do correio.
Com toda a consideração.

Manuel Ressano.

23.

A. Berger & Co.
Telegr.-Adr. Bergerold.
Fernsprechanschlufs No. 146.

Chemnitz i. S., den 4. November 19..

Herrn Max Arnold, Dresden.

Für die uns mit Ihrem geehrten Gestrigen übermittelte Anfrage verbindlichst dankend, übersenden wir Ihnen beigeschlossen einige Muster, die der uns übersandten Papierprobe entsprechen.

Bei Entnahme von mindestens 60 000 Bogen berechnen wir Ihnen, frei Haus, Ziel 3 Monate, bar 2 % Skonto:

No. 6313 f.	weiß Velin Post,	46 × 59 ‰	Bg.	16	kg	ℳ	22,—
„ 6317 ff.	„ „ „	do.	„	17/18	„	„	23,50
„ 6320 spf.	„ „ „	do.	„	15	„	„	25,—

Lieferzeit ca. 4 Wochen.

Es würde uns freuen, Ihren geschätzten Auftrag zu erhalten, und zeichnen wir in dessen Erwartung

hochachtungsvoll

A. Berger & Co.

3 Muster

24.

A. Berger & Co.
Telegr.-Adr. Bergerold.
Fernsprechanschlufs No. 146.

Chemnitz i. S., den 10. November 19..

Herrn Max Arnold, Dresden.

Wir beziehen uns auf unser Ergebenes vom 4. d. M. und bitten Sie uns gefl. mitzuteilen, ob Sie geneigt sind, von unserem Angebot Gebrauch zu machen.

In den nächsten Tagen gehen wir an die Anfertigung neuer Marken und müssen infolge zahlreich einlaufender Bestellungen genau disponieren, um die Lieferfristen einzuhalten.

Gefl. umgehender Erledigung unserer Anfrage gern gewärtig, zeichnen wir

hochachtungsvoll

A. Berger & Co.

23.

Manufactura de papeis
e cartões de luxo
DELGADO E C.ia
PRADO

Prado, 4 de Novembro de 19..

Ill.mo S.r Manuel Ressano, Villa Franca

Em resposta a s/carta remettemos-lhe incluso algumas amostras de papel muito semelhante áquelle que nos pede.

No caso d'uma encommenda de pelo menos mil resmas, faremos lhe os preços abaixo, franco domicilio, pagavel no Prado, a 90 dias sem desconto, ou 3 % a prompto pagamento.

N.o	6313	Rainha	11×18	a 1600	a resma
»	6217	Lusitano	»	» 1750	»
»	6320	Excelsior	»	» 1870	»

Prazo de entrega: um mez.

Esperando as s/ordens que nos merecerão o maximo cuidado, ficamos com toda a consideração.

De V. Sa

M.t att.os Ven.dores

Delgado e C.ia

24.

Manufactura de papeis
e cartões de luxo
DELGADO E C.ia
PRADO

Prado, 10 de Novembro de 19..

Ill.mo S.r Manuel Ressano, Villa Franca

Com referencia a s/carta do 4 c. agradecer-lhe-hiamos a fineza de nos dizer, se a n/offerta lhe convem.

Nestes proximos dias começaremos a fabricação de novas marcas. As numerosas encommendas que recebemos ultimamente obrigam-nos a dispôr bem do n/tempo, para não causarmos atrazo na s/execução.

Eis a razão porque lhe pedimos que nos responda com a maxima brevidade.

Com toda a consideração

Delgado e C.ia

25.

Max Arnold, Dresden.
Telephon No. 346.

Dresden, den 11. November 19..

Herren A. Berger & Co., Chemnitz i. S.

Im Besitz Ihrer gefl. Offerte vom 4. d. M. und in Erledigung Ihrer gestrigen Anfrage teile ich Ihnen ergebenst mit, daß mir die Qualität des unter No. 6317 bemusterten Papiers passen würde, wenn mir der Preis nicht zu hoch wäre.

Bisher habe ich bei Entnahme so bedeutender Posten nie mehr als ca. 20 ℳ per $^0/_{00}$ Bg., frei Haus, bei 6 Monat Ziel bezahlt; ich kann meiner Kundschaft eine Preissteigerung von ca. 17 $^0/_0$ nicht zumuten.

Hochachtungsvoll
Max Arnold.

26.

A. Berger & Co.
Telegr.-Adr. Bergerold.
Fernsprechanschlufs No. 146.

Chemnitz i. S., den 12. November 19..

Herrn Max Arnold, Dresden.

Soeben erhalten wir Ihr geehrtes Gestriges und erlauben uns ganz ergebenst darauf hinzuweisen, daß es unter den jetzigen Umständen ganz unmöglich ist, die früheren Notierungen einzuhalten oder zum Vergleich heranzuziehen.

Es wird Ihrer Aufmerksamkeit nicht entgangen sein, daß sowohl die zur Papiererzeugung erforderlichen Rohstoffe, als auch die zur Herstellung nötigen Kohlen und die den Arbeitern gewöhnten Löhne eine gewaltige Erhöhung, bis zu 35 $^0/_0$, erfahren haben.

Angesichts dieser Preissteigerung haben sich sämtliche Papierfabriken von Bedeutung dahin geeinigt, für ihre Erzeugnisse einen Preisaufschlag von mindestens 15 $^0/_0$ eintreten zu lassen, um die Mehrausgaben für Material und Arbeitslöhne einigermaßen zu decken.

Es ist sehr zweifelhaft, ob die Preissteigerung damit zum Stillstand gekommen ist; jedenfalls haben wir bei unserer Offerte den oben angeführten Tatsachen nur sehr bescheiden Rechnung getragen.

Da wir jedoch großen Wert darauf legen, mit Ihrem geschätzten Hause in Verbindung zu treten, so ermäßigen wir hiermit unsere Offerte:

No. 6317 ff. Post von M. 23,50 auf M. 22,50 per 1000 Bg.;

die übrigen Lieferungsbedingungen bleiben unverändert.

Wir hoffen, uns durch dieses Entgegenkommen Ihren Auftrag gesichert zu haben, auf dessen gewissenhafte und schnelle Ausführung Sie rechnen dürfen.

Hochachtungsvoll
A. Berger & Co.

25.

MANUEL RESSANO
VILLA FRANCA
Papel em todos os generos

Villa Franca, 11 de Novembro de 19..

Ill.mos S.res Delgado e C.o, Prado

Recebi em devido tempo a s/offerta do 4 cor., assim como a s/carta de hontem.

A marca 6317 convir-me-hia, se o preço não fosse miuto elevado.

Até agora nunca paguei mais de 1550 franco domicilio, a 6 mezes; os meus freguezes de certo não consentiriam um augmento de 13 %.

Lastimo ter incommodado V. Sa e assigno me com toda a consideração.

De V. Sa
att.o Ven.dor
Manuel Ressano.

26.

Manufactura de papeis
e cartões de luxo
DELGADO E C.ia
PRADO

Prado, 12 de Novembro de 19..

Ill.mo S.r Manuel Ressano, Villa Franca

Estamos de posse da s/carta de hontem.

Permitta-nos observar que attendendo á situação de mercado, nos é inteiramente impossivel conservar os antigos preços.

De certo não ignora que os preços das materias primas augmentaram d'uma maneira consideravel.

Alem d'isso, o carvão e a mão d'obra soffreram uma alta que attinge até 35 %.

Assim, todas as fabricas de papel viram-se obrigadas a altearem os s/preços para estarem em harmonia com o de fabricação,

E'muito duvidoso se a alta ficará por aqui, o que porém podemos affirmar é que os n/preços nem de longe correspondem ao augmento das nossas despezas.

Mas como temos grande empenho em entrar em relação com a s/respeitavel casa, cotaremos:

N.o 6317. Lusitano, marca agua 11×18, a 1650 a resma, as outras condições ficam as mesmas.

Esperamos que esta reducção que quasi já não nos dá lucro, o levará a conceder nos a preferencia das s/ordens, o que muito agradecemos desde já.

Executaremos com a maior ponctualidade e inteira satisfação de V. Sa qualquer encommenda.

Com a maxima consideração, somos.

De V. Sa
att.os Ven.dores
Delgado e C.ia

27.

Max Arnold, Dresden.
Telephon No. 346.

Dresden, den 13. November 19..

Herren A. Berger & Co., Chemnitz i. S.

In Beantwortung Ihres geehrten Heutigen telegraphierte ich Ihnen: „Offerte erhalten, Gegenofferte Zwanzig Zwei, Drahtantwort."
Soeben erhalte ich Ihre Depesche:

„Acceptieren Gegenofferte".

Indem ich Ihnen für Ihr Entgegenkommen verbindlichst danke, bitte ich nunmehr, für mich in Nota zu nehmen:

ca. 1200 kg # 6317 Velin Post, 46 × 59 cm, ‰ Bogen = 18 kg
à ℳ 22,— per 1000 Bogen,

frei Haus, 3 Monate Ziel oder 2 % Skonto.

Aus Ihrem Schreiben vom 10. d. M. entnehme ich, daß Sie mit der Herstellung sofort beginnen können.

Ich bitte, mir ca. 20 000 Bogen sofort nach Fertigstellung per Eilgut, den Rest per Frachtgut zugehen zu lassen.

Gefl. Auftragsbestätigung gern entgegensehend

hochachtungsvoll

Max Arnold.

28.

Auftragsbestätigung

von A. Berger & Co., Chemnitz i. S., an Herrn Max Arnold, Dresden.

Chemnitz i. S., den 13. November 19..

Lager No.	*Menge*	*Benennung*	*Format in cm*	*Gewicht in kg f. 1000 Bg.*	*Preis f. 1000 Bg.*	*Wasserzeichen*	*Lieferzeit und Bedingungen*
6317	ca. 1200 kg	ff. weiß Velin Post	46 × 59 flachliegend	17—18 kg per 1000 Bg.	ℳ 22	M. A.	sofort nach Fertigstellung, frei Haus

Für vorstehenden Auftrag verbindlichst dankend, bemerkten wir uns, daß Sie die ersten 20 000 Bogen als Eilgutsendung zu erhalten wünschen.

Wir werden unsern Spediteur, Herrn F. Lehmann, dort, veranlassen, Ihnen die Frachtdifferenz in Rechnung zu stellen, vorausgesetzt daß Sie diesem Vorschlag zustimmen.

Hochachtungsvoll

A. Berger & Co.

27.

MANUEL RESSANO
VILLA FRANCA
Papel em todos os generos

Villa Franca, 13 de Novembro de 19..

Ill.mos S.res Delgado e C.ia, Prado

Em resposta a s/carta de hontem, confirmo o meu telegramma d'esta manhã.

Offereço 1640 resma.

Neste instante recebo o seu telegramma:

„Aceitamos sua proposta",

e em conformidade peço que me enviem:

1000 resmas papel de carta.

N.º 6317, 11×18, com marca agua, a 1640 a resma posto em casa, c/desconto de 2%.

Na s/carta do 10 cor. dizem me V. Sª que a fabricação começaria sem demora.

E' favor remetterem me 300 resmas com a maior brevidade e em grande velocidade, o resto pode seguir em pequena velocidade.

Esperando a confirmação da m/encommenda, subscrevo me com a maxima consideração.

Manuel Ressano.

28.

DELGADO E C.ia
PRADO

Prado, 14 de Novembro de 19..

NOTA DE CONFIRMAÇÃO
do S.r Manuel Ressano, Villa Franca

Entrega immediata; a prompto pagamento com 2% de desc.

N.º	Quantidade	Qualidade	Formato	Preço p. resm.	Marca d'agua	Observações
6317	*1000 resmas*	*Lusitano*	*11×18*	*1640*	*M A*	*franco domicilio*

Tomámos nota que as primeiras 300 resmas devem ser expedidas em grande velocidade.

Faremos a remessa por intervenção do S.r Trigoso de s/praça que o debitará do excesso das despezas de grande velocidade.

Contamos com a s/approvação e assignamos com toda a consideração.

De V. S.r

att.os Ven.dores

Delgado e C.ia

29.

Mitteilung

von	*an*
A. Berger & Co., Chemnitz i. S.	*Herrn* Max Arnold, Dresden.

Durch Herrn F. Lehmann, dort, ließen wir soeben als Eilgut:

M. A. 1220/1221 2 Kisten Postpapier

an Sie abgehen.

Faktura folgt nach Erledigung des ganzen Auftrags.

Inzwischen empfehlen wir uns

Chemnitz i. S.,
den 23. November 19..

hochachtungsvoll
A. Berger & Co.

30.

A. Berger & Co.
Telegr.-Adr. Bergerold.
Fernsprechanschlufs No. 146.

Chemnitz i. S., den 14. Dezember 19..

Herrn Max Arnold, Dresden.

Wir beehren uns, Ihnen umstehend Rechnung über den uns am 13. November a. c. *erteilten Auftrag zu überreichen.*

Den Betrag derselben:

ℳ 1343,40,

bitten wir uns gefl. gutzuschreiben und sehen Ihren weiteren Aufträgen gern entgegen.

Hochachtungsvoll
A. Berger & Co.

29.

MEMORANDUM

De Delgado e C.ia Manufactura de papeis e cartões de luxo Telephone N.º 346.	para S.r Manuel Ressano, Villa Franca *Prado, 23 de Novembro de 19..*

Expedido hoje, em grande velocidade, por intermedio de M. P. Trigoso, Villa Franca.

300 resmas de papel de cartas.

Enviaremos factura d'esta remessa logo que tivermos expedido o resto da encommenda de 13 corr.

30.

Prado, 14 de Dezembro de 19..

Ill.mo S.r

Corforme a s/ordem de 13 de Novembro p. p. expedimos, por intermedio do S.r M. P. Trigoso, franco domicilio, as mercadorias junto, cuja factura se eleva a

1 : 645 $000.

A forma do pagamento do s/debito será á sua escolha.

Esperando que nos favorecerá com futuras ordens, assignamos com toda a consideração.

Delgado e C.ia

Chemnitz i. S., den 14. Dezember 19..

Rechnung

für Herrn Max Arnold, Dresden,

von A. Berger & Co., Chemnitz i. S.

Zahlbar: Ziel 3 Monate oder mit 2 % Skonto gegen bar.

Bogen	*No.*		ℳ
60 000	6317	Sandten per Eilgut 2 Kisten M. A. 1220/1221	
	„	„ „ Frachtgut 4 „ G. K. 377—380	
		ff. weiß Velin Post, 46 × 59 cm, 18 kg per 1000 Bg.	
		à ℳ 22,—	1320,00
		Verpackung	23,40
		ℳ	1343,40

31.

Max Arnold, Dresden.
Telephon No. 346.

Dresden, den 10. Januar 19..

Herren A. Berger & Co., Chemnitz i. S.

Durch die Reichsbank überweise ich Ihnen heute:

ℳ 1316,50, welche Sie
zuzüglich „ 26,90 2 % Skonto von ℳ 1343,40

zur Begleichung Ihrer Rechnung vom 14. v. M. verwenden wollen.

Hochachtungsvoll

Max Arnold.

Manufactura de papel e cartão de luxo
DELGADO & C.ia
Deve S.r Manuel Ressano, Villa Franca

os artigos abaixo detalhados, pagaveis a 90 dias, sem desconto ou 2 % de desconto a prompto pagamento.

N.º	Quantid.	*Prado, 14 de Dezembro de 19..*	Preço	Importancia $	
		Em 6 caixas			
6317	*1000*	*resmas de papel de carta, 11 × 18 «Lusitano» setinado com marca d'Agua . . . . .*	*1640 posto em casa*	*1:640*	*000*
		Emballagem		*5*	*000*
				1:645	*000*

31.

MANUEL RESSANO
VILLA FRANCA
Papel de todos os generos

Villa Franca, 10 de Janeiro de 19..

Ill.mos S.res Delgado e C.ia, Prado

Em liquidação da s/factura, conforme o relevó abaixo, remetto lhes incluso:

R.s 1:612,100 chèque N.º 264 s/o Banco de Portugal.

Queiram accusar-me a recepção e fazar lançamentos em conformidade. Com toda a consideração.

Manuel Ressano.

LIQUIDAÇÃO

Factura de 14 de Dezembro ult.	1:645	000		
Desconto 2 %	32	900	1:612	100

Annexo
1 chèque

32.

A. Berger & Co.
Telegr.-Adr. Bergerold.
Fernsprechanschlufs No. 146.

Chemnitz i. S., den 13. Januar 19..

Herrn Max Arnold, Dresden.

Sie überwiesen uns durch Reichsbank:

	ℳ 1316,50,	die wir unter
Zuschlag von	„ 26,90	2 % Skonto
	ℳ 1343,40	dankend zum Ausgleich unserer

Rechnung vom 14. v. M. verwendeten.

Ihnen unsere weiteren Dienste bestens gewidmet haltend, zeichnen wir

hochachtungsvoll

A. Berger & Co.

32.

Manufactura de papel
e cartões de luxo
DELGADO e C.ia

Prado, 13 de Janeiro de 19..

Ill.mo S.r Manuel Ressano, Villa Franca

Temos a honra de lhe accusar a recepção da s/carta do 10 corr., contendo.

1:612$100 chèque N.º 264 sobre o Banco de Portugal
com 32$900 2 % de desconto, creditamo-lo com:
1:645$000

em pagamento da n/factura de 14 de Dezembro ult.

Esperando as s/novas ordens agradecemos e, assignamo-nos com toda a consideração.

De V. Sª
att.os Ven.dores

Delgado e C.ia

Wein.

33. Ende September 19.. verständigt Robert Wenk, Weingutsbesitzer in Mainz, seine Kundschaft durch Rundschreiben über die Ernteaussichten und bietet seine Weine an.

34. Am 15. Oktober 19.. sendet Robert Wenk, Mainz, an Bloch & Kramer, Bremen, Weinproben und Probenverzeichnis.

35. Am 20. Oktober 19.. bitten Bloch & Kramer, Bremen, um eine zweite Probesendung.

36. Am 22. Oktober 19.. schickt Robert Wenk, Mainz, die gewünschten Proben und bittet um baldige Bestellung.

37. Am 28. Oktober 19.. bestellen Bloch & Kramer, Bremen, 60 Hektoliter Wein nach Probe, unter Angabe der Lieferungs- und Zahlungsbedingungen.

38. Am 3. November 19.. übersendet Robert Wenk, Mainz, Rechnung über den bestellten Wein und bittet, den Betrag auf sein Reichsbank Giro-Konto zu überweisen.

39. Am 3. Dezember 19.. senden Bloch & Kramer, Bremen, Scheck auf die Bremer Bank; sie erklären, warum sie diesen Zahlungsmodus vorziehen.

40. Am 5. Dezember 19.. quittiert Robert Wenk, Mainz, über den Empfang des Geldes und bittet um fernere Aufträge.

33.

Robert Wenk.
Weingutsbesitzer,
Weingroſshandlung.
Reichsbank-Giro-Konto.

Mainz, Ende September 19..

P. P.

Die diesjährige Weinernte verspricht einen nach Menge und Güte zufriedenstellenden Ertrag. — Die Trauben haben sich infolge des warmen, trockenen Wetters der letzten Wochen kräftig entwickelt, so daß auch die billigen und mittleren Preislagen blumig und mild ausfallen dürften.

Die Frühjahrsfröste haben bei dem gesunden Stand unserer Weinberge wenig, und in geschützten Lagen nur ganz vereinzelt geschadet. Auch der Menge nach steht deshalb eine gute Durchschnittsernte zu erwarten. Zur Versendung gelangen von jetzt ab die umstehend verzeichneten Tafelweine.

Vinhos

33.º Em 20 de Setembro de 19.. Leonardo Relvas, proprietario de vinhas, em Torres Vedras, informa a s/clientela da situação da s/colheita.

34.º Em 15 d'Outubro de 19.. Leonardo Relvas, Torres Vedras annuncia a Bastos e Cordeiro, Lisbôa, um colli postal com amostras de vinhos novos.

35.º Em 20 d'Outubro de 19.. Bastos e Cordeiro, Lisbôa pedem nova amostra, côr mais carregada e ultimo preço.

36.º Em 22 d'Outubro de 19.. Leonardo Relvas, Torres Vedras previnem Bastos e Cordeiro, Lisbôa, da expedição da amostra pedida; cotará preço favoravel se a encommenda fôr de 30hl pelo menos.

37.º Em 28 d'Outubro de 19.. Bastos e Cordeiro, Lisbôa encommenda a, Leonardo Relvas, Torres Vedras 6000 l de vinho conforme amostra; repetem as condições de venda.

38.º Em 3 de Novembro de 19.. Leonardo Relvas, Torres Vedras, remette a Bastos e Cordeiro, Lisbôa, factura do vinho encommendado, deseja pagamento pela agencia bancaria de Torres Vedras.

39.º Em 3 de Dezembro de 19.. Bastos e Cordeiro, Lisbôa, enviam a Leonardo Relvas, Torres Vedras, um cheque sobre o Banco Lisbôa e Açores, declaram que todos os s/fornecedores são pagos d'esta forma. Juntam um formulario de recibo, impresso em tinta copiographo e pedem que se devolva assignado e devidamente sellado.

40.º Em 5 de Dezembro de 19.. S.r Leonardo Relvas, Torres Vedras, devolve aos S.res Bastos e Cordeiro, Lisbôa, o formulario remettido, provido de assignatura.

33.

LEONARDO RELVAS
Proprietario
TORRES VEDRAS

Torres Vedras, 20 de Setembro de 19..

Venho, conforme os mais annos, no momento da nova colheita, informal-o do estado das n/vinhas, esperando que estas informações interessarão V. Sª

A colheita fez se n'um tempo secco, muito favoravel, a uva está bem madura, parecendo a qualidade ser excellente; mas o rendimento não excede em certos sitios, a metade d'um anno mediano; as geadas da primavera prejudicaram a uva.

Apezar d'isso lhe posso arranjar alguns vinhos de pasto puros ao preço do 24$000 a pipa de 450 l sem vasilha, seja 960 por alumde n'esta estação, a 30 dias com 2% de desconto, taras devolvidas na forma do costume.

Ich bin überzeugt, daß sie zu Ihrer vollen Zufriedenheit ausfallen werden; besonders die besseren Marken haben mir bereits zahlreiche anerkennende Äußerungen eingebracht.

Proben stehen auf Wunsch unentgeltlich und portofrei gern zu Diensten.

Ihren gefl. Aufträgen entgegensehend, empfehle ich mich Ihnen

hochachtungsvoll

Robert Wenk.

34.

Robert Wenk.

Weingutsbesitzer,
Weingrofshandlung.
Reichsbank Giro-Konto.

Mainz, den 15. Oktober 19..

Herren Bloch & Kramer, Bremen.

Unter Bezugnahme auf unsere langjährige angenehme Geschäftsverbindung und im Anschluß an mein Rundschreiben vom September gestatte ich mir, Ihnen einige Proben der jetzt zum Versand kommenden leichten Tafelweine einzusenden.

Ich gebe mich der angenehmen Hoffnung hin, daß diese selbst gepflegten, haltbaren und äußerst preiswerten Weine Ihren vollen Beifall finden und Sie veranlassen werden, auch in diesem Jahre Ihre Weinbestände bei mir zu ergänzen.

Hinsichtlich der Preise tat ich das denkbar mögliche; für Naturreinheit, Haltbarkeit und Bekömmlichkeit übernehme ich volle Bürgschaft.

Sie würden mir durch baldige Mitteilung Ihrer gefl. Entschließung einen Gefallen erweisen; es ist anzunehmen, daß ein großer Teil der Ihnen bemusterten und sehr beliebten Marken bald geräumt sein wird.

Ich sehe gütiger Zuwendung Ihrer Aufträge gern entgegen und sichere Ihnen im voraus sorgfältigste Bedienung zu.

Hochachtungsvoll

Robert Wenk.

1 Probenverzeichnis.

35.

Bloch & Kramer,
Bremen.

Bremen, den 20. Oktober 19..

Herrn Robert Wenk, Mainz.

Wir erhielten Ihren Brief vom 15. d. M., auch die darin angezeigten Proben sind uns zugegangen.

Poderia egualmente remetter-lhe alguus lotes de vinho velho, muito vantajoso, de 27$000 a 30$000 a pipa salvo venda anterior e sem compromisso.

Convido V. Sª a comprar o mais cedo possivel, querendo aproveitar dos preços actuaes, que, a meu vêr, são muito vantajosos e não voltarão para qualidade egual, n'estes dois mezes mais chegados.

Pondo-me inteiramente a s/disposição, espero que pedirá algumas amostras e assigno-me com a maxima consideração.

De V. Sª
M.to att.o Ven.dor

Leonardo Relvas.

34.

LEONARDO RELVAS
Proprietario
TORRES VEDRAS

Torres Vedras, 15 d'Outubro de 19..

Ill.mos S.res Bastos e Cordeiro, Lisbôa

Tomo a liberdade de lhes dirigir em coli postal uma collecção de amostras de vinhos novos, de preços differentes, representando os diversos typos de vinhos.

A qualidade dos meus vinhos ordinarios e de pasto, sem ser excepcional este anno, é comtudo boa; os vinhos têm provado bem, algumas chuvas bemfazejas vieram em boa occasião para concluir a maturação.

Os preços aos quaes lhes offereço os differentes lotes de vinho são muito vantajosos; não se segurarão porem; o rendimento é muito abaixo do dos annos passados e os bons vinhos faltam nas adegas.

Convido V. S.ia portanto a que aproveite das entradas, que são sempre as mais lucrativas.

Aguardando pois o favor de s/ordens que serão escrupulosamente cumpridas, sou c/estima.

De V. Sª
att.o Ven.dor

Leonardo Relvas.

35.

BASTOS E CORDEIRO
Rua de D. Pedro 32
LISBÔA

Lisbôa, 20 d'Outubro de 19..

Ill.mo S.r Leonardo Relvas, Torres Vedras

Temos a honra de accusar a recepção da s/carta de 15 corr. e de informal-o que a caixa „amostras de vinho" chegou em devido tempo.

Der mit No. 2435 bezeichnete Wein ist recht angenehm, wenn auch ein wenig herb im Geschmack; er würde sich für die Ansprüche unserer Kundschaft besser eignen, wenn die Farbe etwas dunkler wäre.

Wir fragen ergebenst an, ob Sie uns eine im Geschmack ähnliche Marke von etwas kräftigerer Färbung anstellen können, und bitten um billigste Preisnotierung.

Hochachtungsvoll

Bloch & Kramer.

36.

Robert Wenk,

Weingutsbesitzer,
Weingrofshandlung.
Reichsbank-Giro-Konto.

Mainz, den 22. Oktober 19..

Herren Bloch & Kramer, Bremen.

In umgehender Erledigung Ihrer gefl. Anfrage vom 20. d. M. übersende ich Ihnen einige weitere Proben, die Ihren Wünschen bezüglich der Farbe entsprechen dürften.

Die Preise habe ich äußerst niedrig gestellt, entgegenkommend würde ich Ihnen bei Bestellung von mindestens 5000 Litern den Wein franko Bremen liefern, wenn Zahlung innerhalb 30 Tagen nach Empfang der Ware ohne irgendwelche Abzüge für Skonto erfolgt.

Es würde mich besonders freuen, Ihren Auftrag recht bald entgegennehmen zu können.

Hochachtungsvoll

Robert Wenk.

37.

Bloch & Kramer,
Bremen.

Bremen, den 28. Oktober 19..

Herrn Robert Wenk, Mainz.

Wir empfingen Ihren Brief vom 22. d. M. nebst angebogenem Probenverzeichnis.

Der mit No. 11 ausgezeichnete 99er Laubenheimer paßt uns von den übersandten Proben am besten.

Provámos estes vinhos. A amostra N.º 2435 agrada nos bastante no gosto, mas achamos o vinho um pouco claro.

Pedimos-lhe portanto de nos fazer sciente, e isso sem demora, se seria possivel fornecer um vinho mais carregado, mas da mesma qualidade.

Nesta occasião pedimos tambem que nos informe do ultimo preço.

Com os nossos mais sinceros comprimentos, somos.

De V. Sª

att.os Ven.dores

Bastos e Cordeiro.

36.

LEONARDO RELVAS
Proprietario
TORRES VEDRAS

Torres Vedras, 22 d'Outubro de 19..

Ill.mos S.res Bastos e Cordeiro, Lisbôa

Possuo a s/carta do 20 corr. Pelo mesmo correio lhe remetto uma nova amostra, que é muito semelhante ao N.º 2435 e cuja côr satisfará V. Sia

O meu ultimo preço seria R.s 900 por almude, sem vasilha, franco Lisbôa, pago a 30 dias, sem desconto, comprando pelo menos uma pipa.

Esperando as s/ordens, subscrevo com toda a consideração.

Leonardo Relvas.

37.

BASTOS E CORDEIRO
Rua de D. Pedro 32
LISBÔA

Lisbôa, 28 d'Outubro de 19..

Ill.mo S.r Leonardo Relvas, Torres Vedras

Recebemos em tempo competente a s/carta do 17 corr., assim como a amostra annunciada.

O vinho é realmente muito semelhante áquelle que desejamos e agrada á nossa clientela.

Wir bitten, uns davon zu senden:

60 Hektoliter in Halbstückfässern franko hier, zahlbar 30 Tage nach Empfang, ohne Abzug, zum Preise von ℳ 50 per 100 Liter.

Ihrer umgehenden Versandanzeige gern entgegensehend

hochachtungsvoll

Bloch & Kramer.

38.

Giro-Konto bei der Reichsbank.

Drahtnachrichten: Weinwenk, Mainz.

RECHNUNG

für Herren *Bloch & Kramer, Bremen,*

von **Weingutsbesitzer Robert Wenk.**

Mainz, den 3. November 19..

Sandte Ihnen laut Auftrag *vom 28. Oktober* für Ihre werte Rechnung und Gefahr *durch Rheinische Transport-Gesellschaft William Egern & Co., Mainz, frei:*

Nummer	Liter	Ziel 30 Tage gegen meine Tratte		Preis für 100 Liter	Betrag	
2435	6000	*99er Laubenheimer.*	ℳ	50	3000	—

☞ Fässer gefl. frei zurück. ☜

Ich hoffe, daß diese probetreu ausgeführte Sendung zu Ihrer vollsten Zufriedenheit ausfällt und Ihnen recht bald Anlaß zu weiterenBestellungen gibt.

Den Rechnungsbetrag von ℳ 3000,— bitte ich, mir durch Überweisung auf mein Reichsbank-Giro-Konto zugehen zu lassen.

Hochachtungsvoll

Robert Wenk.

Bezugsbedingungen: Erfüllungsort für Lieferung und Zahlung ist Mainz. — Ziel 3 Monate, für Barzahlung 2% Skonto. — Die Zusendung geschieht auf Gefahr des Auftraggebers. — Die Fässer werden spundvoll und in gutem Zustande versandt; sie kommen zum Selbstkostenpreis in Ansatz und werden zu dem berechneten Preise wieder gutgeschrieben, wenn sie innerhalb vier Wochen franko Mainz in gutem Zustand zurückgeschickt werden.

Gibt eine Lieferung dem Empfänger Anlaß zu Klagen, so ist mir sofort Nachricht zu geben. — Beschwerden, die später als 3 Wochen nach Ankunft des Weines erfolgen, bleiben durchaus unberücksichtigt.

Queira remetter-nos 20 pipas á recepção desta, franco porte, estação de Lisbôa, pago a 30 dias, sem desconto e ao preço convencionado, isto é: 900 cada almude.

Sem assumpto para mais, somos c/estima.

De V. S.ª
att.os Ven.dores

Bastos e Cordeiro.

38.

Vinhos de Torres Vedras
LEONARDO RELVAS, PROPRIETARIO EM TORRES VEDRAS

Torres Vedras, 3 de Novembro de 19..

Devem os Ill.mos S.res Bastos e Cordeiro, Lisbôa

as mercadorias, cujo detalhe segue, expedidas em caminho de ferro, porte e direitos pagos, á estação de Lisbôa, pagavel em Torres Vedras.

Marcas	N.os	Quantid.			$	
L R.	*6181 á 6200*		*20 pipas a 450 l de vinho tinto, puro e conforme amostra*	*18/900*	*R.s 450*	*000*
			Valor pagavel sem desconto			
			Barris a devolver.			

Tenho a vantagem de lhe remetter junto a factura da encommenda que tiveram a bondade de me fazer na s/estimada carta de 28 d'outubro ultimo, na importancia de 450 $000 — pagavel a 30 dias, sem desconto a s/debito.

Queiram liquidar esta conta n'um chèque sobre a agencia bancaria de Torres Vedras.

Empreguei o maximo cuidado na execução da s/encommenda e estimarei que fique plenamente satisfeito.

Esperando s/novas ordens, subscrevo com a maxima consideração.

Leonardo Relvas.

39.

Bloch & Kramer,
Bremen.

Bremen, den 3. Dezember 19..

Herrn Robert Wenk, Mainz.

In höflicher Erwiderung Ihres Briefes vom 3. November 19.. bedauern wir, dem darin ausgesprochenen Wunsche hinsichtlich der Regulierung Ihres Guthabens nicht entsprechen zu können, da wir nicht Girokunden der Reichsbank sind.

Es ist bei uns Geschäftsgepflogenheit, die Rechnungen unserer Lieferanten durch Schecks auf die Bremer Bank, hier, zu begleichen.

Sie erhalten deshalb über die Ihnen gutkommenden:

ℳ 3000,—

beigeschlossen einen Scheck auf eben genanntes Bankhaus.

Wir bitten um gefl. Gutschrift unter Anzeige.

Hochachtungsvoll
Bloch & Kramer.

1 Scheck
auf Bremer Bank.

40.

Robert Wenk.
Weingutsbesitzer,
Weingroſshandlung.
Reichsbank-Giro-Konto.

Mainz, den 5. Dezember 19..

Herren Bloch & Kramer, Bremen.

Ihrem Schreiben vom 3. d. M. entnahm ich:

ℳ 3000,—

in 1 Scheck auf die Bremer Bank, Bremen, wofür ich Sie unter üblichem Vorbehalt bestens dankend erkannt habe.

Sobald die Fässer zurück sind, werde ich den Betrag zum Ausgleich der Rechnung vom 3. November 19.. verwenden.

Ich hoffe, daß Sie sich bei fernerem Bedarf gern meiner erinnern werden, und empfehle mich

hochachtungsvoll
Robert Wenk.

39.

BASTOS E CORDEIRO
Rua de D. Pedro 32
LISBÔA

Lisbôa, 3 de Dezembro de 19..

Illmo Sr Leonardo Relvas, Torres Vedras

Para liquidar a s/factura de 3 de Novembro ultimo, encontrará incluso, registrado:

R.^{s} 450$000 — n'um chèque N.º 1133 sobre o Banco „Lisbôa e Açores".

Com bastante pezar nosso não nos é possivel alterar a maneira dos nossos pagamentos. — Todos os nossos fornecedores, sem excepção, são embolsados por meio de cheques sobre o banco Lisbôa e Açores.

Com toda a consideração

Bastos e Cordeiro.

Annexo
1 chèque

40.

AVISO DE RECEPÇÃO

Chèque N.º 1133. Torres Vedras, 5 de Dezembro de 19..

Ill.^{mos} S.^{res} Bastos e Cordeiro, Lisbôa

Accuso a recepção do:

chèque N.º 1133 de R.^{s} 450$000

que retirei da s/carta do 3 corr. e agradeço.

Esta importancia foi levada a credito da s/conta.

Sempre as s/ordens assigno

De V. S^{a}

att.º Ven.^{dor}

Leonardo Relvas.

Kunstblumen.

41. Die Anmeldung des Geschäftsreisenden der Fabrik künstlicher Blumen, Gebrüder Werner, München, erfolgt durch Postkarte mit Firma ohne weiteren Text.

42. Am 10. Mai 19 .. berichtet der auf der Tour befindliche Reisende der Firma Gebrüder Werner über die geschäftlichen Ergebnisse der letzten Tage und übersendet einen Orderzettel, der die Kommissionsnummer 413 trägt.

43. Am 15. Mai übersenden Gebrüder Werner, München, Rechnung an Anna Lange, Regensburg; den Betrag erheben sie bei der Zusendung durch Postnachnahme.

44. Am 15. Mai bestätigen Gebrüder Werner, München, ihrem Reisenden den Reisebericht vom 10. Mai nach Freising; sie beauftragen ihn, Erkundigung über eine Kundin einzuziehen.

41.

Datum des Poststempels.

Reise-Avis
von
Gebrüder Werner,
Fabrik künstlicher Blumen.

Frühlings-Str. 9. München. Frühlings-Str. 9.

42.

Gebrüder Werner,
Kunstblumenfabrik.

Regensburg, den 10. Mai 19..

Herren Gebrüder Werner, München.

Ich empfange soeben Ihr gestriges Schreiben, dessen Inhalt ich mir dienen lasse, und schätze Sie im Besitz meiner Briefe vom 8. und 9. d. M. nebst Anlagen: Kommissionsnoten No. 407—412.

Flores artificiaes

41.º Data do dia. Viuva Durão e C.ia, R. de S. Lazaro, Lisbôa dão aviso da proxima passagem do seu viajante.

42.º Em 10 de Maio de 19.. o viajante Lucio Brito, de passagem em Gouveia, dirige á s/casa uma relação detalhada sobre os ultimos dias da sua jornada. A nota de commissão N.º 413 segue annexa á sua carta.

33.º Em 15 de Maio de 19.. a viuva Durão e C.ia, Lisbôa, expedem a Helena David, Gouveia, por coli postal, os artigos que encommendou a Brito.

44.º Em 15 de Maio de 19.. viuva Durão e C.ia, Lisbôa, accusam ao seu viajante, de passagem na Batalha, recepção da sua carta do 10 de Maio ultimo; elles o encarregam de verificar as informações recebidas a respeito d'uma fregueza.

41.

VIUVA DURÃO E C ia
Flores em todos os generos
Rua de S. Lazaro 13
LISBÔA

Lisbôa, Data do dia.

Ill.mo S.r

Recommendamos as s/bom acolhimento o nosso viajante

S.r Lucio Brito

cuja proxima visita lhe annunciamos.

Esperando que V. Sª nos obsequeará dando lhe a preferencia de s/ordens desde já agradecemos e ficamos c/estima.

De V. Sª

att.os Ven.dores

Viuva Durão e C.ia

42.

HOTEL CENTRAL
GOUVEIA

Gouveia, 10 de Mais de 19..

Ill.mos S.res Viuva Durão e C.ia, Lisbôa

Accuso a recepção da s/carta de hontem e tomei boa nota de seu conteudo.

Confirmo as m/cartas do 8 e 9 corr., que continham as notas de encommenda N.º 407 a 412.

Leider war es mir nicht möglich, bei Fräulein Lange, hier, Zahlung für unsere letzte Sendung zu erlangen. Da diese Kundin ein sehr gutes Geschäft am Platze macht, empfehle ich, den neuen Auftrag (Orderzettel No. 413) gleichwohl auszuführen und bei Zusendung den Betrag der rückständigen Rechnung durch Postnachnahme mit zu erheben.

Fräulein Lange ist mit diesem Vorschlag, durch welchen ja ein weiteres Risiko nicht entsteht, einverstanden.

An Kasse vereinnahmte ich:

bei Ottilie Haller ℳ 312,50
„ Klara Otto „ 133,—

die ich mit ℳ 445,50 bei der hiesigen Reichsbankstelle einzahlte.

Bei Fräulein Weber konnte ich trotz aller Bemühungen keinen Auftrag erlangen. Ihr Geschäft ist schnell bei der besseren Kundschaft beliebt geworden und erfreut sich lebhaften Zuspruchs. Für die nächste Tour hat sie mir eine größere Bestellung fest zugesagt.

Im allgemeinen ist das Geschäft flau, wenig Kauflust.

Meine Adresse von Freitag bis Sonntag: Amberg (Drei Könige).

Hochachtungsvoll ergebenst

Karl Berger.

Orderzettel 413

Komm.-No. 413.

Gebrüder Werner,
München.

Lieferbar per sofort.

Nachnahme zuzüglich des
früheren Rechnungsbetrags.

Fräulein Anna Lange, Regensburg.

1007	20	Gros	à	2,60 ℳ
1114	10	„	à	—,80 „
1170	10	„	à	2,10 „
1301	10	Dtzd.	à	2,60 „
780	6	Stück	à	1,— „
172	6	„	à	—,90 „

Tem-me sido impossivel obter liquidação da nossa ultimo remessa para a S.ra Helena David. Como porem esta fregueza faz bons negocios, conviria, segundo o meu parecer, executar a nova encommenda que ella me fez e de lh'a expedir, contra pagamento, comprehendendo a importancia da ultima factura vencida. A S.ra David annuiu a esta proposta que, a meu vêr, é uma garantia e exclue todo o risco.

Fiz as cobranças seguintes:

	R.s	57 $380	recebidos da S.ra Felgueira, Lamego
	„	16 $540	„ „ S.ra Ruas, Castello Branco
Total:	R.s	73 $920	

quantia que entreguei á succursal do Banco de Portugal em Coimbra.

A S.ra Ruas, Castello Branco, pediu um abatimento de 750 reis sobre a importancia da s/factura do 23 de Novembro, abatimento que concedi, com a condição que ella renunciasse ás reclamações feitas.

Fiz as minhas offertas e apresentei as minhas amostras á S.ra Lambertini em Lamego, que possue uma clientela escolhida e o armazem melhor afreguezado desta cidade.

Apezar de todos os meus esforços não consegui obter uma encommenda. Prometteu-me porem uma ordem importante na minha proxima passagem.

Os negocios estão frouxos; ha pouca animação.

A minha direcção, de 6a feira até Domingo, será a seguinte.

Covilhã, Hotel do Commercio.

Com os meus respeitosos cumprimentos

subscrevo-me

Lucio Brito.

Annexo
Nota de comm. 413

Encommenda da S.ra HELENA DAVID, GOUVEIA

a expedir: em coli postal, posto em casa

N.o	Quantidade	Designação	Preço $	
1007	*2*	*grosas*	*3*	*600*
1114	*2*	”	*3*	*600*
1170	*1*	”	*4*	*200*
1301	*1*	”	*4*	*200*

43.

München, den 15. Mai 19..

Gebrüder Werner.

Rechnung für Fräulein Anna Lange, Regensburg.

Sie empfangen für Ihre werte Rechnung und Gefahr durch Post:

1 Kistchen G. F. M. No. 5643

20	Gros Maiblumen	1007	à	2,60	52,—
10	„ Veilchen	1114	à	—,80	8,—
10	„ Vergißmeinnicht	1170	à	2,10	21,—
10	Dtzd. Rosen	1301	à	2,60	26,—
6	Stück Zweige	780	à	1,—	6,—
6	„ „	172	à	—,90	5,40
	Porto				—,60
	Kiste				—,75
					ℳ 119,75
				2%	„ 2,40
				netto	ℳ 117,35

durch Nachnahme.

Wir sandten Ihnen heute mit gleicher Post die uns durch unseren Herrn K. Berger gütigst bestellten Waren in bester Ausführung und hoffen gern, daß die Sachen Ihren vollen Beifall finden. Ihrem Wunsche gemäß ging die Sendung per Nachnahme in Höhe von ℳ 182,85 an Sie ab, womit zugleich unsere Rechnung vom 18. Dezember 19.. beglichen ist.

Sollten Sie noch etwas in Agraffen, Posen, Straußfedern etc. benötigen, so stehen wir Ihnen auch mit Auswahlsendungen jederzeit gern zu Diensten.

Wir bitten Sie, uns bei neuem Bedarf mit Ihren weiteren Aufträgen zu beehren, und zeichnen

hochachtungsvoll

Gebrüder Werner.

☛ Nach Muster bestellte Ware wird nicht zurückgenommen. Reklamationen, welche später als 3 Tage nach Empfang der Ware gemacht werden, können wir nicht berücksichtigen. ☚

43.

VIUVA DURÃO e C.ia, LISBÔA

Flores, plantas, ramos. — Grinaldas p.a noivas

Deve

Ex.a S.ra Helena David, Gouveia pela venda e expedição de mercadorias seguintes, pagaveis em Lisbôa

Marcas	N.º	Quantid.	Designação	Preço	Importancia		
							$
D. C.	*387*	*1*	*caixa*				
	1007	*2*	*grosas ramos de violetas*	*3$600*		*7*	*200*
	1114	*2*	„ „ „ *myosotis*	*3$600*		*7*	*200*
	1170	*1*	„ „ „ *rosas*	*4$200*		*4*	*200*
	1301	*1*	„ „ „ *cravos*	*4$200*		*4*	*200*
					2	*2*	*800*
			Emballagem				*240*
			Coli postal				*360*
			Cobrança em domicilio				*175*
					2	*3*	*575*

Expedimos por coli postal ao domicilio, as mercadorias, que teve a bondade de encommendar ao n/viajante Lucio Brito.

Para cobrança da importancia desta factura e da de 18 de Dezembro p. p., o n/viajante é portador do recibo de:

R.s 18$360 factura do 18/12
„ 23$575 „ de hoje
Total: R.s 41$935.

Esperamos que V. Sa ficará satisfeita com esta remessa e continuamos inteiramente ao s/dispôr para lhe enviar amostras, se precisar de enfeites, fivelas ou preparos para flores.

Pedimos que nos reserve a preferencia das s/ordens e assignamos com subida consideração.

De V. Exa

M.t att.os Ven.dores

Viuva Durão e C.ia

44.

Gebrüder Werner,
Kunstblumenfabrik.

München, den 15. Mai 19..

Herrn Karl Berger, z. Z. Freising.

Ihrem Briefe vom 10. d. M. entnahmen wir:

Orderzettel No. 413,

den wir sofort erledigten, und bemerkten uns, daß Sie bei der Reichsbankstelle Regensburg

ℳ 445,50

für uns erlegten, die wir Ihrem Reisekonto gutschrieben.

Die Ihnen seitens „Kreditreform" über Wwe. Müller/Straubing erteilte Auskunft lautet ungleich günstiger als die im Original beifolgende Mitteilung der Auskunftei Schimmelpfeng.

Wir bitten, die Sache eingehend zu prüfen und uns ausführlich mitzuteilen, was Sie selbst von der Kreditwürdigkeit der betreffenden Firma halten.

Ab morgen adressieren wir: „Drei Könige", Amberg.

Achtungsvoll

Gebrüder Werner.

44.

VIUVA DURAO E C.ia
Fabrica de flores artificiaes
Rua de S. Lazaro 13
LISBÔA

Lisbôa, 15 de Maio de 19..

Ill.mo S.r Lucio Brito, Grande hôtel „Lyz", Leiria (Batalha)

Retiramos da s/carta do 10 corr., a nota de commissão N.o 413; esta encommenda acaba de ser executada.

Tomámos nota do desposito que effectuou em 10 corr. por n/conta na succursal do Banco de Portugal em Coimbra, de R.s 73 $920.

As informações que lhe forneceu a agencia Central no Porto sobre a Viuva Rezende, Castello Branco, são bastante tranquilisadoras e sobretudo mais do que aquellas que nos deu a Agencia Commercial.

Remettemos lhe boletim d'esta ultima e pedimos a V. Sa que a examine e nos diga o que pensa da solvabilidade d'esta casa e se lhe podemos conceder o credito pedido.

De amanhã em diante dirigiremos a n/correspondencia

para o Hotel do Commercio, Covilhã.

Enviando lhe os n/comprimentos, assignamos.

Viuva Durão e C.ia

Annexo
nota de informação 83

Leinwand.

45. Die Westfälische Leinenweberei, Gesellschaft mit beschränkter Haftung in Bielefeld, zeigt durch Zirkular an, daß sie für die Provinz Westfalen einen neuen Agenten, Felix Bertram, Minden, bestellt hat.

46. Am 11. März 19 .. übersendet Felix Bertram, Minden, der von ihm vertretenen Firma die ersten Aufträge.

47. Am 12. März 19 .. bestätigt die Westf. Leinenweberei, Bielefeld, den Eingang der Orders und stellt ihrem Agenten verschiedene Lagerware zu billigerem Preise an.

48. Am 14. März 19 .. empfiehlt der Agent die ihm angestellten Waren als Gelegenheitskauf an Max Ernst, Herford.

49. Am 15. März 19 .. fordert Max Ernst, Herford, eine Preisherabminderung und Hinausschiebung des Zahlungstermins.

50. Am 16. März 19 .. bedauert Felix Bertram, Minden, im Preise nichts nachlassen zu können, gewährt aber 3 Monat Ziel und verlangt umgehende Entschließung.

51. Am 18. März 19 .. bittet Max Ernst, Herford, um Zusendung der Ware.

52. Am 20. März 19 .. überreicht die Weberei Bielefeld dem Käufer die Rechnung.

53. Am 1. Mai 19 .. sendet Max Ernst, Herford, den Rechnungsbetrag abzüglich 2% Skonto ein.

54. Am 2. Mai 19 .. bestätigt die Weberei Bielefeld den Empfang des Geldes und bittet um fernere Aufträge.

45.

Bielefeld, Datum des Poststempels.

P. P.

Wir beehren uns, Ihnen die ergebene Mitteilung zu machen, daß wir uns veranlaßt gesehen haben, einen Wechsel in der Leitung unseres Mindener Hauses vorzunehmen, und von nun ab

Herrn Felix Bertram

mit der Führung unserer Geschäfte in der Provinz Westfalen beauftragt haben.

Genannter Herr wird Ihnen demnächst unsere neuesten Musterbücher vorlegen, um Ihre Aufträge darauf entgegenzunehmen.

Hochachtungsvoll

Westfälische Leinenweberei, G. m. b. H.
Albert Hess.

Tecidos

45.º Com data do dia, a companhia de Fiação em Guimarães, leva ao conhecimento da s/clientela, em circular impressa, que ella confia ao. S.r Feliciano Balsemão em Braga a s/representação n'esta praça.

46.º Em 11 de Março de 19.. Feliciano Balsemão, Braga, envia á Companhia de fiação, Guimarães, a nota de encommenda das suas primeiras ordens.

47.º Em 12 de Março de 19.. a Companhia de fiação, Guimarães, accusa a recepção das encommendas. Offerece varios lotes de fazendas disponiveis a preço reduzido.

48.º Em 14 de Março de 19.. o representante Feliciano Balsemão, Braga, offerece estas fazendas a Mauricio Lamas, Vianna do Castello.

49.º Em 15 de Março de 19.. Mauricio Lamas, Vianna do Castello, pede reducção de preço e prorogação de prazo.

50.º Em 16 de Março de 19.. Feliciano Balsemão, Braga, recusa a reducção pedida, mas concede prolongação do prazo a 3 mezes; pede decisão immediata.

51.º Em 18 de Março de 19.. Mauricio Lamas, Vianna do Castello, dá ordem para lhe enviar as fazendas.

52.º Em 20 de Março de 19.. a companhia de fiação de Guimarães remette factura ao comprador.

53.º Em 1 de Maio de 19.. Mauricio Lamas, Vianna, remette á companhia de fiação de Guimarães a importancia da factura, menos 2% de desconto.

54.º Em 2 de Maio de 19.. a companhia de fiação, Guimarães, accusa a recepção e recommenda-se para novas ordens.

45.

FIAÇÃO VIMARENSE
Sociedade em commandita
Capital: 40000$000
Telephone 5 — 12
Direcção telegraphica:
Fiavimar, Guimarães

Guimarães, data de dia.

Ill.mos S.res

Temos a honra de levar ao conhecimento de V. S.ias que acabamos de confiar a n/representação em Braga ao.

S.r Feliciano Balsemão.

O nosso novo representante lhe remetterá em breve os nossos cartões d'amostras.

Muito agradeceremos a preferencia de suas ordens.

Assignamos com a maxima consideração

de V. Sa

att.os Ven.dores obg.dos

O Director-Gerente
Vasco Passos.

46.

Minden, den 11. März 19..

An die

Westfälische Leinenweberei, G. m. b. H., Bielefeld.

Soeben von meiner ersten Tour zurückgekehrt, überreiche ich Ihnen die mir gewordenen Aufträge 1—4 zur gefl. Erledigung.

Hochachtungsvoll

Felix Bertram.

4 Orders

47.

Westfälische Leinenweberei,
G. m. b. H.

Bielefeld, den 12. März 19..

Herrn Felix Bertram, Minden.

Ihrem Gestrigen entnahmen wir Kommissionen 1—4, die wir vorschriftsgemäß erledigen.

An Lager befinden sich:

230 Dtzd. ungeklärte rein leinene Jacquard-Handtücher,
50 × 130, Qualität 111,

die wir bei Abnahme des Postens mit 6,75 netto Kasse abgeben, und

12 Stück geklärtes Hausleinen, 79 breit, Qualität 180.

Diese Stücke sind etwas streifig ausgefallen, wir geben sie Ihnen mit ℳ 3,50 per Stück unter Liste an die Hand.

Da der Fehler kaum bemerkbar ist, dürfte es Ihnen nicht schwer fallen, Nehmer zu finden.

Achtungsvoll

Westfälische Leinenweberei, G. m. b. H.
Albert Hess.

48.

Minden, den 14. März 19..

Herrn Max Ernst, Herford.

Soeben wurden mir von meinem Hause ca. 230 Dtzd. ungeklärte rein leinene Jacquard-Handtücher, 50 × 130, Qualität 111, zu dem außerordentlich billigen Preise von ℳ 6,75 netto Kasse bei Abnahme des ganzen Quantums angestellt.

Das Sortiment besteht aus 5 Mustern.

46.

FELICIANO BALSEMÃO
BRAGA

Braga, 11 de Março de 19..

Ill.mo Sr Director da Companhia de Fiação Vimarense.

De volta da minha primeira viagem tenho a honra de lhe remetter, incluso, as notas das encommendas N.o 1, 2, 3 e 4.

Peço a V. Sa que mande seguir immediatamente as fazendas.

Com a maxima consideração e respeito

sou de V. Sa

Feliciano Balsemão.

4 encommendas

47.

FIAÇÃO VIMARENSE
Sociedade em commandita
Capital: 40 000$000
Telephone 5 — 12

Guimarães, 12 de Março de 19..

Ill.mo S.r Feliciano Balsemão, Braga

Retirámos da s/carta de hontem as notas de encommendas N.os 1, 2, 3, 4; que nos merecerão o mais escrupuloso cuidado.

Temos disponivel em armazen:

1.o 230 duzias de toalhas de mão, linho puro, qualidade 111, 50 × 130.

Podendo collocar este lote por completo, lh'o deixaremos a 1$580 por duzia, a prompto pagamento.

2.o 12 peças de panno crú, larg: 79, qualidade 180.

Esta fazenda está um pouco estriada, ceder-lh'o-hemos a 820 mais barato do que o preço marcado nas amostras.

O defeito é apenas perceptivel e assim encontrará facilmente compradores.

O Director-Gerente
Vasco Passos.

48.

FELICIANO BALSEMÃO
BRAGA

Braga, 14 de Março de 19..

Ill.mo S.r Mauricio Lamas, Vianna do Castello

A m/casa informa-me que liquidaria actualmente a preços muito reduzidos varios stocks de fazendas.

Tomo pois a liberdade de offerecer a V. Sa dois desses stocks que lhe deverião convir, por que pela s/correspondencia anterior vi que comprou por varias vezes semelhantes qualidades.

Da ich aus dem früheren Briefwechsel mit Ihrer w. Firma ersehe, daß Sie öfter ähnliche Qualität von uns bezogen haben, so erlaube ich mir, Ihnen diesen äußerst vorteilhaften Posten als Gelegenheitskauf zu empfehlen, und übersende Ihnen je ein Probedutzend durch Post.

Ebenso offeriere ich Ihnen einen Rest von 180 St. gebleicht rein leinen Damasttischtüchern, 130 × 170, Qualität 96, in einem Dessin, die ich Ihnen äußerst à ℳ 6,25 netto Kasse liefern würde.

Auf Wunsch könnte ich Ihnen zum Dessin passende Servietten, 65 × 65, zu ℳ 11,75 netto Kasse, abgeben.

Ihrer gefl. umgehenden Entscheidung sehe ich gern entgegen und zeichne

hochachtungsvoll

Felix Bertram.

49.

Max Ernst, Herford. Herford, den 15. März 19..

Herrn Felix Bertram, Minden.

Im Besitz Ihrer gefl. Offerte vom 14. d. M. bin ich nicht abgeneigt, den angestellten Posten Handtücher zu übernehmen, wenn Sie mir dieselben mit ℳ 6,60 überlassen und außerdem 3 Monat Ziel gewähren.

Mein Lager in Tischzeug ist hinreichend sortiert; ich bedaure deshalb, für Ihre weitere Offerte keine Verwendung zu haben.

Umgehender Antwort gern gewärtig, zeichnet

hochachtungsvoll

Max Ernst.

50.

Minden, den 16. März 19..

Herrn Max Ernst, Herford.

Im Besitze Ihres gestrigen Schreibens bedauere ich, Ihnen nach nochmaliger Kalkulation das Handtuch nicht anders als zu ℳ 6,75 erlassen zu können. Dagegen bin ich bereit, Ihnen diesen Preis ausnahmsweise netto 3 Monat, anstatt netto Kasse anzustellen.

Ich bitte um Ihre umgehende Erklärung, da ich die Handtücher auch anderweit angestellt habe.

Hochachtungsvoll

Felix Bertram.

1.º 230 duzias de toalhas de mão, puro linho 50 × 130, qualidade 111; à 1 $580 a prompto pagamento. Remetto pois, em coli postal, uma duzia de cada desenho, como amostra.

2.º 180 toalhas de meza, fino damasco, 130 × 170, qualidade 96. que lhe offereço ao ultimo preço de 3 $170 cada, a prompto pagamento.

A pedido lhe poderia fornecer guarda napos do mesmo desenho 65 × 65, à 3 $230 por duzia, a prompto pagamento.

Rogo-lhe pois o obsequio de informar-me por volta de correio, se deseja comprar.

Agradecendo muito o favor de s/resposta sou

De V. Sª

M.ᵗ att.º Ven.dor

Filiciano Balsemão.

49.

MAURICIO LAMAS

Vianna de Castello, 15 de Março de 19..

Ill.mo S.r Feliciano Balsemão, Braga

De boa vontade comprarei o lote de toalhas de mão, que me offerece na s/carta de hontem se me fizer o preço de 1 $450 por duzia a 3 mezes de data.

O meu stock em adamascados está actualmente tão bem sortido que não posso approveitar do resto da s/offerta.

Espero pois a s/resposta por volta de correio.

Sem assumpto para mais, subscrevo com a devida consideração.

Mauricio Lamas.

50.

FELICIANO BALSEMÃO
BRAGA

Braga, 16 de Março de 19..

Ill.mo S.r Mauricio Lamas, Vianna do Castello

Estou na posse do s/estimado de hontem.

Com pezar meu me é impossivel, attendendo ao preço por que sáem, ceder astoalhas de mão a menos de 1 $580.

Em compensação, não tenho duvida em annuir a forma proposta de pagamento.

Peço que me faça sciente da s/resolução por volta do correio, porque fiz tambem offerta a outras casas.

Assigno como sempre.

De V. Sia

M.ᵗ att.º Ven.dor obg.do

Feliciano Balsemão.

51.

Max Ernst, Herford. Herford, den 18. März 19..

Herrn Felix Bertram, Minden.

Im Besitze Ihres Briefes vom 16. d. M. ersuche ich Sie, mir als Frachtgut:

230 Dtzd. Handtücher à 6,75 ℳ netto 3 Monat,

in Qualität und Farbe genau der mir am 14. d. M. durch die Post zugegangenen Probe entsprechend, zu übersenden.

Umgehender Erledigung gern gewärtig, zeichne ich

hochachtungsvoll

Max Ernst.

52.

Westfälische Leinenweberei, G. m. b. H.

Bielefeld, den 20. März 19..

Herrn Max Ernst, Herford.

W. S. W. 1113—1116	230	*Wir sandten Ihnen in* gewöhnlicher *Fracht durch* Spediteur Otto Müller, hier, in 4 Kisten: Dtzd. 50 × 130 ungekl. Jacquard-Handtücher . . . . Dtzd. 30 Tage 2% 90 „ netto.	6,75 netto	1552	50

51.

MAURICIO LAMAS Vianna do Castello, 18 de Março de 19..

Ill.mo S.r Feliciano Balsemão, Braga

Em resposta a s/carta do 16 corr., peço-lhe que me remetta em pequena velocidade, para esta estação:

as 226 duzias de toalhas, offerecidas em 14 c. a 1$580 pagaveis em 3 mezes, sem desconto, e inteiramente semelhantes, tanto em qualidade como em côr, ás 4 duzias, de que estou de posse.

Conto com prompta execução da m/ordem.

Com toda a consideração

Mauricio Lamas.

52.

FIAÇÃO VIMARENSE

Sociedade em commandita, capital 40000$000

Tecidos em todos os generos

Importação e Exportação

Deve o Ill.mo S.r Mauricio Lamas, Vianna do Castello

os artigos abaixo, pagaveis em Guimarães, a 90 dias, expedidos em pequena velocidade, de s/c e risco, por intermedio do S.r Paulo Moreira.

Guimarães, 20 de Março de 19 .

			$	
V. P.	*113—116 4 caixas contendo:*			
	230 duzias toalhas de mão, conforme amostra			
	50 × 130	*1$580*	*R.s 363*	*400*
	Porte a pagar.			
	Valor para 20 de Junho proximo.			

53.

Max Ernst, Herford. Herford, den 1. Mai 19..

An die

Westfälische Leinenweberei, G. m. b. H., Bielefeld.

Als Ausgleich Ihrer Rechnung vom 20. März a. c. überreiche ich Ihnen beiliegend:

	ℳ 1521,45	in bar, die Sie mir
zuzüglich	„ 31,05	2 % Skonto
mit	ℳ 1552,50	gutbringen wollen.

Hochachtungsvoll

Max Ernst.

Beiliegend:	ℳ 1520,—	in Papiergeld
	„ 1,45	in Briefmarken
	ℳ 1521,45	

54.

Westfälische Leinenweberei, G. m. b. H. Bielefeld, den 2. Mai 19 .

Herrn Max Ernst, Herford.

Ihrem gestrigen Schreiben entnahmen wir:

	ℳ 1521,45	in bar, die wir
zuzüglich	„ 31,05	2 % Skonto
mit	ℳ 1552,50	

zum Ausgleich unserer Rechnung vom 20. März d. J. verwendeten.

Ihren ferneren Aufträgen uns bestens empfohlen haltend, zeichnen wir

hochachtungsvoll

Westfälische Leinenweberei, G. m. b. H.

Albert Hess.

53.

MAURICIO LAMAS Vianna do Castello, 1 de Maio de 19..

Ill.mo S.r Director da C.ia de Fiação Vimarense

Guimarães.

Recebi a s/factura do 20 de Março passado.

Incluso remetto por saldo da m/conta:

R.s 363$400

conforme abaixo, especificado.

Com os meus mais sinceros cumprimentos sou

de V. Sa

att.o Ven.dor

Mauricio Lamas.

3 notas de banco a 100$000	300$000
2 notas de „ a 20$000	40$000
1 vale de correio	16$135
Desconto	7$265
	R.s 363$400

54.

FIAÇÃO VIMARENSE
Sociedade em commandita
Capital: 40000$000
Telephone 5 — 12

Guimarães, 2 de Maio de 19..

Ill.mo S.r Mauricio Lamas, Vianna do Castello

Temos a honra de lhe accusar recepção da s/carta de hontem, contendo:

	R.s 356$135
Desconto 2 %	7$265
	363$400

de que creditámos a s/conta.

Agradecendo, sou com toda a consideração

de V. Sa

M.t att.o Ven.dor

O Director-Gereute
Vasco Passos.

Erkundigung und Mahnung.

55. Am 6. April 19.. ersucht Emil Held in Braunschweig die Firma Rudolf Reh in Wolfenbüttel um baldige Einsendung eines fälligen Rechnungsbetrags.

56. Am 6. April 19.. erkundigt sich Emil Held in Braunschweig bei seinen Geschäftsfreunden A. Feller & Co., Wolfenbüttel, nach der Kreditwürdigkeit seines Schuldners.

57. Am 9. April 19.. empfehlen A. Feller & Co., Wolfenbüttel, energisches Vorgehen gegen den Schuldner.

58. Am 10. April 19.. zeigt Emil Held, Braunschweig, seinem Schuldner an, daß er den Rechnungsbetrag zuzüglich Verzugszinsen und Spesen durch Postnachnahme erheben werde.

59. Am 13. April 19.. schickt Emil Held, Braunschweig, Postnachnahmekarte über den Rechnungsbetrag an Rudolf Reh in Wolfenbüttel ein.

60. Am 16. April 19.. verlangt Emil Held, Braunschweig, zur Vermeidung gerichtlicher Klage Zahlung.

61. Am 17. April 19.. schlägt Rudolf Reh, Wolfenbüttel, vor, sein von Falb & Co., Helmstedt, indossiertes Accept in Zahlung nehmen zu wollen.

62. Am 18. April 19.. erklärt sich Emil Held, Braunschweig, mit dieser Form der Anschaffung einverstanden.

63. Am 20. April 19.. übersendet Rudolf Reh, Wolfenbüttel, das Accept und bittet um Entlastung.

64. Am 21. April 19.. bekennt sich Emil Held, Braunschweig, zum Empfang des Wechsels und quittiert unter dem üblichen Vorbehalt über seine Forderung.

55.

Emil Held, Braunschweig. Braunschweig, den 6. April 19..

Herrn Rudolf Reh, Wolfenbüttel.

Bei Durchsicht meiner Bücher finde ich Ihr Konto noch immer mit dem Betrag meiner Rechnung vom 15. Oktober v. J.

ℳ 496,75 per 15./12. v. J.

belastet.

Unter dem 15. Februar d. J. erlaubte ich mir bereits, Sie auf den rückständigen Posten aufmerksam zu machen; eine Antwort ist mir nicht zugegangen.

Da das Ihnen eingeräumte Ziel seit längerer Zeit überschritten ist, ersuche ich Sie um recht baldige Begleichung dieser Summe und zeichne

achtungsvoll

Emil Held.

Reclamação e insistencia por pagamento

55.º Em 6 d'Abril de 19.. Daniel Ferreira, Mafra, pede a João Gandara Nellas que lhe pague a importancia da s/factura.

56.º Em 6 d'Abril de 19.. Daniel Ferreira, Mafra, pede a Mourão e C.ia, Nellas, informações sobre a solvabilidade do s/devedor.

57.º Em 9 d'Abril de 19.. Mourão e C.ia, Nellas, aconselham a Daniel Ferreira, Mafra, que proceda energicamenta.

58.º Em 10 d'Abril de 19.. Daniel Ferreira, Mafra, previne João Gandara, Nellas, que saccará contra elle pelo correio.

59.º Sobrescripto e relação dos valores a cobrar.

60.º Em 16 d'Abril de 19.. Daniel Ferreira, Mafra, previne João Gandara que recorrerá a vias judiciaes.

61.º Em 17 d'Abril de 19.. João Gandara, Nellas, propõe a liquidação por aval de Trancoso e C.ia, Pero Negro.

62.º Em 18 d'Abril de 19.. Daniel Ferreira, Mafra, acceita a liquidação por letra, endossada por Trancoso e C.ia, Pero Negro.

63.º Em 20 d'Abril de 19.. João Gandara, Nellas, remette a Daniel Ferreira, Mafra, a lettra acceite e endossada.

64.º Em 21 d'Abril de 19.. Daniel Ferreira, Mafra, accusa recepcão da lettra e passa recibo sob reservas do costume.

55.

Mafra, 6 d'Abril de 19..

Ill.mo S.r João Gandara, Nellas

Na occasião de regular a m/escripturação, verifiquei que V. S.a me deve R.s 49$675, importancia da m/factura com data de 15 d'outubro p. p. Em 15 de Fevereiro ultimo, lhe remetti um estado de conta; mas espero ainda a s/resposta.

Peço-lhe pois que me envie, o mais cedo possivel, os fundos necessarios para a liquidação d'esta antiga conta.

Daniel Ferreira.

56.

Emil Held, Braunschweig. Braunschweig, den 6. April 19..

Herren A. Feller & Co., Wolfenbüttel.

Ich gestatte mir heute, Ihre Gefälligkeit in Anspruch zu nehmen, indem ich Sie bitte, mir über den Ruf und die Kreditwürdigkeit der auf dem beiliegenden Zettel verzeichneten Firma eine möglichst genaue Auskunft zu erteilen.

Der in Frage Stehende ist ein langjähriger Kunde meines Hauses und hat früher stets pünktlich reguliert. Eine ihm bereits im Februar d. J. übersandte Mahnung hat er dagegen unbeantwortet gelassen. Das Objekt beträgt annähernd 500 ℳ.

Sie wollen sich diskretester Benutzung Ihrer gefl. Mitteilungen versichert halten.

Zu Gegendiensten stelle ich mich Ihnen stets gern zur Verfügung.

Hochachtungsvoll

Emil Held.

Anlage
1 Adresse.

57.

Feller & Co., Wolfenbüttel. Wolfenbüttel, den 9. April 19..

Herrn Emil Held, Braunschweig.

Im Besitz Ihres Briefes vom 6. d. M. teilen wir Ihnen zu gefl. diskreter Benutzung und ohne jede Gewähr unsererseits mit, daß in neuerer Zeit öfter über langsame Zahlung der in Frage stehenden Firma geklagt wird.

Es scheint, daß der sonst sehr tüchtige und fleißige Inhaber sich über seine Kräfte an industriellen Unternehmungen beteiligt hat, deren Rentabilität zu wünschen übrig läßt.

In Ihrem Interesse dürfte es liegen, energisch vorzugehen, damit Ihnen nicht bei der immerhin gefährdeten Lage andere zuvorkommen.

Zur Zeit ist es recht wohl möglich, daß die sehr wohlhabenden Verwandten Ihres Schuldners etwas für ihn tun.

Wir stellen ergebenst anheim, von vorstehender Auskunft, ohne jede Verbindlichkeit unsererseits, den Ihnen geeignet erscheinenden Gebrauch zu machen, und rechnen auf Ihre Verschwiegenheit.

Hochachtungsvoll

A. Feller & Co.

56.

Mafra, 6 d'Abril de 19..

Ill.mo S.r Mourão e C.ia, Nellas

Peço-lhe o especial obsequio de me informar o mais exacto possivel sobre a lealdade, moralidade e solvabilidade da casa, cujo nome encontrará na ficha inclusa.

Esta firma faz parte dos meus freguezes ha um largo numero de annos. Até aos ultimos tempos tem honrado os s/compromissos, mas um estado de conta que lhe remetti em Fevereiro proximo passado ficou sem resposta.

Pode estar convencido que usarei com a maxima discreção das informações que me der a este respeito o que muito agradeço.

Peço que disponha do m/limitado prestimo no que lhe possa ser util e creia-me.

De V. Sa

att.o Ven.dor obg.do

Daniel Ferreira.

57.

MOURÃO E C.ia
Vinhos e artigos coloniaes
NELLAS

Nellas, 9 d'Abril de 19..

Confidencial

Ill.mo S.r Daniel Ferreira, Mafra

Em reposta a s/carta do 6 corr., fazemol-o sciente confidencialmente e sem garantia alguma da nossa parte, das informações que colhemos sobre a casa em questão.

Nos ultimos tempos observou-se que já não é tão exacta nos seus pagamentos.

Diz-se que o s/chefe, muito activo e energico, se metteu em especulações industriaes cujos resultados são aléatorios.

Accusam-n'o de se metter em muitos negocios e de ser muito audacioso.

Julgamos que, em s/interesse, seria preciso proceder com energia, pois a situação é de certo precaria, e outros poderiam antecipar-se a V. Sa.

Seria porem, muito possivel, que os parentes do s/devedor, que estão muito bem, façam alguma coisa por elle e venham em s/soccoro.

Pedimos a V. Sa que faça uso secreto das n/informações que são dadas como rigorosamente confidenciaes.

Com toda a consideração,

Mourão e C.ia

58.

Emil Held, Braunschweig. Braunschweig, den 10. April 19..

Herrn Rudolf Reh, Wolfenbüttel.

Da Sie meine Briefe vom 15. Februar und 6. April d. J. unbeantwortet gelassen haben, ersuche ich Sie hierdurch, den fälligen Rechnungsbetrag zuzüglich ℳ 8,25 Verzugszinsen à 5 %

mit ℳ 505,—

nunmehr innerhalb 3 Tagen zu begleichen.

Sollte ich bis zum 13. April d. J. nicht im Besitze des Geldes sein, so werde ich den Betrag zuzüglich 65 Pfennig Postgebühr durch Postnachnahme bei Ihnen einziehen lassen.

Zur Vermeidung von Weiterungen und Kosten wollen Sie meine Abgabe bei Vorkommen pünktlich einlösen.

Achtungsvoll

Emil Held.

58.

Mafra, 10 d'Abril de 19..

Ill.mo S.r João Gandara, Nellas

Tendo ficado as m/cartas do 15/II e do 6/IV sem resposta, venho prevenil-o que, so no prazo de 3 dias não tiver recebido a importancia da m/factura e respectivos juros, segundo nota abaixo, saccarei pelo correio, n'uma letra de egual quantia, augmentada pelas resp. despezas.

Espero que attenderá o m/pedido para lhe evitar inconvenientes e despezas.

Sem assumpto para mais, sou

de V. Sa

att.o Ven.dor

Daniel Ferreira.

Relevé:

Capital: em divida	49 $675	
Juros:	825	
Despezas de cobrança	10	(por cada titulo)
Premio do vale	500	
Sello „ „	40	
Total:	R.s 51 $050.	

59. (Postnachnahmekarte.)

Vorderseite.

10 Pf. Vorzeige-gebühr.	5 Pf. Porto.

Nachnahme: 505 ℳ 65 Pf.
wörtlich: Fünfhundertfünf ℳ 65 Pf.

Absender: Emil Held, Braunschweig.

Herrn Rudolf Reh

in

Wolfenbüttel.

(*Rückseite.*)

Quittung über Mark 505,65

Von Herrn Rudolf Reh, Wolfenbüttel, mit Bezugnahme auf mein Schreiben vom 10./4. d. J.

Fünfhundertfünf Mark 65 Pf.

empfangen zu haben, bescheinige ich hiermit

Braunschweig, den 14./4. 19..

Emil Held.

Falls aus irgend einem Grunde die Einlösung beim ersten Vorzeigen nicht erfolgt, so bleibt die Karte noch 6 Tage beim Postamt liegen und kann bis dahin deren Einlösung bewirkt werden.

60.

Emil Held, Braunschweig. Braunschweig, den 16. April 19..

Herrn Rudolf Reh, Wolfenbüttel.

Soeben erhalte ich meine Postnachnahmekarte vom 13. d. M. unbezahlt zurück.

Da Sie weder zahlen noch meine Zuschriften beantworten, so sehe ich mich nunmehr gezwungen, bei Gericht Klage gegen Sie anzustrengen.

59.

Enveloppe

SERVICO TELEGRAPHO-POSTAL

TITULOS PARA COBRAR

á estacão telegrapho-postal de

NELLAS

Registado
N.º 5492

Remettido á estação de NELLAS

Por DANIEL FERREIRA

Cobranças

Titulos que o S.r DANIFL FERREIRA residente em Mafra remette á estação de Nellas para serem alli cobrados

Registado em 15 Abril 19 . . sob o N.º 5492

N.º de ordem	Nome do devedor	Importancia de cada documento R.s	
1	*João Gandara*	......*51*	*050*....
2			
3			
4			
5			
6			
7			
8			
9			
10			
11			
12			
13			
14			
15			
16			
17			
18			
	Total	*51*	*050*

O correio encarrega-se da cobrança, de recibos lettras, obrigações.
O remettente deverá enchar dois impressos como este franquiando cada um com uma estampilha de 5, por cada titulo. No acto da liquidação o correio deduz o premio e sello do vale. O premio é cobrado na seguinte proporção :

			até 5 000 R.s			R.s	50
de + de			5 000	até	10 000	«	100
«	«	«	10 000	«	15 000	«	150
«	«	«	15 000	«	20 000	«	200
«	«	«	20 000	«	25 000	«	250
«	«	«	25 000	«	30 000	«	300

Por cada R.s 5 000 + ou fracção até 100 000 R.s -- R.s 50

de + do	100 000	até	110 000	«	1100
« « «	110 000	«	120 000	«	1200
« « «	120 000	«	130 000	«	1300
« « «	130 000	«	140 000	«	1400
« « «	140 000	«	150 000	«	1500
Por cada 10 000 + ou fracção		«	300 000		
Quanto ao sello : «	5 000	«	20 000	«	20
«	21 000	«	50 000	«	40
«	51 000	«	100 000	«	60
	101 000	«	300 000	«	100

60.

Mafra, 16 d'Abril de 19 . .

Ill.mo S.r João Gandara, Nellas

Veiu-me devolvida, não paga, a nòta de R.s 51 050 que mandei apresentar em 15 d'este mez.

Visto que V. Sª não quer pagar nem responder, provas evidentes de má vontade, vejo-me obrigado a perseguil-o judicialmente.

Ich bedaure, daß unsere mehrjährige Geschäftsverbindung in so unerquicklicher Weise abgebrochen wird, aber Sie werden mir wohl zugeben, daß die Schuld nicht an mir liegt.

Achtungsvoll

Emil Held.

Einschreiben.

61.

Rudolf Reh, Wolfenbüttel. Wolfenbüttel, den 17. April 19..

Herrn Emil Held, Braunschweig.

Ich bitte sehr um Entschuldigung, daß ich Ihre verschiedenen Zuschriften und Mahnungen unbeantwortet ließ und dadurch Ihren Entschluß veranlaßte, klagbar gegen mich zu werden.

Ich habe in der letzten Zeit und ohne mein Verschulden schwere Verluste gehabt, die ich, um größeres Unheil zu verhüten, sofort decken mußte; dadurch bin ich verhindert worden, meinen laufenden Verpflichtungen gerecht zu werden.

Um der mir angedrohten gerichtlichen Klage vorzubeugen, hat sich mein Schwager, Herr W. Falb, alleiniger Inhaber der Firma A. Falb & Co. in Helmstedt, bereit erklärt, ein 3 Monat-Accept, das ich Ihnen zur Deckung meiner Schuld von ℳ 496,75 zuzüglich Spesen und Zinsen einsenden würde, mit seinem Giro zu versehen.

Der Name der genannten Firma bürgt Ihnen für pünktlichen Eingang des Wechselbetrags; ich gebe mich deshalb der Hoffnung hin, daß Sie auf meinen Vorschlag eingehen und mich damit von einer schweren Sorge befreien werden.

Ich sehe Ihrer gefl. Zustimmung postwendend entgegen und werde Ihnen dann mein Accept umgehend einsenden.

Hochachtungsvoll

Rudolf Reh.

Einschreiben.

62.

Emil Held, Braunschweig. Braunschweig, den 18. April 19..

Herrn Rudolf Reh, Wolfenbüttel.

Den mir soeben mit Ihrem Gestrigen eingeschrieben zugehenden Vorschlag bin ich unter folgenden Bedingungen anzunehmen bereit:

Lastimo que as n/relações de tantos annos terminem d'uma maneira tão desagradavel; concordará porem que, se recorri a este meio, fui obrigado a isso por V. Sª.

Antes porem d'entrar n'esse caminho queria conhecer as suas razões e se está resolvido a pagar-me.

Subscrevo com a devida consideração

Daniel Ferreira.

Registrado

61.

Nellas, 17 d'Abril de 19..

Ill.mo S.r Daniel Ferreira, Mafra

Peço a V. Sª que me desculpe de não ter respondido em tempo ás s/cartas e reclamações, ameaçando-me em consequencia d'isso com vias judiciaes.

Nos ultimos tempos e sem culpa minha, soffri importantes perdas; para evitar ainda maiores, tive que ficar em atrazo com os mais antigos compromissos.

O meu cunhado Trancoso, unico proprietario da Firma social Trancoso e C.ia em Pero Negro consentiu, para me poupar a deshonra d'uma perseguição judicial, em ser fiador d'uma lettra, aceite com 3 mezes, que assignarei em pagamento da m/divida de R.s 49$675, juntando-lhe os juros correntes e despezas de negociação.

A reputação da casa que lhe offereço e que está disposta a dar caução garantirá sufficientemente o pagamento a V. Sª.

Espero que aceitará a m/proposta e que me livrará assim d'um grave cuidado, pelo que muito grato ficarei.

Contando com a s/aquiescencia lhe farei chegar a lettra, aceite por mim e provido do aval do meu cunhado, logo que receba a s/resposta.

Com a mais subida consideração

João Gandara.

Registrado

62.

Mafra, 18 d'Abril de 19..

Ill. S.r João Gandara, Nellas

Aceito a proposta que me fez hontem, por carta registrada, com as modificações seguintes:

Queira remetter-me aceite com 3 mezes de data na importancia de: R.s 53$600, conforme o relevé abaixo.

Sie senden mir umgehend ein 3 Monat-Accept in Höhe des seit 15./12. v. J. offenen Fakturenbetrags von ℳ 496,75, zuzüglich Verzugszinsen bis zum Fälligkeitstag des Acceptes und meiner Auslagen für Porti.

Dieses Accept muß das Giro der Firma A. Falb & Co. in Helmstedt tragen und spätestens bis 22. d. M. in meinen Händen sein.

Achtungsvoll

Emil Held.

63.

Rudolf Reh, Wolfenbüttel. Wolfenbüttel, den 20. April 19..

Herrn Emil Held, Braunschweig.

Für das mir mit Ihrem Geehrten vom 18. d. M. gewährte Entgegenkommen spreche ich Ihnen meinen verbindlichsten Dank aus.

In der Anlage überreiche ich Ihnen mein Accept auf:

ℳ 512,70 per 20./7. d. J. mit Giro A. Falb & Co.

laut unten folgender Aufstellung.

Ich bitte um Empfangsbestätigung und Entlastungsanzeige.

Hochachtungsvoll

Rudolf Reh.

Fakturenbetrag per 15./12. v. J.	ℳ 496,75
Zinsen 15./12.—20./7. d. J., 215 Tage à 5 %	„ 14,85
Portoauslagen	„ 1,10
per 20./7. d. J.	ℳ 512,70

Einschreiben.

E'preciso que este aceite me seja transmittido com endosso e que este seja assignado pela firma social Trancoso e C.ia em Pero Negro.

Este documento deve estar em meu poder, o mais tardar, até ao dia 22.

Daniel Ferreira.

Capital	R.s	49 $ 675
Juros 15/12 a 20/7, 217 dias à 6 %	»	1 » 770
Prejuizo na cobrança pelo correio	»	1 » 375
Despezas de negociação	»	» 530
Porte de cartas	»	» 250
	R.s	53 $ 600.

63.

Nellas, 20 d'Abril de 19..

Registrado

Ill.mo S.r Daniel Ferreira, Mafra

Com sinceros agradecimentos de ter aceite a minha proposta de 17 corr. em carta sua do 18 d'este mez, remetto-lhe, incluso, uma lettra de:

R.s 53 $ 600

para 20 de Julho proximo, provida do meu aceite e endossada pela firma Trancoso e C.ia em Pero Negro.

Queira fazer o lançamento conforme.

Com a maxima consideração, sou

de V. Sa

att.o Ven.dor

João Gandara.

Importancia da factura do 15/XII	R.s	49 $ 675
Juros e despezas	,,	3 » 925
	R.s	53 $ 600.

64.

Emil Held, Braunschweig. Braunschweig, den 21. April 19..

Herrn Rudolf Reh, Wolfenbüttel.

Ihrem Einschreibebrief, datiert vom 20. April d. J., entfaltete ich:

ℳ 512,70 per 20./7. d. J., mit Giro A. Falb & Co.,

die ich, Eingang vorbehalten, zum Ausgleich meiner Rechnung vom 15. Oktober 19.. verwende.

Achtungsvoll

Emil Held.

64.

Mafra, 21 d'Abril de 19..

Ill.mo S.r João Gandara, Nellas

Retirei da s/carta registrada, com a data do 20 corr., uma lettra de:

R.s 53$600

para 20 de Julho proximo, provida do s/aceite e endossada pela firma social Trancoso e C.ia, Pero Negro.

Creditei V. Sa da importancia, salvo boa cobrança, em pagamento da m/factura do 15 d'Outubro passado, e das despezas.

Com toda a consideração

Daniel Ferreira.

B. Das Bankgeschäft.

Da die Banken (Bankiers, Bankhäuser) den Geldverkehr vermitteln, das Geld aber der Wertmesser und zugleich das allgemeine Tauschmittel für alle übrigen Waren ist, so sind alle diejenigen, die das Handelsgewerbe betreiben, auf den Verkehr mit der Bank angewiesen.

Eigengeschäfte; Kommissionsgeschäfte. Der Bankier macht teils Geschäfte für eigene Rechnung (Proper-, Eigengeschäfte); teils handelt er im Auftrag und für Rechnung seiner Kommittenten (Kommissionsgeschäfte).

Kassaverkehr; Verrechnungsverkehr. Beschränkt sich der Verkehr zwischen Kommittent und Bankier auf einzelne Geschäfte, die sofort beglichen werden, so bezeichnet man diese Geschäfte als Einzel- oder Kassegeschäfte. Werden die Geschäfte nicht sofort beglichen, sondern gebucht oder verrechnet, so spricht man von Verrechnungsverkehr.

Der Verrechnungsverkehr ist entweder Giroverkehr oder Kontokorrentverkehr.

Giroverkehr. Der Giroverkehr setzt ein ständiges Guthaben des Kunden auf dem für diesen Verkehr geführten Konto (Girokonto) voraus.

Dem Girokonto werden bare Einlagen, die der Kontoinhaber für eigene Rechnung macht oder die für seine Rechnung gemacht werden, sofort gutgeschrieben.

Außerdem besorgt die Bank das Inkasso der ihr vom Kontoinhaber quittiert übergebenen Wechsel, Anweisungen, Rechnungen und sonstiger Wertpapiere für dessen Rechnung und schreibt ihm die Beträge nach Eingang gut.

Der Kontoinhaber kann jederzeit über sein Guthaben verfügen. Seine sämtlichen Abhebungen sowie alle bar oder durch Verrechnung für ihn eingehenden Beträge werden in ein Kontogegenbuch eingetragen. Die Girogelder werden von den Banken spesenfrei verwaltet, aber gewöhnlich nicht oder doch nur sehr niedrig verzinst. Der Giroverkehr ist ein reines Kassiergeschäft, er gibt selten Anlaß zu Briefwechsel.

Kontokorrentverkehr. Der Kontokorrentverkehr setzt ein ständiges Guthaben des Kontoinhabers nicht voraus, sondern dieser nimmt in der Regel den Kredit seines Bankiers in Anspruch.

Der Kredit heißt gedeckt (gedeckter Kredit, Realkredit), wenn der Bankier ein Unterpfand (Deckung) dafür in Händen hat.

Der Kredit heißt ungedeckt (Blankokredit, Personalkredit), wenn der Bankier ihn lediglich auf persönliches Vertrauen hin gewährt.

Wird ein gedeckter oder ungedeckter Kredit in der Form gewährt, daß der Bankier die Wechsel akzeptiert, die der Kontoinhaber auf ihn zieht oder für seine Rechnung auf ihn ziehen läßt, so spricht man von Akzeptkredit.

Der Kontokorrentverkehr ist sehr mannigfaltig; gleichwohl kann ein großer Teil des Briefwechsels durch Formulare erledigt werden, da sich gewisse Geschäftsvorfälle ständig wiederholen.

Kaufleute, die nicht im Kontokorrentverkehr mit einem Bankier stehen, werden gleichwohl die Vermittelung eines solchen in Anspruch nehmen, wenn es sich handelt um:

1. Begebung von Wechseln gegen Zinsenabzug,	Diskontwechsel;
2. Vermittelung von Auszahlungen durch Wechsel,	Kommissionsrimessen;
3. Vermittelung von Einziehungen durch Wechsel,	Kommissionstratten;
4. Vermittelung bei Einlösung von Wechseln,	Domizilwechsel;
5. Vermittelung im Notfall (Intervention),	Notleidende Wechsel.

B. Operações de Banco

Operações de banco. A moeda é a mercadoria intermediaria de todas as trocas e ao mesmo tempo o meio de avaliação, a medida do valor de todas as outras mercadorias.

O dinheiro é comprado e vendido pelo banqueiro.

O negociante recorrerá portanto necessariamente ao banqueiro para a liquidação das suas transacções.

O banqueiro faz negocios por sua propria conta, ou por conta e ordem dos s/committentes.

Negocios feitos a prompto pagamento e em conta. As operações de banco são liquidadas immediata e isoladamente ou são saldadas depois d'um certo prazo.

As operações que se liquidam immediatamente chamam se „a contado"; as operações que são passados em conta e são liquidadas n'um momento determinado se chamam „negocios em conta".

Conta corrente simples. Quando todos os pagamentos, feitos pelo banqueiro, são simples operações de caixa, [saques sobre os fundos depositados pelo cliente] a conta-corrente se chama simples.

Para os depositantes em conta-corrente simples, o banqueiro se encarrega de todas as operações de caixa: cobranças, desconto e pagamentos. Não aceita comtudo os saques sobre a sua caixa senão até a importancia das quantias recebidas.

O depositante dispõe dos seus fundos, por meio de transferencias ou cheques, pagaveis á vista.

Um caderno de chèques e um livro de conta de depositos são entregues ao depositante. Todas as operações são inscriptas no livro dos despositos; não ha correspondencia.

Conta corrente reciproca. Quando o banqueiro faz adiantamento de fundos áquelles dos seus clientes que lhe offerecem as necessarias garantias, a conta-corrente se chama reciproca.

Ainda que os negocios de cambio sejam geralmente feitos em conta-corrente, são comtudo representados n'este guia como negocios isolados, para dar mais clareza a cada uma das differentes operações.

Operações isoladas. Mesmo sem ter conta-corrente n'um banco, o negociante poderá recorrer ao banqueiro para as operações seguintes:

1.º Negociação de valores com desconto:	Desconto de lettras.
2.º O pagamento por lettra por conta d'um 3.º:	Remessas o/conta.
3.º Cobrança por lettra por conta d'um 3.º:	Saques p/conta.
4.º Domiciliação da lettra 3.º:	Domiciliação.
5.º Intervenção por falta d'aceite ou de pagamento 3.º:	Protestos.

Briefe im Bankgeschäft.

Diskontwechsel.

Bei Begebung von Wechseln vor ihrem Verfalltag (Diskontierung) werden die Zinsen (Diskont) für die noch verbleibende Laufzeit des Wechsels von der Wechselsumme gekürzt.

Die Bank, welcher Wechsel zur Diskontierung angeboten werden, kauft dieselben entweder für eigene Rechnung, oder sie vermittelt den Verkauf.

Werden einem Bankhaus Wechsel zur Diskontierung angeboten, so sind zur ordnungsgemäßen Erledigung des Geschäfts folgende drei Briefe erforderlich:

1. Der Wechselverkäufer an die Bank; Zusendung des Diskontwechsels.
2. Die Bank an den Wechselverkäufer; Übermittelung des Gegenwerts.
3. Der Wechselverkäufer an die Bank; Empfangsbestätigung.

65. Am 10. November 19.. übersendet C. Nestel, Ettlingen, an die Rheinische Kreditbank, Karlsruhe, einen Wechsel zur Diskontierung und bittet, ihm den Betrag durch Postanweisung zu übermitteln.

66. Am 12. November 19.. sendet die Rheinische Kreditbank den Wechselerlös unter Abrechnung an C. Nestel, Ettlingen.

67. Am 14. November 19.. bekennt sich C. Nestel, Ettlingen, zum Empfang des Geldes.

65.

Ettlingen, den 10. November 19..

Rheinische Kreditbank, Karlsruhe.

Anbei übersende ich Ihnen eingeschrieben:

ℳ 356,30 per 31. Januar n. J. auf A. Stieler, dort,

mit der Bitte, diesen Wechsel in Diskont zu nehmen und mir den Gegenwert durch Postanweisung zugehen zu lassen.

Hochachtungsvoll

C. Nestel.

Negocios de Cambio

Negociação d'uma letra

Descontar uma lettra é remetter a s/importancia ao endossante ou cedente antes do vencimento com deducção de premio.

O banqueiro pode fazer o desconto como commissario ou em seu proprio nome.

Para regular a negociação d'um valor commercial por correspondencia são precisas as 3 cartas seguintes:

1.º O cedente ao commissario: Remessa da lettra.
2.º Cessionario ao cedente: Remessa do producto.
3.º Cedente ao commissario: Aviso de recepção.

65. Em 10 de Novembro de 19.. C. Nogueira, Melgaço, remette ao Credito Industrial e Commercial, rua do Arsenal, Lisbôa uma lettra para desconto com o pedido de lhe remetter a importancia.

66. Em 12 de Novembro de 19.. O Credito Industrial e Commercial, Lisbôa envia a C. Nogueira, Lisbôa o producto da negociação com desconto.

67. Em 14 de Novembro de 19.. C. Nogueira, Lisbôa, accusa a recepção da remessa do dinheiro.

65.

Melgaço, 10 de Novembro de 19..

CREDITO INDUSTRIAL E COMMERCIAL, LISBÔA

Ill.mo Sr Director

Em enveloppe registrado remetto-lhe um aceite de:

35 $ 630,

para 31 de Janeiro proximo, sobre A. Souza, Lisbôa

Queira descontar este valor e fazer-me chegar o producto. Com a maxima consideração, sou

de V. Sa

Carlos Nogueira.

66.

Rheinische Kreditbank,
Karlsruhe.

Karlsruhe, den 12. November 19..

Herrn C. Nestel, Ettlingen.

Für den uns mit Ihrem Schreiben vom 10. d. M. übermittelten Wechsel:

ℳ 356,30 per 31./I. n. J.

übersenden wir Ihnen durch Postanweisung:

	ℳ 351,25,	welche Sie
zuzüglich	„ 3,85	5 % Diskont 78 Tage
	„ —,90	$^1/_4$ % Provision
	„ —,30	Porto
	ℳ 356,30	

zur Begleichung dieser Angelegenheit verwenden wollen.

Hochachtungsvoll
Wechselkasse
der
Rheinischen Kreditbank.
Lenz. Müller.

67.

Ettlingen, den 14. November 19..

Rheinische Kreditbank, Karlsruhe.

Die mir durch Postanweisung als Gegenwert für meine Rimesse übersandten:

ℳ 351,25	verwende ich zuzüglich
„ 5,05	Diskont und Spesen
ℳ 356,30	

zu Ihrer Entlastung.

Hochachtungsvoll
C. Nestel.

66.

Credito Industrial e Commercial
Sociedade anonyma
com o capital de 600.000 $ 000
Confirmação da n/carta do
Aviso de recepção da s/carta de 10 Corr.

Lisbôa, 12 de Novembro de 19..

Ill.mo S.r C. Nogueira, Melgaço

Incluso remettemos-lhe:

35 $ 095 sobre Lisbôa

Referimos-nos com relação aos detalhes da transacção á nota abaixo:
Com os nossos sinceros cumprimentos

Credito Industrial e Commercial
O Director
Carlos Loureiro.

Relação dos valores remettidos para desconto:

Somma		Vencimentos	Dias	Saque
35	630	31 de Janeiro proximo	80	A. Souza
		395 reis desconto 5 %		
		20 „ commissão 1/4 %		
	535	50 „ porte de carta		
35	095			

67.

Melgaço, 14 de Novembro de 19..

CREDITO INDUSTRIAL E COMMERCIAL, LISBÔA

Ill.mo S.r Director

Da s/estimada de 12 corr., retirei.

N.º 3695 chèque sobre Lisbõa 35 $ 095
Desconto e despezas 535
35 $ 630

o que salda a minha remessa de 10 corr.
Com toda a consideração

C. Nogueira.

Kommissionswechsel.

Soll eine Schuld außerhalb des Kontokorrentverkehrs durch Vermittlung eines dritten (Bankier oder Geschäftsfreund) durch Wechsel beglichen werden, so sind zur ordnungsgemäßen Erledigung der Remittierung und der Trassierung je sechs Briefe erforderlich.

Die Remittierung einem Bankhaus zu übertragen wird vorteilhaft sein, wenn demselben gleichzeitig Deckung durch Trassierung gewährt werden kann.

In diesem Falle beauftragt der Auftraggeber die Bank, Rimessen an seinen Gläubiger (Kommissionsrimessen) zu machen, und ermächtigt sie gleichzeitig, sich für den Rimessenbetrag auf einen seiner Schuldner durch Tratte (Kommissionstratte) zu erholen.

Kommissionsrimessen.

1.	Der Schuldner	an den	Vermittler;	Auftrag zu remittieren.
2.	„ Schuldner	„ „	Gläubiger;	Rimessenavis.
3.	„ Vermittler	„ „	Gläubiger;	Zusendung der Rimessen.
4.	„ Vermittler	„ „	Schuldner;	Ausführungsanzeige (Antwort zu 1).
5.	„ Gläubiger	„ „	Vermittler;	Empfangsanzeige (Antwort zu 3).
6.	„ Gläubiger	„ „	Schuldner;	Gutschrift der Rimessen (Antwort zu 2).

Kommissionstratten.

1.	Der Schuldner	an den	Gläubiger;	Auftrag zu trassieren.
2.	„ Schuldner	„ „	Vermittler;	Trattenavis.
3.	„ Gläubiger	„ „	Vermittler;	Bitte um Inschutznahme.
4.	„ Gläubiger	„ „	Schuldner;	Ausführungsanzeige (Antwort zu 1).
5.	„ Vermittler	„ „	Gläubiger;	Zusage der Inschutznahme (Antwort zu 3).
6.	„ Vermittler	„ „	Schuldner;	Belastung für die Trassierung (Antwort zu 2).

68. Am 2. Juli 19.. ersuchen Ritter & Co., Chemnitz, die Kreditbank, Leipzig, an Feller & Sohn, Bremen, rund 6000 Mark ca. 2 Monat laufende Rimessen zu machen.

69. In demselben Briefe weisen Ritter & Co., Chemnitz, die Kreditbank, Leipzig, an, sich unter Diskontberechnung auf Gebrüder Roth, Dresden, per ult. Juli für den Rimessenbetrag zu erholen.

70. Am 2. Juli 19.. verständigen Ritter & Co., Chemnitz, die Firma Feller & Sohn, Bremen, davon, daß ihr durch Kreditbank, Leipzig, Rimessen im Betrage von ca. 6000 Mark zugehen werden, und bitten um Gutschrift auf Einkaufskonto.

Liquidação por conta d'um terceiro

Não sendo mesmo depositario em conta-corrente, pode-se utilisar vantajosamente da intervenção d'um banco se é possivel combinar o pagamento d'uma divida com a cobrança d'um credito.

O banqueiro, encarregado d'esta operação e então remettente é saccador ao mesmo tempo.

A remessa por conta, obriga a 6 cartas, e o saque por conta, egualmente. Sendo porem o ordenante o mesmo, as 2 primeiras e as 2 ultimas cartas encontram-se reunidas n'uma só.

Remessas por conta d'um terceiro

1.º	O devedor ao banco:	Ordem para fazer remissa
2.º	O devedor ao credor:	Aviso da remissa
3.º	O banco ao credor:	Remissa de fundos
4.º	O credor ao banco:	Aviso de recepção
5.º	O credor ao devedor:	Aviso de lançamento
6.º	O banco ao devedor:	Detalhe da operação.

Saques por conta d'um terceiro

1.º	O devedor ao banco:	Ordem de saque
2.º	O 1.º devedor ao 2.º devedor:	Aviso de saque
3.º	O 2.º devedor ao banco:	Aviso de saque
4.º	O 2.º devedor ao banco:	Aceite de saque
5.º	O 2.º devedor ao 1.º devedor:	Aviso de lançamento
6.º	O banco ao 1.º devedor:	Detalhe da operação.

68.º Em 2 de Julho de 19.. José Brandão, Certã, pede á Succursal do Banco Commercial de Thomar em Thomar, de remetter a Martino e C.ia em Azambuja, por s/conta, 1.500$000-em papel a 2 mezes pouco mais ou menos.

69.º Em 2 de Julho de 19.. e pela mesma carta, José Brandão, Certã, autorisa a succursal do Banco Commercial de Thomar em Thomar para o embolso da importancia dos adiantamentos, c/desconto, no fim do corrente, sobre Mequita, irmãos, Luzo.

70.º Em 2 de Julho de 19.. José Brandão, Certã, informa a Martino e C.ia Azambuja, que a succursal do Banco Commercial de Thomar em Thomar lhe fará, por s/conta, remessas de 1.500$000 pouco mais ou menos; pede credital-o por essa importancia.

71. Am 2. Juli 19.. verständigen Ritter & Co., Chemnitz, Gebrüder Roth, Dresden, davon, daß sie die Kreditbank ermächtigt haben, auf sie zu ziehen.

72. Am 3. Juli 19.. macht die Kreditbank, Leipzig, an Feller & Sohn, Bremen, Rimessen für Rechnung von Ritter & Co., Chemnitz.

73. Am 3. Juli 19.. benachrichtigt die Kreditbank, Leipzig, Gebrüder Roth, Dresden, davon, daß sie für Rechnung von Ritter & Co., Chemnitz, Tratte auf sie abgegeben habe.

74. Am 4. Juli 19.. erklären sich Gebrüder Roth, Dresden, der Kreditbank, Leipzig, gegenüber bereit, die auf sie abgegebenen Kommissionstratten zu honorieren.

75. Am 4. Juli 19.. erklären sich Gebrüder Roth, Dresden, der Firma Ritter & Co., Chemnitz, gegenüber bereit, die von der Kreditbank, Leipzig, ausgeschriebene Tratte zu schützen.

76. Am 5. Juli 19.. bestätigen Feller & Sohn, Bremen, der Kreditbank, Leipzig, den Empfang der Kommissionsrimessen.

77. Am 5. Juli 19.. zeigen Feller & Sohn, Bremen, Ritter & Co., Chemnitz, an, daß sie ihnen die von der Kreditbank, Leipzig, übersandten Rimessen per Verfall auf Einkaufskonto gutgeschrieben haben.

78. Am 5. Juli 19.. übersendet die Kreditbank, Leipzig, an Ritter & Co. Chemnitz, Abrechnung über die nach Bremen gemachten Rimessen.

79. In demselben Brief zeigt die Kreditbank, Leipzig, Ritter & Co., Chemnitz, an, daß sie sich auftragsgemäß für den Betrag ihrer Rimessen auf Gebrüder Roth, Dresden, erholt hat.

68. 69.

Ritter & Co.
Spinnerei und Weberei,
Chemnitz.

Chemnitz, den 2. Juli 19..

Kreditbank, Leipzig.

Hierdurch ersuchen wir Sie, für unsere Rechnung an die Firma Feller & Sohn, Bremen, Schüsselkorbstr. 12, Rimessen mit ca. zwei Monaten Laufzeit im annähernden Betrag von

ℳ 6000, i. W. Sechs Tausend Mark

zu machen.

Für den Gegenwert belieben Sie sich unter Abrechnung auf die Herren Gebrüder Roth, Dresden, per ult. Juli zu erholen.

Hochachtungsvoll

Ritter & Co.

71.º Em 2 de Julho de 19.. José Brandão, Certã, dá a Mesquita irmãos, Luzo, aviso do saque do qual autorisou a succursal em Thomar.

72.º Em 3 de Julho de 19.. a succursal em Thomar remette por conta e ordem de José Brandão, Certã, 2 valores a Martino e C.ia, Azambuja.

73.º Em 3 de Julho de 19.. a succursal de Thomar dá a Mesquita irmãos, Luzo, aviso do saque por conta e ordem de José Brandão, Certã.

74.º Em 4 de Julho de 19.. Mesquita irmãos, Luzo, informam a succursal em Thomar que elles aceitam o saque avisado.

75.º Em 4 de Julho de 19.. Mesquita irmãos, Luzo, promettem a José Brandão Certã, aceitar o saque da succursal em Thomar.

76.º Em 5 de Julho de 19.. Martino e C.ia, Azambuja accusam recepção das remessas á succursal em Thomar.

77.º Em 5 de Julho de 19.. Martino e C.ia, Azambuja, informam José Brandão, Certã, que as remmessas que a succursal em Thomar lhes fez, por sua ordem, são levadas as s/credito.

78.º Em 5 de Julho de 19.. a succursal em Thomar remette a José Brandão, Certã, o relevé das remessas. feitas por s/conta.

79.º Em 5 de Julho de 19.. e pela mesma carta, a succursal em Thomar, informa José Brandão, Certã. do saque sobre Mequita irmãos, Luzo, em pagamento das remessas mencionadas.

68. 69.

JOSÉ BRANDÃO
Fiação e tecelagem
CERTÃ

Certã, 2 de Julho de 19..

SUCCURSAL DE BANCO COMMERCIAL, THOMAR

Ill.mo S.r Director

Peço lhe que remetta aos S.res Martino e C.ia, Azambuja, a debito da m/conta:

R.s 1.500 $ 000

Um conto e quinhentos mil reis em lettras de 2 mezes.

Para cobrança da importancia desta remessa, queira dispôr nos fins do corrente, sobre os S.res Mesquita irmãos, Luzo. Estes S.res estaõ prevenidos e se apressarão a honrar o s/saque.

Esperando os s/pormenores, assigno com a maxima consideração

De V. Sa

José Brandão.

70.

Ritter & Co.
Spinnerei und Weberei,
Chemnitz.

Chemnitz, den 2. Juli 19..

Herren Feller & Sohn, Bremen.

Im Verfolge unseres gestrigen Schreibens teilen wir Ihnen ergebenst mit, daß wir die Kreditbank, Leipzig, beauftragten, Ihnen mittelsichtige Rimessen im Betrage von ca. 6000 ℳ zugehen zu lassen.

Wir bitten, diese Anschaffung unserem Einkaufskonto wie üblich gutzubringen, und zeichnen

hochachtungsvoll

Ritter & Co.

71.

Ritter & Co.
Spinnerei und Weberei,
Chemnitz.

Chemnitz, den 2. Juli 19..

Herren Gebrüder Roth, Dresden.

Ihr gestriges Schreiben überbrachte uns Rechnungsauszug per ult. Juni, dessen Saldo wir gleichförmig mit:

ℳ 9530,— zu unseren Gunsten

vortrugen.

Heute ermächtigen wir Kreditbank, Leipzig, ca. 6000 ℳ per ult. Juli auf Sie abzugeben, die Sie gefl. bei Vorkommen zu Lasten unserer Rechnung honorieren wollen.

Hochachtungsvoll

Ritter & Co.

70.

JOSÉ BRANDÃO
Fiação e tecelagem
CERTÃ

Certã, 2 de Julho de 19..

Ill.mos S.res Martino e C.ia, Azambuja

Confirmo a m/carta de hontem.
Acabo de encarregar a Succursal do Banco Commmercial em Thomar, de lhe fazer remessa até á importancia de

R.s 1,500 $ 000 em lettras de 2 mezes.

Queira creditar a m/conta sob reserva d'uso.
Com toda a consideração e respeito

José Brandão.

71.

JOSÉ BRANDÃO
Fiação e tecelagem
CERTÃ

Certã, 2 de Julho de 19..

Ill.mos S.res Mesquita irmãos, Luzo

Retirei do s/carta hontem o extracto da m/conta corrente com V. Sa fechada em fim de Junho pp. com um saldo de

R.s 2.100 $ 000 em meu favor.

Para cobrança parcial acabo de autorisar a succursal do Banco Commercial em Thomar, a saccar sobre V. Sa

Rs 1.500 $ 000 no fim do corrente

Queira reservar bom acolhimento a este saque
Fico com a maxima consideração

de V. Sa

att.o Ven.dor obg.do
José Brandão.

72.

Kreditbank, Leipzig. Leipzig, den 3. Juli 19..

Herren Feller & Sohn, Bremen.

Im Auftrag und für Rechnung der Herren Ritter & Co., Chemnitz, überreichen wir Ihnen anbei:

ℳ 3615,30 per 25. August d. J., auf Wolf & Co., dort,
„ 2352,70 „ 31. „ „ „ „ Fr. Härtel, dort,

mit der Bitte, uns den Empfang zu bestätigen.

Hochachtungsvoll
p. pa. Kreditbank
L. Kühn. H. Krause.

73.

Kreditbank, Leipzig. Leipzig, den 3. Juli 19..

Herren Gebrüder Roth, Dresden.

Auf Veranlassung der Herren Ritter & Co., Chemnitz, erlaubten wir uns, heute auf Sie:

ℳ 5954,90 per 31. Juli d. J., O/Eigene

abzugeben.

Wir bitten, diese Tratte bei Vorkommen zu Lasten der obengenannten Firma zu honorieren.

Hochachtungsvoll
p. pa. Kreditbank
L. Kühn. H. Krause.

72.

Succursal do Banco Commercial
Confirmação da n/ult. carta
Aviso de recepção do s/ult. carta

Thomar, 3 de Julho de 19..

Ill.mos S.res Martino e C.ia, Azambuja

Por conta e ordem do S.r José Brandão, Certã, remettemosa V.a Sa em enveloppe registrado:

R.s 361 $ 530 para 25 d'Agosto prox.o-sobre Feio e C.ia
„ 235 $ 270 » 31 » » » H. Gama.

Queira accusar-nos a recepção d'esta e creia-nos.

De V.a Sa
att.os Ven.dores

p. pa. Succursal do Banco Commercial
Frias. Lourenço.

73.

Succursal do Banco Commercial
Confirmação da n/ult. carta
Aviso de recepção da s/ult. carta

Thomar, 3 de Julho de 19..

Ill.mos S.res Mesquita irmãos, Luzo

Por ordem do S.r José Brandão, Certã acabamos de saccar s/V. Sa
R.s 595 $ 455, fim do corrente, a n/o.

Queira reservar bom acolhimento a este saque por debito de José Brandão, Certã.
Com toda a consideração

p. pa. Succursal do Banco Commercial
Frias. Lourenço.

74.

Gebrüder Roth,
Kommission u. Spedition.
Dresden.

Dresden, den 4. Juli 19..

Kreditbank, Leipzig.

Die mit Ihrem geehrten gestrigen Schreiben avisierte Tratte:

ℳ 5954,90 per 31. Juli d. J.

werden wir bei Vorkommen zu Lasten der Herren Ritter & Co., Chemnitz, honorieren.

Hochachtungsvoll

Gebrüder Roth.

75.

Gebrüder Roth,
Kommission u. Spedition.
Dresden.

Dresden, den 4. Juli 19..

Herren Ritter & Co., Chemnitz.

Wir besitzen Ihr geschätztes Schreiben vom 2. d. Mts.

In Übereinstimmung damit zeigt uns Kreditbank, Leipzig, soeben an, daß sie

ℳ 5954,90 per ult. Juli

auf uns abgegeben hat.

Wir werden diese Tratte bei Verfall zu Ihren Lasten einlösen.

Hochachtungsvoll

Gebrüder Roth.

76.

Feller & Sohn,
Export und Import.

Bremen, den 5. Juli 19..

Kreditbank, Leipzig.

Ihrem Schreiben vom 3. d. M. entfalteten wir:

ℳ 3615,30 per 25./VIII. d. J.
„ 2352,70 „ 31./VIII. d. J.

hier, welche wir zu Gunsten der Firma Ritter & Co., Chemnitz, verwenden.

Hochachtungsvoll

Feller & Sohn.

74.

MESQUITA IRMÃOS
Commissão recovagem
LUZO

Luzo, 4 de Julho de 19..

SUCCURSAL DO BANCO COMMERCIAL, THOMAR

Ill.^mos^ S.^res^

Possuimos a s/estimada de hontem.
Faremos bom acolhimento ao s/saque de

R.^s^ 595 $ 455 fins do corrente

que a mesma nos avisa, por debito do Sr José Brandão, Certã.
Com os nossos sinceros cumprimentos somos

de V. S^a^
att.^os^ Ven.^dores^
Mesquita irmãos.

75.

MESQUITA IRMÃOS
Commissão e recovagem
LUZO

Luzo, 4 de Julho de 19..

Illmo Sr José Brandão, Certã

Conforme a s/carta de 2 corr. e em vista do aviso recebido hoje da Succursal do Banco Commercial em Thomar tomamos nota que este, saccou sobre nós:

R.^s^ 595 $ 455 para fins do corrente.

Faremos bom acolhimento a este saque por debito da s/conta.
Com toda a consideração

Mesquita irmãos.

76.

MARTINO E C.^ia^
Importação e Exportação

Azambuja, 5 de Julho de 19..

SUCCURSAL DO BANCO COMMERCIAL, THOMAR

Illmo Sr Director

Acabamos de receber a s/carta do 3 corr., contendo:

R.^s^ 361 $ 530 para 25 d'Agosto proximo
» 235 $ 270 » 31 » »
R.^s^ 596 $ 800 sobre a n/praça.

Conforme as s/instrucções, levamos esta somma a credito do Sr José Brandão, Certã sob reservas do costume.
Com a mais subida consideração,

Martino e C.^ia^.

77.

Feller & Sohn,
Export und Import.

Bremen, den 5. Juli 19..

Herren Ritter & Co., Chemnitz i. S.

Wir besitzen Ihr Schreiben vom 2. d. M. und erhielten soeben von der Kreditbank, Leipzig, die darin avisierten Rimessen:

ℳ 3615,30 Val. 25. August d. J.,
ℳ 2352,70 Val. 31. August d. J.,

welche wir wie vorstehend Ihrem Einkaufskonto E. V. gutschrieben.

Hochachtungsvoll

Feller & Sohn.

78. 79.

Kreditbank, Leipzig.

Leipzig, den 5. Juli 19..

Herren Ritter & Co., Chemnitz i. S.

In Ausführung Ihres geschätzten Auftrags vom 2. d. M. haben wir für Sie an die Herren Feller & Sohn, Bremen:

ℳ 3615,30 per 25. August } Bremen
„ 2352,70 per 31. August }

angeschafft und belasten Sie hierfür laut untenstehender Abrechnung mit:

ℳ 5928,45 per 3. Juli d. J.

Zum Ausgleich dieser Forderung entnahmen wir aufgabegemäß auf die Herren Gebrüder Roth, Dresden:

ℳ 5954,90 per 31. Juli d. J.,

wofür wir Sie wie untenstehend mit:

ℳ 5928,45 per 3. Juli d. J.

erkannten.

Stets gern zu Ihren Diensten zeichnen wir

hochachtungsvoll

p. pa. Kreditbank

L. Kühn. H. Krause.

77.

MARTINO E C.ia
Importação e Exportacão

Azambuja, 5 de Julho de 19..

Ill.mo S.r José Brandão, Certã

Recebemos da Succursal do Banco Commercial em Thomar as remessas de que a s/carta do 2 corr. nos trouxe aviso.

Conforme as s/instrucções da mesma data, creditamos, com as reservas do costume, a s/c. de:

R.s 361$530 valor 25 Agosto proximo

R.s 235$270 valor 31 Agosto proximo

Com os nossos mais sinceros cumprimentos, agradecemos e somos

de V. Sa

att.os Ven.dores

Martino e C.ia

78. 79.

Succursal do Banco Commercial Thomar
Confirmação da n/ult. carta
Aviso de recepção da s/ult. carta: 2 corr.

Thomar, 5 de Julho de 19..

Ill.mo S.r José Brandão, Certã

Conforme a s/ordem do 2 corr. remettemos aos S.res Martino e C.ia em Azambuja

R.s 361$530 em 25 d'Agosto }
,, 235$270 em 31 d'Agosto } prox. s/Azambuja

Debitamol-o, conforme o detalhe abaixo, de:

R.s 592$875 valor 3 corr.

Para saldar esta operação sacamos s/Mesquita, Luzo

595$455 para 31 corr.

de que creditamos s/c., conforme o bordereau abaixo de

592$875 valor de 3 corr.

Sempre ás s/ordens assignamos com os mais sinceros cumprimentos

p. pa. Succursal do Banco Commercial.
Frias Lourenço

Rechnung:

Guthaben.

Tratte auf Dresden:

	ℳ 5954,90	per 31./7.,
·/.	„ 23,45	Diskont 27 Tage, $5\frac{1}{4}$ %.
	ℳ 5931,45	
	„ 3,—	Stempel
	ℳ 5928,45	Val. 3./7.

Schuld.

Rimessen nach Bremen:

			Tage	Nr.
	ℳ 3615,30	per 25./8.	52	1880
	„ 2352,70	„ 31./8.	57	1341
	ℳ 5968,—			3221
·/.	„ 47,—	$5\frac{1}{4}$ % Diskont.		
	ℳ 5921,—			
	„ 7,45	$\frac{1}{8}$ % Provision von ℳ 5968,—		
	ℳ 5928,45	Val. 3./7.		

BORDEREAUX:

Haver:

Saques sobre Luzo

R.s 595$455
2$430 desconto 28 dias, 5¼ %

593$025
150 Sello

R.s 592$875 valor 3 de Julho

Dever:

Remessas sobre Azambuja

		Dias	Numero
361$530	em 25 d'Agosto	53	1916
235$270	» 31 »	59	1388
596$800			3304
4$820	5¼ % de desconto		
591$980			
745	⅛ % Commissão s/f. 596$800		
592$725	valor do 3 de Julho		

Domizilwechsel.

Für die Begebbarkeit eines Wechsels ist es wichtig, daß derselbe an einem größeren Platze, womöglich an einem Bankplatz zahlbar gestellt ist.

Bei Wechseln, welche auf kleinere Plätze lauten, wird deshalb häufig ein Bankhaus an einem größeren Platze als Zahlstelle (Domizil) vorgeschrieben.

Die Domizilierung von Wechseln außerhalb des Kontokorrentverkehrs erfordert zur ordnungsgemäßen Erledigung folgende sechs Briefe:

1. Der Domiziliant an den Domiziliaten; Anfrage über Domizilbedingungen.
2. „ Domiziliat an den Domizilianten; Angabe der Domizilbedingungen;
3. „ Domiziliant an den Domiziliaten; Avis des Domizilwechsels;
4. „ Domiziliat an den Domizilianten; Bitte um rechtzeitige Deckung.
5. „ Domiziliant an den Domiziliaten; Zusendung der Deckung;
6. „ Domiziliat an den Domizilianten; Rücksendung des quittierten Wechsels.

80. Am 2. Juni 19.. fragt Joseph Braun, Spandau, bei dem Bankhaus Lang & Co., Berlin, an, zu welchen Bedingungen es bereit sein würde, ihm die Domizilierung seiner Wechsel zu gestatten.

81. Am 3. Juni 19.. teilen Lang & Co., Berlin, der Firma Joseph Braun, Spandau, ihre Bedingungen für die Domizilierung mit.

82. Am 12. Juni 19.. zeigt Joseph Braun, Spandau, der Firma Lang & Co., Berlin, an, daß er eine von Paul Herz, Potsdam, per 10. Oktober auf ihn abgegebene Tratte mit Accept versehen bei ihnen, Lang & Co., Berlin, domiziliert habe.

83. Am 13. Juni 19.. erwidern die Domiziliaten, daß sie von der Domizilierung Kenntnis genommen haben, und bitten um rechtzeitige Anschaffung.

84. Am 7. Oktober 19.. übersendet der Acceptant den Domiziliaten Deckung.

85. Am 10. Oktober 19.. bekennen sich die Domiziliaten zum Empfang der Barsendung und überreichen das eingelöste Accept.

80.

Joseph Braun,
Kolonialwaren und
Landesprodukte.

Spandau, den 2. Juni 19..

Herren Lang & Co., Berlin.

Ich bitte, mir umgehend mitzuteilen, zu welchen Bedingungen Sie mir gestatten würden, meine Accepte bei Ihnen zu domizilieren.

Deckung würde ich Ihnen stets rechtzeitig zugehen lassen.

Hochachtungsvoll

Joseph Braun.

Lettras domiciliadas

Para tornar viavel a lettra no banco e diminuir as despezas da negociação, o saccado que vive n'uma localidade sem importancia faz pagar as s/lettras n'uma grande cidade, por um banqueiro a quem remette os fundos.

Se o saccado, devedor da importancia do saque, não está em conta corrente com o banco indicado como domicilio de pagamento, elle se entenderá com elle ácerca das condições da domiciliação.

Para liquidar uma transacção d'esta especie, precisa-se das 6 cartas seguintes:

1.º	O saccado ao domiciliatario:	Pedido das condições.
2.º	O domiciliatario ao saccado:	Remessa das condições.
3.º	O saccado ao domiciliatario:	Aviso da lettra domiciliado.
4.º	O domiciliatario ao saccado:	Pedido de fundos.
5.º	O saccado ao domiciliatario:	Remessa dos fundos.
6 º	O domiciliatario ao saccado:	Devolução da letra paga.

80.º Em 20 de Junho de 19.. Frederico Louzada, Mertola, pergunta ao Banco do Minho em Braga, Praça de S. Geraldo, em que condições consentiria de servir de domicilio de pagamento ás suas lettras.

81.º Em 3 de Junho de 19.. o Banco do Minho, Braga, informa Frederico Louzada, Mertola das condições da domiciliação.

82.º Em 12 de Junho de 19.. Frederico Louzada, Mertola, avisa o Banco do Minho, Braga, que o indicou como domicilio de pagamento.

83.º Em 13 de Junho de 19.. o Banco do Minho, Braga, responde que tomou nota da domiciliação. Elle pede o saccado de munil-o a tempo dos fundos necessarios.

84.º Em 7 de Outubro de 19.. Frederico Louzada, Mertola, envia os fundos para o pagamento da lettra.

85.º Em 10 d'Outubro de 19.. o Banco do Minho, Braga, accusa a recepção da remessa e devolve o saque pago.

80.

FREDERICO LOUZADA
Comestiveis e artigos coloniaes

Mertola, 2 de Junho de 19..

BANCO DO MINHO, BRAGA

Ill.mo S.r Director

Queira dizer-me, por volta do correio, em que condições domiciliaria os meus saques.

Os fundos chegar-lhe-hiam sempre a tempo.

Aguardando a s/resposta, sou com os protestos da mais alta consideração

de V. S.a

att.o Ven.dor

Frederico Louzada.

81.

Bank- und Wechselgeschäft
Lang & Co., Berlin W.,
Kanonier-Str. 2.
Reichsbank-Girokonto.
Telegrammadresse: Langbank.

Berlin, den 3. Juni 19..

Herrn Joseph Braun, Spandau.

Im Besitz Ihrer gestrigen Anfrage erklären wir uns gern damit einverstanden, daß Sie Ihre Accepte bei uns zahlbar stellen.

Wir würden Ihnen $^1/_4$ % Domizilprovision sowie Selbstauslagen berechnen, wobei wir voraussetzen, daß uns Deckung spätestens zwei Tage vor Verfall zugeht.

Hochachtungsvoll

p. pa. Lang & Co.

E. Frey.

82.

Joseph Braun,
Kolonialwaren und
Landesprodukte.

Spandau, den 12. Juni 19..

Herren Lang & Co., Berlin.

Unter Bezugnahme auf Ihr gefl. Schreiben vom 3. d. M. zeige ich Ihnen an, daß ich mir heute gestattete, mein Accept:

ℳ 645,30 per 10./10. d. J., ausgestellt von Paul Herz, Potsdam,

bei Ihnen zu domizilieren.

Ich bitte, hiervon gefl. Vormerkung zu nehmen. Deckung werde ich Ihnen prompt zugehen lassen.

Hochachtungsvoll

Joseph Braun.

83.

Bank- und Wechselgeschäft
Lang & Co., Berlin W.,
Kanonier-Str. 2.
Reichsbank-Girokonto.
Telegrammadresse: Langbank.

Berlin, den 13. Jnni 19..

Herrn Joseph Braun, Spandau.

Ihr gestriges Schreiben ist in unseren Händen. Wir bemerkten uns, daß Sie:

81.

BANCO DO MINHO
Largo de San Geraldo
BRAGA

Braga, 3 de Junho de 19..

Ill.mo S.r Frederico Louzada, Mertola

Teremos muito gosto de entrar em relações com a s/casa.
Eis as condições de domiciliação:
1.º Remessa dos fundos, dois dias antes do vencimento da lettra a pagar.
2.º Commissão: $^1/_4$ % sobre a importancia das acceites;
200 reis por lettra ao minimo.
3.º Embolso das despezas.
Esperando que estas condições lhe convirão, sou

de V. Sa
M.t att.o Ven.dor
Banco do Minho
O Director
Barreiros.

82.

FREDERICO LOUZADA
Comestiveis e artigos coloniaes

Mertola, 12 de Junho de 19..

Ill.mo S.r Barreiros, Braga

Em resposta á s/carta de 3 c., tenho a honra de lhe participar que domiciliei hoje no seu banco o m/acceite de:

R.r 64 $530 em 10 d'Outubro, emittido por Pedro.

Peço que tome obsequioso conhecimento d'isso. Embolso lhe remetterei a tempo.
Com toda a consideração

de V. Sa
att.o Ven.dor
Frederico Louzada.

83.

BANCO DO MINHO
Largo de San Geraldo
BRAGA

Braga, 13 de Junho de 19..

Il.mo S.r Frederico Louzada, Mertola

Recebemos o s/aviso de saque:

R.s 64 $530 em 10 d'Outubro, emittido por Pedro
Fronteira, Caminha

do qual tomamos conhecimento.

ℳ 645,30 per 10./10. d. J.,
Aussteller Paul Herz, Potsdam,

bei uns domiziliert haben, und sehen rechtzeitiger Anschaffung gern entgegen.

Hochachtungsvoll

p. pa. Lang & Co.
E. Frey.

84.

Joseph Braun,
Kolonialwaren und
Landesprodukte.

Spandau, den 7. Oktober 19..

Herren Lang & Co., Berlin.

Ich beziehe mich auf mein Schreiben vom 12. Juni d. J. und überreiche Ihnen beigeschlossen zur Deckung meines Acceptes:

ℳ	645,30	per 10. Oktober d. J.,
„	2,70	Provision und Porti
ℳ	648,—	in Banknoten und Briefmarken

mit der Bitte, mir das eingelöste Papier eingeschrieben zusenden zu wollen.

Hochachtungsvoll

Joseph Braun.

85.

Bank- und Wechselgeschäft
Lang & Co., Berlin W.,
Kanonier-Str. 2.
Reichsbank-Girokonto.
Telegrammadresse: Langbank.

Berlin, den 10. Oktober 19..

Herrn Joseph Braun, Spandau.

Wir erhielten rechtzeitig Ihre Sendung vom 7. d. M., die wir aufgabegemäß mit:

ℳ	645,30	zur Einlösung Ihres Accepts,
„	2,70	Provision und Porti
ℳ	648,—	zum Ausgleich dieses Geschäfts

verwendeten.

Die eingelöste Tratte legen wir bei und zeichnen hochachtungsvoll

p. pa. Lang & Co.
E. Frey.

Einschreiben.

Esperamos os fundos em 8 d'Outubro o mais tardar.
Com a maxima consideração

Banco do Minho
O Director
Barreiros.

84.

FREDERICO LOUZADA
Comestiveis e artigos coloniaes

Mertola, 7 d'Outubro de 19..

BANCO DO MINHO, BRAGA

Illmo Sr Director

Recebi a tempo a s/estimada de 13 de Junho p. p.
Em carta registrada lhe remetto, como deposito, comprehendendo 270 reis de commissão e despezas:

1 nota de banco N.º 2546	R.^{s}	50$000
1 » de banco N.º 6437	»	10 » 000
Um vale de correio	»	4$800
	R.^{s}	64$800

Queira enviar-me a lettra paga em carta registrada.
Subscrevo com subida consideração

de V. S^{a}
att.^{o} Ven.^{dor}
Frederico Louzada.

85.

BANCO DO MINHO
Largo do San Geraldo
BRAGA
Data da n/ult. carta: 13 de Junho
Data da s/ult. carta; 7 d'Outubro

Braga, 10 d'Outubro de 19..

Illmo Sr Frederico Louzada, Mertola

Remettemos-lhe em carta registrada, a sua lettra paga de

R.^{s}	64$580	e creditamol-o de
»	270	commissão e despeza
R.^{s}	64$800	

o que salda a s/remessa.
Com toda a consideração

Banco do Minho.
O Director
Barreiros

Registrado

Wechsel zur Annahme; Notadresse.

Die Intervention wird durch einen Vermerk auf dem Wechsel vorgesehen, den man „Notadresse“ nennt.

Verweigert der Wechselschuldner die Zahlung, so muß der Wechsel protestiert und dem Honoranten vorgelegt werden, der ihn für Rechnung des Ausstellers der Notadresse einlöst und gegen seine Zahlung nebst der Protesturkunde in Empfang nimmt.

86. Am 5. Juli 19.. übersendet Ferdinand Wild, Klingmühl, an das Bankhaus Beck & Co., Cottbus, einen Wechsel zur Einziehung.

87. Am 10. Juli 19.. übersenden Beck & Co., Cottbus, den Gegenwert durch Postanweisung an Ferdinand Wild, Klingmühl.

88. Am 16. Juli 19.. bekennt sich Ferdinand Wild, Klingmühl, zum Empfang des Geldes. Gleichzeitig sendet er an Beck & Co., Cottbus, einen Wechsel zur Besorgung der Annahme. Protest soll unterbleiben; Auskunft über den Bezogenen wird erbeten.

89. Am 18. Juli 19.. senden Beck & Co., Cottbus, den mit Annahme versehenen Wechsel zurück und erteilen Auskunft über den Bezogenen.

90. Am 20. Juli 19.. dankt Ferdinand Wild, Klingmühl, für die Auskunft und bittet Beck & Co., Cottbus, im Notfall zu Ehren seiner Firma zu intervenieren.

91. Am 21. Juli 19.. übersenden Beck & Co., Cottbus, ihre Bedingungen für den Fall der Intervention.

92. Am 16. Oktober 19.. teilen Beck & Co., Cottbus, ihrem Auftraggeber mit, daß der Bezogene Zahlung nicht geleistet hat.

93. Am 18. Oktober 19.. benachrichtigen Beck & Co., Cottbus, durch Einschreibebrief Ferdinand Wild, Klingmühl, daß der Wechsel mangels Zahlung protestiert worden ist. Sie legen Rückrechnung bei.

94. Am 20. Oktober 19.. übersendet Ferdinand Wild, Klingmühl, an Beck & Co., Cottbus, den Betrag der Rückrechnung.

86.

Ferdinand Wild,
Klingmühl N. L.

Klingmühl, den 5. Juli 19..

Herren Beck & Co., Cottbus.

In der Anlage überreiche ich Ihnen:

ℳ 330,65 per 10. d. M. a/W. Frank, dort,

mit der Bitte, den Betrag einziehen und mir abzüglich Provision und Spesen durch Postanweisung zusenden zu wollen.

Im Falle der Nichteinlösung des Wechsels bitte ich von Protesterhebung abzusehen.

Hochachtungsvoll
Ferdinand Wild.

Einschreiben.
1 Tratte.

Pagamento por Intervenção

O pagamento por intervenção é geralmente previsto pela menção „em caso de necessidade", apposta á lettra.

Quando o saccado recusa pagar, o portador da lettra, depois de a ter feito protestar, apresentará ao interventor que liquidará por conta do seu mandante e que, por troca, receberá a lettra e a acta do protesto.

86.º Em 5 de Julho de 19.. Luiz Rocha, Espinho, envia a Vieira e C.ia, banqueiros em Aveiro, uma lettra com o pedido de cobrar a s/importancia.

87.º Em 10 de Julho de 19.. Vieira e C.ia, Aveiro, remettem a Luiz Rocha, Espinho, um chèque em pagamento da importancia cobrada.

88.º Em 16 de Julho de 19.. Luiz Rocha, Espinho, accusa a recepção da remessa. Remette a Vieira e C.ia, Aveiro, uma outra lettra com o pedido de requerer o aceite. — Não se deseja protesto em caso de recusa, e pede-se informações sobre o saccado.

89.º Em 18 de Julho de 19.. Vieira e C.ia, Aveiro, devolvem a Luiz Rocha, Espinho, a lettra, revestida de acceite do saccado, e fornecem informações sobre o acceitante.

90.º Em 20 de Julho de 19.. Luiz Rocha, Espinho, agradece a Vieira e C.ia, Aveiro, as informações fornecidas. Pede a permissão de munir a s/lettra com os dizeres: „intervenção de Fulano em caso de necessidade".

91.º Em 21 de Julho de 19.. Vieira e C.ia, Aveiro, informam Luiz Rocha, Espinho das s/condições em caso de intervencão.

92.º Em 16 d'Outubro de 19.. Vieira e C.ia, Aveiro, previnem Luiz Rocha, Espinho, que a s/lettra não foi paga.

93.º Em 18 d'Outubro de 19.. Vieira e C.ia, Aveiro, notificam ao sacador o protesto por falta de pagamento, em carta registrada, incluindo a conta da despeza do s/pagamento por intervenção.

94.º Em 20 d'Outubro de 19.. Luiz Rocha, Espinho, remette a Vieira e C.ia, Aveiro, a importancia da conta de retorno.

86.

LUIZ ROCHA
ESPINHO

Espinho, em 5 de Julho de 19..

Ill.mos S.res Vieira e C.ia, Aveiro

Tenho a honra de lhes dirigir por carta registrada:
R.s 33 $065 n'uma lettra para 10 do corr.
sobre o S.r João Ritta, da s/praça.

Queira effectuar a cobrança e fazer-me chegar o producto, depois de deduzido commissão e despezas.

Em caso de recusa peço de não protestar a lettra.

Receba os nossos cumprimentos e creia-nos

de V, Sa

att.º Ven.dor

Luiz Rocha.

87.

Beck & Co.,
Cottbus.

Cottbus, den 10. Juli 19..

Herrn Ferdinand Wild, Klingmühl.

Als Gegenwert des uns mit Ihrem Geehrten vom 5. d. M. zugegangenen Wechsels:

ℳ 330,65

überreichen wir Ihnen durch Postanweisung:

ℳ 329,50, die Sie
zuzüglich „ 1,15 Provision und Porti

zu unserer Entlastung verwenden wollen.

Hochachtungsvoll

Beck & Co.

88.

Ferdinand Wild,
Klingmühl N. L.

Klingmühl, den 16. Juli 19..

Herren Beck & Co., Cottbus.

Ich bestätige den Empfang Ihres Geehrten vom 10. d. M. und den Eingang der darin avisierten Geldsendung, die ich gleichlautend verbuchte.

Beigeschlossen überreiche ich Ihnen:

ℳ 646,25 per 15. Oktober d. J. a/W. Frank, dort,

mit der Bitte, das Papier zum Accept vorzulegen und mit der Unterschrift des Bezogenen an mich zurückgelangen zu lassen.

Sollte der Bezogene die Annahme verweigern, so bitte ich um Rücksendung ohne Protest.

Sehr angenehm wäre es mir, genau über diese Firma, von der mir weitere größere Bestellungen vorliegen, unterrichtet zu sein. Sie haben wohl die Güte, mich recht bald wissen zu lassen, wie es um Geschäftsführung und Kreditwürdigkeit des Inhabers steht. Meiner Verschwiegenheit wollen Sie sich versichert halten.

Hochachtungsvoll

Ferdinand Wild.

87.

VIEIRA E C.ia
Banqueiros
AVEIRO

Aveiro, 10 de Julho de 19..

Confirmação da n/carta de:
Aviso de recepção da s/carta de: 5 corr.
Annexo: 1 chèque

Ill.mo S.r Luiz Rocha, Espinho

Incluso remettemos:

R.s 32 $ 910 chèque N.o 5388

sobre o Banco Portuense, Porto, em contra-partida, da s/remessa cobrada de:

R.s 33 $ 065

Referimo-nos quanto aos detalhes, á especificação abaixo:
Com toda a consideração

p. p.o Vieira e C.ia

Portocarrero.

Bordereau dos valores cobrados por conta do:
S.R LUIZ ROCHA, ESPINHO

N.os	Quantia	Saccados	Vencimento	
	R.s 33 $065	João Ritta	10	Outubro
		85 reis commiss.		
		50 „ cartas		
	155	20 „ sello		
	R.s 32 $910	n/remissa s/Porto		

88.

LUIZ ROCHA
ESPINHO

Espinho, 16 de Julho de 19..

Ill.mos S.res Vieira e C.ia, Aveiro

Retirei da s/carta do 10 corr.

N.o 5388 chèque de R.s 32 $ 910

de que serão creditados, conforme a s/especificação.

Incluso remetto R.s 64 $ 625, para 15 d'Outubro proximo sobre João Ritta da s/praça.

Rogo-lhes o favor de apresentarem esta ordem para aceite e devolvel-a provida da assignatura do saccado.

Em caso de recusa queiram devolvel-a sem protesto.

Agradecer-lhes-hia muito se quizessem dar-me informações detalhadas sobre a pessoa e solvabilidade do saccado que acaba de me fazer ainda outras encommendas.

Inutil será accrescentar que farei o uso mais discreto das informações que V. Sas me derem.

Com os meus mais sinceros agradecimentos, sou

de V. Sa att.o Ven.dor

Luiz Rocha.

89.

Beck & Co.,
Cottbus.

Cottbus, den 18. Juli 19..

Herrn Ferdinand Wild, Klingmühl.

Die uns mit Ihrem vorgestrigen Schreiben übersandte Tratte von:

ℳ 646,25 per 15. Oktober d. J. a/W. Frank, hier,

geben wir Ihnen eingeschrieben mit der Unterschrift des Bezogenen versehen wieder zurück und bitten um Entlastung.

Für unsere Mühewaltung wollen Sie uns ℳ 1,— gutschreiben.

Bezüglich der gewünschten Auskunft teilen wir Ihnen zu diskreter Benutzung und ohne jedes Obligo unsererseits mit, daß die Firma eifrigst bestrebt ist, ihren Umsatz zu erhöhen.

Ob der Inhaber derselben dabei stets die nötige Vorsicht walten läßt, entzieht sich unserer Beurteilung.

Da wir auch die ihm zu Gebote stehenden Mittel, die von mehreren Seiten als unzulänglich bezeichnet werden, nicht kennen, so müssen wir es Ihrem Ermessen ganz anheimstellen, wie weit Sie den geforderten Kredit ausdehnen wollen.

Hochachtungsvoll

Beck & Co.

Einschreiben.
1 Accept.

90.

Ferdinand Wild,
Klingmühl N. L.

Klingmühl, den 20. Juli 19..

Herren Beck & Co., Cottbus.

Ich erhalte soeben Ihren Brief vom 18. d. M. nebst Einlage von:

ℳ 646,25 per 15. Oktober d. J. a/W. Frank, dort.

Beiliegend ℳ 1,— in Briefmarken zu meiner Entlastung.

Gleichzeitig danke ich Ihnen verbindlichst für die erteilte Auskunft, die mir sehr wertvoll ist.

Auf meine unbedingte Verschwiegenheit dürfen Sie zählen.

Der Vorsicht halber möchte ich bitten, mir zu gestatten, daß ich das oben erwähnte Accept für den Notfall mit Ihrer werten Adresse versehe.

Sie teilen mir wohl gleichzeitig mit, ob Sie auch in anderen Fällen bereit sein würden, zu Ehren meiner wechselmäßigen Unterschriften zu intervenieren.

Ich sehe Ihrer gefl. Rückäußerung gern entgegen und zeichne

hochachtungsvoll

Ferdinand Wild.

ℳ 1,— Briefmarken

89.

VIEIRA E C^ia
Banqueiros
AVEIRO

Confirmação da n/carta do 10 corr.
Aviso de recepção da s/carta do 16 corr.

Aveiro, 18 de Julho de 19..

Illmo Sr Luiz Rocha, Espinho

Devolvemos-lhe, revestida de assignatura a s/lettra de

R.^s 64 $ 625 para 15 d'Outubro prox. s/João Ritta da s/pr.

Com o pedido de nos descarregar d'ella e de levar ao n/credito 200 reis, despezas que fizemos.

Quanto ás informações que nos pede, eis o que soubemos:

O chefe da mencionada casa faz todos os esforços para augmentar as s/transacções. Ignora-se, se elle emprega sempre as necessarias precauções nos s/negocios a descoberto e se os s/recursos lhe permittirão manter o actual desenvolvimento.

Nestas condições parece-nos prudente-não alargar demasiadamente o credito pedido.

Sem mais, somos c/estima

de V. S^a

att.^o Ven.^dor

p. pa. Vieira e C.^ia

Portocarrero.

90.

LUIZ ROCHA
ESPINHO

Espinho, 20 de Julho de 19..

Ill.^mos S.^res Vieira e C.^ia, Aveiro

Possuo a s/carta de 18 corr., contendo uma lettra acceite de:

R.^s 64 $ 625 para 15 d'Outubro prox. s/João Ritta da s/pr.

de que descarreguei V. S^a.

Junto 200 reis em estampilhas para meu credito.

Agradeço-lhes muito as informações que quizeram dar-me sobre o saccado, das quaes farei o uso mais discreto.

Nas mencionadas condições peço-lhes autorisação de munir o acceite do Sr Ritta com a declaração da s/intervenção.

V. S^a me dirá em que condições consente em fazer honra á m/assignatura no caso de protesto.

Espero a s/reposta por volta de correio e assigno-me com toda a consideração.

Luiz Rocha.

com 200 R.^s em estampilhas

91.

Beck & Co.,
Cottbus.

Cottbus, den 21. Juli 19..

Herrn Ferdinand Wild, Klingmühl.

In Beantwortung Ihres gestrigen Briefes erklären wir uns gern bereit, im Notfall zu Ehren Ihrer Firma zu intervenieren.

Außer den Protestkosten und Auslagen würden wir Ihnen die gesetzlich vorgesehene Provision von $^1/_3$ % in Anrechnung bringen.

Hochachtungsvoll

Beck & Co.

92.

Beck & Co.,
Cottbus.

Cottbus, den 16. Oktober 19..

Herrn Ferdinand Wild, Klingmühl.

Soeben besuchte uns ein hiesiger Geschäftsfreund, Herr Lenk, und teilte uns mit, daß das Accept:

ℳ 646,25 per gestern a/W. Frank, hier,

welches er in Zahlung erhalten und dem Bezogenen vorgelegt hat, nicht honoriert worden ist.

Der Acceptant hat gebeten, vorläufig keinen Protest zu erheben, und versprochen, er werde morgen vormittag Zahlung leisten.

Da spätestens im Laufe des morgenden Nachmittags Protesterhebung erfolgen müßte, so hat Herr Lenk für alle Fälle den notleidenden Wechsel seinem Notar zu weiterer Veranlassung übergeben, diesen aber angewiesen, dem Acceptanten tunlichst entgegenzukommen.

Wir haben Herrn Lenk auf sein Befragen erklärt, daß wir bereit sind, zu Ehren Ihrer Firma zu intervenieren.

Über die weitere Entwickelung der Angelegenheit berichten wir Ihnen morgen und zeichnen

hochachtungsvoll

Beck & Co.

91.

VIEIRA E C.ia
Banqueiros
AVEIRO

Aveiro, 21 de Julho de 19..

Confirmação da n/carta do 18 corr.
Aviso de recepção da s/carta do 20 corr.
Annexos:

Ill.mo S.r Luiz Rocha, Espinho

Annuimos de bom grado ao s/pedido de intervir por s/conta em caso de recusa de pagamento:

Eis as nossas codições:

Commissão d'intervenção: $^1/_3\,^0/_0$; 200 o minimo.

Embolso de todas as despezas; conforme a conta de retorno.

Com toda a consideração

p. pa. Vieira e C.ia
Portocarrero.

92.

VIEIRA E C.ia
Banqueiros
AVEIRO

Aveiro, 16 d'Outubro de 19..

Confirmação da n/carta do: 21 de Julho prox.
Aviso de recepção da s/carta de

Ill.mo S.r Luiz Rocha, Espinho

Um dos nossos amigos d'esta praça, S.r Mello, acaba de nos informar que a s/lettra de:

R.s 64 $ 625, vencida hontem s/João Ritta da n/pr.

foi remettida para pagamento.

Para cobrar a importancia, S.r Mello mandará apresentar esta lettra ao sacado que pediu uma demora de 24 horas.

Depois d'esta demora prometteu S.r Ritta de honrar a s/assignatura e por isso ainda o S.r Mello não a protestou.

Como esta formalidade deve ser cumprida amanhã, o mais tardar, S.r Mello fez depositar a lettra n'um notario, com ordem de a protestar caso não seja paga.

Informámos o S.r Mello que interviremos em caso de necessidade por honra da assignatura de V. Sa.

Deixando este negocio ao nosso cuidado, sou com toda a consideração

de V. Sa
att.o Ven.dor obg.do
Portocarrero.

93.

Beck & Co.,
Cottbus.

Cottbus, den 18. Oktober 19..

Herrn Ferdinand Wild, Klingmühl.

Hierdurch teilen wir Ihnen mit, daß die mit unserer Adresse versehene Tratte:

ℳ 646,25 per 15. Oktober d. J. a/W. Frank, hier,

vom Acceptanten nicht eingelöst, sondern uns unter Protest M. Z. zur Ehrenzahlung vorgelegt worden ist.

Indem wir Sie gemäß Artikel 58 der Allgemeinen Deutschen Wechselordnung von der geschehenen Intervention verständigen, legen wir Ihnen Protesturkunde und notleidenden Wechsel im Original bei und bitten, uns laut untenstehender Aufstellung mit:

ℳ 653,65 per dato

zu erkennen.

Hochachtungsvoll
Beck & Co.

In Protestsachen.
Eingeschrieben.

Wechselsumme . .	ℳ 646,25
Protestkosten . . .	„ 4,60
$^1/_3$ % Provision . .	„ 2,15
Porti	„ 0,65
	ℳ 653,65

94.

Ferdinand Wild,
Klingmühl N. L.

Klingmühl, den 20. Oktober 19..

Herren Beck & Co., Cottbus.

Ich besitze Ihr geschätztes Schreiben vom 16. d. M. nebst Einlagen: Protesturkunde, uneingelöstes Accept auf Frank und Rückrechnung auf

ℳ 653,65

lautend. Diesen Betrag übersende ich Ihnen anbei mit:

93.

VIEIRA E C.ia
Banqueiros
AVEIRO

Aveiro, 18 d'Outubro de 19..

Confirmação da n/carta do: 16 corr.
Aviso de recepção da s/carta do:
Annexos: { 1 lettra não paga
1 acta de protesto
1 conta de retorno }

Ill.mo S.r Luiz Rocha, Espinho

Conforme os artigos 365.º, 396.º, 399.º, 402.º do Codigo commercial, participamos-lhe que a/lettra de 64 $ 625, vencida em 15 corr. s/João Ritta, Aveiro foi protestada, por falta de pagamento.

De accordo com a s/declaração, intervimos por honra da s/assignatura

Remettemos inclusa:

a lettra não paga, devidamente protestada
o protesto, lavrado em 17 corr.
a conta de retorno, na importancia de:
R.s 66965, valor de hoje

com o pedido de nos creditar d'esta somma, conforme a conta abaixo.

Com toda a consideração

p. pa. Vieira e C.ia
Portocarrero.

Bordereau:

Ill.mo S.r João Ritta, Aveiro.

Importancia da lettra	R.s	64 $	625
Protesto	»	1 »	320
Juros	»	»	645
Cartas reclam.			
Porte de cartas	»	»	150
Commissão	»	»	225
Valor este dia:	R.s	66 $	965

94.

Espinho, 20 d'Outubro de 19..

Ill.mos S.res Vieira e C.ia, Aveiro

De posse da s/carta de 16, bem como da registrada de 19, venho informar V. Sa que tirei d'esta ultima:

1 lettra não paga
1 protesto
1 conta de retorno na importancia de
R.s 66 $ 965.

ℳ	600,—	in	Banknoten
„	50,—	„	Reichskassenscheinen
„	3,65	„	Briefmarken
ℳ	653,65		

zu meiner Entlastung.

Für Ihre Intervention in dieser Angelegenheit spreche ich Ihnen meinen verbindlichsten Dank aus und zeichne

hochachtungsvoll

Ferdinand Wild.

Para o embolsar d'esta somma dirijo-lhe, valor declarado:

3 notas de banco a 20 $000		R.s	60 $000
1 vale de correio		»	6 $965
	total:	R.s	66 $965

pedindo que credite a m/conta.

Agradecendo-lhes a protecção que prestaram á m/assignatura subscrevo com a maxima consideração.

Luiz Rocha.

Valor 66 $965

Briefe im Verrechnungsgeschäft.

Kontokorrentverkehr. Im Kontokorrentverkehr beschränkt sich die Tätigkeit des Bankiers nicht wie beim Giroverkehr darauf, für Rechnung der Kontoinhaber Gelder einzuziehen und auszuzahlen; seine Arbeitsleistung ist viel mannigfaltiger; er ist nicht Kassierer, sondern Kommissionär des Kontoinhabers, dem er außerdem meist seinen Kredit zur Verfügung stellt.

Provision. Für die Arbeitsleistung des Bankiers im Kontokorrentverkehr wird ihm eine meist in Prozenten vom Umsatz ausgedrückte Entschädigung (Bankprovision) bezahlt.

Zinsen. Für Kreditgewährung wird außerdem und unbeschadet der Provision eine Zinsvergütung (Soll[Debet]-zinsen) entrichtet. Dagegen werden den Kontoinhabern ihre Guthaben ebenfalls verzinst (Haben[Kredit]-zinsen). Für Sollzinsen wird in der Regel ein höherer Zinsfuß vereinbart als für Habenzinsen.

Abrechnung. Die Abrechnung erfolgt in regelmäßigen, durch Vereinbarung festgestellten Zeitabschnitten, meist per 30. Juni (per ultimo Juni) und per 31. Dezember (per ultimo Dezember).

Briefwechsel. Im Kontokorrentverkehr kommen hauptsächlich folgende Briefgattungen vor:

a) Anträge (Angebote, Anerbieten, Offerten);
b) Antwort: Zustimmung oder Ablehnung;
c) Angabe der Bedingungen (Konditionen);
d) Bestätigung der Bedingungen:
e) Aufträge {zu Gunsten / zu Lasten} der laufenden Rechnung des Kontoinhabers;
f) Rechnungsabschlüsse (Kontokorrentauszüge);
g) Prüfungsberichte.

a) Anträge (Angebote, Anerbieten, Offerten).

Der Antrag auf Eröffnung eines Kontokorrentverkehrs kann beiderseitig erfolgen.

b) Beantwortung des Antrags.

Anfragen, die die Eröffnung eines Kontokorrentverkehrs bezwecken, pflegen auch dann beantwortet zu werden, wenn der Antrag aus irgend einem Grunde abgelehnt wird.

Lautet die Antwort zustimmend, so wird sie gleichzeitig die Bedingungen für den Bankverkehr (Bankbedingungen) enthalten.

c) Bankbedingungen.

Die Bedingungen, zu welchen der Bankier dem Kontoinhaber seine Dienste widmet, betreffen:

1. Die Höhe und Sicherung des Kredits (gedeckt oder ungedeckt).
2. Die Höhe des Zinsfußes (für Debet und Kredit).
3. Die Höhe der Provision.
4. Die Termine für die Abrechnung.
5. Die Rückvergütung der Auslagen.

Operações em conta corrente

Liquidação por conta corrente. Os negociantes que entretêm relações continuas com o banco, fazem-se abrir uma conta-corrente.

As contas correntes são creditadas pelas entradas e debitadas pelas sahidas de valores.

Apresentam 2 lados: no debito (Dever), á esquerda se escrevem as sahidas ou dividas do depositario; no credito (Haver) á direita, se encontram as entradas, remessas ou creditos.

Pela escripturação em conta-corrente, os valores perdem o seu caracter individual; ha novação, isto é: que o remettente perde o direito de reivindicar os valores taes quaes os remettem. Estes valores formam, desde a s/entrada em conta-corrente, um todo indivisivel com os outros artigos da mesma conta.

Commissão. Em troca dos seus serviços e riscos, percebe o banqueiro uma remuneração, calculada a tantos porcento e chamada commissão.

Juros. A conta-corrente dá conta dos juros áquelle que adiantou fundos.

O juro em favor do banqueiro (juro devedor) é estabelecido a uma taxa mais elevado do que o juro em favor de cliente (credor).

Epoca de prestar contas. A conta-corrente é regulada em epocas certas, por 3 mestre, 6 mestre ou no fim do anno.

Correspondencia: O commereio de banco em conta-corrente dá lugar á seguinte correspondencia.

a) Offertas de serviço. — b) respostas: consentimento ou recusa.

c) Estipulação das condições. — d) Confirmação das condições.

c) ordens { a credito / b debito } do depositario.

f) Extracto de contas. — g) Revisão d'estes extractos.

a) Offerta de serviços

Os primeiros passos com vista á abertura de uma conta-corrente podem ser dados pelo negociante ou banqueiro; em todo o caso haverá resposta.

b) Formulação de propostas

As offertas d'entrar em relações são aceites ou recusados.

Se houver consentimento, as condições da conta são indicadas.

c) Condições de conta

As condições a estabelecer contêm:

1.º Importancia e forma do credito: a coberto ou descoberto.

2.º A taxa dos mutuos juros: para credito e debito.

3.º A taxa de commissão.

4.º As epocas de prestação de contas.

5.º O embolso das despezas.

d) Bestätigung der Bedingungen.

Nachdem die Verhandlungen über die Bankbedingungen abgeschlossen sind, wird das Einverständnis mit den getroffenen Vereinbarungen von beiden Seiten vollinhaltlich bestätigt.

Durch die Bestätigung der Bankbedingungen wird der Kontokorrentvertrag rechtsverbindlich.

e) Aufträge.

Die Aufträge, die der Kontoinhaber seinem Bankier erteilt, werden auf laufende Rechnung verbucht.

Die Verbuchung geht entweder „zu Gunsten" oder „zu Lasten" des Kontoinhabers.

Zu Gunsten der laufenden Rechnung werden verbucht:

1. Einzahlungen in bar, Zinsscheine, Anweisungen, Schecks u. s. w.
2. Wechsel zur Gutschrift per Verfall, zur Diskontierung oder zur Einziehung.
3. Überweisungen von Guthaben.
4. Verkäufe von Wertpapieren, ausländischen Wechseln und Sorten.

Zu Lasten der laufenden Rechnung werden verbucht:

1. Auszahlungen an den Kontoinhaber oder seine Bevollmächtigten.
2. Wechsel als Anschaffung und Rimessen an dritte.
3. Einlösung von Tratten auf den Kontoinhaber oder für seine Rechnung.
4. Einkäufe von Wertpapieren, Sorten und Fremdwechseln.

f) Rechnungsabschlufs.

Nach Ablauf der vereinbarten Abrechnungsfrist sendet der Bankier dem Kontoinhaber einen Auszug seiner Rechnung (Kontokorrentauszug), dem bisweilen eine besondere Zinsrechnung beiliegt.

Außer den Buchungen und den Zinsen führt der Rechnungsauszug die Auslagen und die Provision in besonderen Posten auf.

Ferner wird der Überschuß, der sich zu Gunsten oder zu Lasten des Kontoinhabers ergibt, der schwächeren Seite unter dem Namen Saldo angefügt, so daß beide Seiten der Rechnung die gleiche Summe aufweisen.

Dieser Saldo wird dann auf der entgegengesetzten Seite auf neue Rechnung vorgetragen und das Kontokorrent vom Kontokorrentgeber unter Angabe des Ausstellungsorts und Datums unterzeichnet.

Vor der Unterschrift befindet sich häufig die Klausel „Irrtum vorbehalten" oder „salvo errore et omissione" (gekürzt „S. E. & O.").

g) Prüfungsbericht.

Der Kontokorrentauszug wird gewöhnlich mit einem Begleitbrief abgeschickt, in welchem der Saldo nebst Valuta (Abschlußdatum) angegeben ist.

Dieser Brief enthält die Bitte, den Rechnungsauszug auf seine Richtigkeit zu prüfen und dem Kontokorrentgeber das Ergebnis der Prüfung mitzuteilen.

Häufig wird diesem Briefe noch ein Formular beigelegt, welches die Richtigkeit der Abrechnung bestätigt und vom Kontoinhaber unterzeichnet zurückgeschickt werden soll.

d) Confirmação das condições

Depois de combinados e fixados os elementos essenciaes da conta, as partes contractantes confirmarão as condições combinadas. Esta confirmação dá ao contracto a sua validade sob o ponto de vista legal.

O novo cliente dará á casa bancaria os autographos de pessoas que têm o direito de assignar em s/lugar.

e) Ordens

As ordens que o titular da conta ou correspondente transmitte ao s/banqueiro são levadas a credito ou debito da conta-corrente, conforme ellas reforçam ou abatem o valor da conta.

A conta-corrente é reforçada por:

1.º Remessas em dinheiro, chèques, coupons, etc.

2.º Remessas a prazo, desconto, cobrança.

3.º Transferencias em seu favor.

4.º Negociações de valores de commercio ou de valores de bolsa,

A conta-corrente é abatida por:

1.º Pagamentos ao cliente ou á s/ordem.

2.º Saques sobre o cliente ou a debito da s/conta.

3.º Disposições do cliente por s/conta corrente ou por conta d'um terceiro.

4.º Compras de valores de commercio ou de bolsa.

f) Liquidação de conta

Em epocas combinados, o banqueiro enviará aos clientes o extracto da conta-corrente, com um bordereau dos juros em ser, contendo o balanço dos juros, a importancia de commissão, as despezas e desembolsos.

A differença entre a totalidade do Dever e a totalidade do Haver, estabelecida com o nome de Saldo é lançado do lado mais fraco para balanciar a conta.

O saldo, sendo a compensação d'um excesso de Debito ou do Credito, o Saldo Devedor é inscripto no „Haver", o saldo Credor no „Dever" e transferido em sentido inverso a conta nova.

Em seguida, a conta-corrente é datada e assignada.

Muitas vezes a menção: „S. E. e O." „salvo erro e omissão" precede a importancia do saldo que deve ser repetido por extenso.

g) Verificação

A remessa da conta-corrente é acompanhada d'uma carta que indica o saldo e a data do valor.

Por esta carta, o cliente é convidado a examinar a conta-corrente, e a transferir-o saldo para a nova conta depois da s/verificação.

O banqueiro pede que seja informado do resultado da verificação. Para este effeito junta muitas vezes um formulario, impresso para encher provando que o extracto está conforme.

Este formulario, revestido da assignatura do cliente, será devolvido ao banqueiro, depois da verificação do extracto da conta.

95. Am 13. Februar 19.. bieten Gebrüder Simon, Frankfurt a. M., der Firma Otto Winter, Offenbach, ihre Vermittelung in allen das Bankfach betreffenden Geschäften an; sie stellen günstige Bedingungen.

96. Am 15. Februar 19.. erklärt sich Otto Winter, Offenbach, mit den gestellten Bedingungen einverstanden, falls ihm ein ungedeckter Kredit bis zu 20 000 ℳ gewährt werde.

97. Am 16. Februar 19.. erklären sich Gebrüder Simon, Frankfurt a. M., bereit, den gewünschten Blankokredit zu gewähren. Sie fordern doppelte Provision für ungedeckte Zahlungen.

98. Am 18. Februar 19.. lehnt Otto Winter, Offenbach, es ab, sich für ungedeckte Debetposten höhere Provision anrechnen zu lassen.

99. Am 19. Februar 19.. verzichten Gebrüder Simon, Frankfurt a. M., auf doppelte Provision und bestätigen die übrigen Bedingungen.

100. Am 25. Februar 19.. acceptiert Otto Winter, Offenbach, die Bankbedingungen vollinhaltlich, überschickt zwei Wechsel zur Gutschrift und bittet um Schutz für seine Tratte.

101. Am 26. Februar 19.. bestätigen Gebrüder Simon, Frankfurt a. M., den Empfang der Wechsel und sichern der avisierten Tratte Schutz zu.

102. Am 27. Mai 19.. stellt Otto Winter, Offenbach, 1450 Kronen in Wien zur Verfügung und bittet um Gutschrift in Mark. Gleichzeitig weist er ℳ 695,50 zur Auszahlung in Berlin an.

103. Am 28. Mai 19.. zeigen Gebrüder Simon, Frankfurt a. M., an, daß die Aufträge vom 27./5. ausgeführt sind.

104. Am 29. Mai 19.. bestätigt Otto Winter, Offenbach, den Empfang des Briefes vom 28./5. 19..

105. Am 2. Juli 19.. überreichen Gebrüder Simon, Frankfurt a. M., Rechnungsauszug und bitten um Gutschrift des Saldo.

106. Am 8. Juli 19.. bestätigt Otto Winter, Offenbach, die Richtigkeit der erhaltenen Abrechnung.

95.

Gebrüder Simon.
Bankgeschäft.
Tel.-Adr.: Banksimon.
Fernsprecher: III 1296.

Frankfurt a. M., den 13. Februar 19..

Herrn Otto Winter, Offenbach.

Von dem lebhaften Wunsche geleitet, mit Ihrer geschätzten Firma in Geschäftsverbindung zu treten, gestatten wir uns, Ihnen unsere Dienste zur Besorgung aller in das Bankfach einschlagenden Geschäfte ergebenst anzubieten.

Wir würden Ihnen wie den bevorzugteren unserer geschätzten Auftraggeber $^1/_8$ % Provision sowie $^1/_2$ % über oder unter dem jeweiligen Reichsbankdiskont berechnen und außerdem nur unsere Auslagen für Porto, Depeschen, Stempel und Courtage in Ansatz bringen.

95.º Em 13 de Fevereiro de 19.. Collaço irmãos, Lisbôa, se recommendam á casa Paulo Lavado, Setubal, para todas as operações de banco em conta-corrente.

96.º Em 15 de Fevereiro de 19.. Paulo Lavado, Setubal, se declara disposto a entrar em relações com Collaço, irmãos, Lisbôa, se lhe fôr concedido um credito de R.s 4000 $ 000.

97.º Em 16 de Fevereiro de 19.. Collaço irmãos, Lisbôa, concordam com o credito pedido sob a condição que a commissão seja o dobro para as contas a descoberto.

98.º Em 18 de Fevereiro de 19.. Paulo Lavado, Setubal, recusa conceder uma commissão supplementar para os adiantamentos de fundos.

99.º Em 19 de Fevereiro de 19.. Collaço, irmãos, Lisbôa, consentem o credito a descoberto sem commissão supplementar. Confirmam as condições do 13 de Fevereiro e enviam copia das s/condições geraes.

100.º Em 25 de Fevereiro de 19.. Paulo Lavado, Setubal, confirma as estipulações feitas. Remette algumas lettras e dá aviso d'um saque.

101.º Em 26 de Fevereiro de 19.. Collaço, irmãos, Lisbôa, accusam a recepção das remessas e promettem fazer bom acolhimento ao saque e annunciado.

102.º Em 27 de Maio de 19.. Paulo Lavado, Setubal, informa Collaço irmaõs, Lisbôa, que os creditou por 1450 fr. sobre Paris. Pede que descontem esta somma e que entreguem R.s 167 $ 960 a uma casa de Lisbôa.

103.º Em 28 de Maio 19.. Collaço irmãos, Lisbôa, informam Paulo Lavado, Setubal, da execução da s/ordem.

104.º Em 29 de Maio de 19.. Paulo Lavado, Setubal, accusa recepção da carta precedente.

105.º Em 2 de Julho de 19.. Collaço irmãos, Lisbôa, remettem a Paulo Lavado, Setubal, extracto da s/conta corrente, fechada em fim de Junho, com o pedido de a verificar.

106.º Em 8 de Julho de 19.. Paulo Lavado, Setubal, annuncia a Collaço irmãos, Lisbôa, que passou o saldo em conformidade.

95.

COLLAÇO IRMAÕS
Banqueiros
Rua do Arsenal 75

Lisbôa, 13 de Fevereiro de 19..

Ill.mo S.r Paulo Lavado, Setubal

Desejando entrar em relações coma a s/honrada casa, permittimo-nos offerecer a V. Sª os nossos serviços para todas as s/operações de banco e de cambio.

Se V. Sª quizer favorecer-nos com s/ordens, abrir-lhe-hemos uma conta-corrente semestral nas condições seguintes:

Juro devedor: $^1/_2$ % acima da taxa official, 5 % minimo.
„ credor: $^1/_2$ % abaixo „ „ „ 3 % maximo.
Commissão: $^1/_8$ %.
Embolso das despezas.

Sie wollen aus diesen ungewöhnlich günstigen Bedingungen ersehen, daß wir großen Wert darauf legen, mit Ihrer werten Firma in Verkehr zu treten.

Wir sehen Ihrer gefl. Entschließung gern entgegen und zeichnen

hochachtungsvoll
Gebrüder Simon.

96.

Otto Winter.
Offenbach a. M.

Offenbach, den 15. Februar 19..

Herren Gebrüder Simon, Frankfurt a. M.

Im Besitz Ihrer gefl. Zuschrift vom 13. cr. danke ich Ihnen für freundliches Entgegenkommen.

Ich würde gern bereit sein, zu den angegebenen Bedingungen mit Ihrer Firma in Kontokorrentverkehr zu treten, wenn Sie mir gleichzeitig einen ungedeckten Acceptationskredit bis zur Höhe von 20 000 ℳ einräumen wollten.

Ihrer baldigen Antwort gern gewärtig, empfehle ich mich Ihnen

hochachtungsvoll
Otto Winter.

97.

Gebrüder Simon.
Bankgeschäft.
Tel.-Adr.: Banksimon.
Fernsprecher: III 1296.

Frankfurt a. M., den 16. Februar 19..

Herrn Otto Winter, Offenbach.

Aus Ihrem geehrten Gestrigen ersehen wir mit Vergnügen, daß Sie bereit sind, von unserem Dienstanerbieten Gebrauch zu machen.

Wir nehmen keinen Anstand, Ihnen den gewünschten Blankokredit von 20 000 ℳ zu gewähren.

Jedoch würden wir für ungedeckte Zahlungen oder Accepte die doppelte Provision, das ist $^1/_4\,\%$, in Anrechnung bringen; die übrigen Bedingungen bleiben dieselben.

In der Erwartung, daß Sie hiermit einverstanden sind, zeichnen wir

mit Hochachtung
Gebrüder Simon.

Esperando que V. Sª aceitará estas condições muito vantajosas, apresentamos os nossos sinceros cumprimentos e assignamo-nos com toda a consideração

de V. Sª

att.os Ven.dores obg.dos

Collaço irmãos.

96.

PAULO LAVADO
SETUBAL

Setubal, 15 de Fevereiro de 19..

Ill.mos S.res Collaço irmãos, Lisbôa

Agradecendo a V. Sª o offerecimento dos seus serviços, respondo a s/carta do 13 corr.:

Estou disposto a aceital-os, se posso contar com um credito de 4.000 $ 000 a descoberto.

Esperando a s/decisão a este respeito, tenho a honra de me assignar com a maxima consideração.

Paulo Lavado.

97.

COLLAÇO IRMÃOS
Banqueiros
Rua do Arsenal 75

Lisbôa, 16 de Fevereiro de 19..

Ill.mo S.r Paulo Lavado, Setubal

Em resposta a s/carta de hontem apressamo-nos a dizer a V. Sª que lhe concederemos de bom grado adiantamentos de fundos até R.s 4.000 $ 000.

Para os creditos a descoberto calculamos uma commissão especial de $^1/_8\,^0/_0$, o que, para as operações a descoberto, estabelece a commissão de conta a $^1/_4\,^0/_0$.

Contamos com s/approvação e fazemos todo o nosso possivel para justificar a confiança que em nós despositar.

Aguardamos o prazer de s/noticias e somos.

De V. Sª

att.os Ven.dores

Collaço irmãos.

98.

Otto Winter.
Offenbach a. M.

Offenbach, den 18. Februar 19..

Herren Gebrüder Simon, Frankfurt a. M.

Ich besitze Ihr gefl. Schreiben vom 16. d. M. Ich müßte davon absehen, den besprochenen Blankokredit anzunehmen, wenn Sie sich nicht entschließen könnten, für sämtliche Debetposten — gleichviel, ob sie durch Vorentnahmen entstanden oder gedeckt sind — die Provision mit $^1/_8$ % zu berechnen.

Ich sehe Ihrer umgehenden Entschließung gern entgegen und zeichne

hochachtungsvoll

Otto Winter.

99.

Gebrüder Simon.
Bankgeschäft.
Tel.-Adr.: Banksimon.
Fernsprecher: III 1296.

Frankfurt a. M., den 19. Februar 19..

Herrn Otto Winter, Offenbach.

Um Ihnen zu beweisen, wie viel uns an dem Verkehr mit Ihrer hochachtbaren Firma gelegen ist, haben wir uns entschlossen, Ihre Vorschläge vom gestrigen Tage anzunehmen, und eröffnen Ihnen hiermit eine laufende Rechnung bei uns unter den folgenden Bedingungen:

Wir eröffnen Ihnen einen Blankokredit von 20 000 ℳ, über den Sie nach Belieben verfügen können.

Wir berechnen Ihnen an Zinsen: $^1/_2$ % über Reichsbankdiskont, wenn Sie Debitor, und $^1/_2$ % darunter, wenn Sie Kreditor sind.

Sie vergüten uns unsere Selbstauslagen und außerdem $^1/_8$ % Provision für Accepte, gleichviel, ob sie gedeckt oder ungedeckt sind.

Im übrigen verweisen wir auf unsere „allgemeinen Kontokorrentbestimmungen", von denen wir Ihnen ein Exemplar beilegen.

Dasselbe erbitten wir uns mit Ihrer Unterschrift versehen zurück.

Wir werden gern alles aufbieten, unseren geschäftlichen Verkehr mit Ihnen angenehm zu gestalten und Ihr Vertrauen in jeder Richtung zu rechtfertigen.

Mit größter Hochachtung

Gebrüder Simon

Anlage:
Bestimmungen.

98.

PAULO LAVADO
SETUBAL

Setubal, 18 de Fevereiro de 19..

Ill.mos S.res Collaço irmãos, Lisbôa

Estou na posse da s/carta do 16 corr.

Agradecendo-lhe a confiança com que se dignaram honrar-me, concedendo-me o credito pedido, sinto não poder annuir á commissão supplementar que V. Sª exigem a descoberto.

Queiram fazer-me sciente, por volta do correio, se a s/decisão a este respeito é irrevogavel.

Esperando as s/ordens assigno com a maior consideração.

Paulo Lavado.

99.

COLLAÇO IRMÃOS
Banqueiros
Rua do Arsenal 75

Lisbôa, 19 de Fevereiro de 19..

Ill.mo S.r Paulo Lavado, Setubal

Accusamos a recepção da s/carta de hontem.

Para lhe provar quanto nos importa tel-o no numero dos nossos clientes, renunciamos á commissão de andiantamento e lhe fixamos as seguintes condições.

Abrimos-lhe um credito a descoberto, utilisavel em conta-corrente, á s/vontade, até á concurrencia de R.s 4.000$000 Levaremos:

Dever: $^1/_2$ % acima da taxa de Portugal; Minimo 5 %,
Haver: $^1/_2$ % abaixo „ „ „ „ Maximo 3 %.
Commissão: $^1/_8$ %; despeza de cartas; estampilhos etc. ao s/cargo.

A conta será fechada em fim de Junho e Dezembro, o saldo se tornará, definitivo e será transferido, se n'um prazo de 3 mezes, depois de enviado o extracto de conta, não fôr pedida rectificação alguma.

Queira devolver-nos, provida da s/assignatura, a copia das „n'condições geraes" que lhe remettemos incluso.

Esperando sermos favorecidos com as s/ordens, que serão sempre objecto dos nossos maiores cuidados, ficamos com os mais sinceros cumprimentos.

De V. Sª
att.os Ven.dores obg.dos
Collaço irmaõs

Annexo
Condiçoes

100.

Otto Winter.
Offenbach a. M.

Offenbach, den 25. Februar 19..

Herren Gebrüder Simon, Frankfurt a. M.

Ich besitze Ihr gefl. Schreiben vom 22. d. M. und bemerkte mir Ihre Bedingungen wie folgt:

Sie eröffnen mir einen Blankokredit bis zu 20 000 ℳ.

Für Kreditzinsen berechen Sie mir $^1/_2$ % unter, für Debetzinsen $^1/_2$ % über Reichsbankdiskont.

Ich vergüte Ihnen sämtliche Auslagen sowie $^1/_8$ % Provision.

Die mir gesandten Kontokorrentbestimmungen gebe ich vollzogen zurück.

Ich eröffne gleichzeitig die Geschäftsverbindung, indem ich Ihnen anbei:

ℳ 600,— per 12./5. a. c. a/Helm & Co., dort,
„ 715,— per 15./6. a. c. a/Köhler & Sohn, Hanau,
ℳ 1315,— zur gefl. Gutschrift per Verfall übersende.

Dagegen erlaubte ich mir:

ℳ 5000,— per 25./5. O./E.

auf Sie abzugeben, um deren Inschutznahme ich bitte.

Hochachtungsvoll
Otto Winter.

Einschreiben.
2 Wechsel.

100.

PAULO LAVADO
SETUBAL

Setubal, 25 de Fevereiro de 19..

Ill.mos S.res Collaço irmãos, Lisbôa

Recebi a tempo a s/carta do 19 corr.

Devolvo, devidamente assignada, a copia das s/condições geraes.

Acceito o credito a descoberto que V. Sª me concedem e confirmo as s/condições:

Juros $\left\{\begin{matrix} ^1/_2\,^0/_0 \text{ acima} \\ ^1/_2\,^0/_0 \text{ abaixo}\end{matrix}\right\}$ da taxa official $\left\{\begin{matrix} 5\,^0/_0 \text{ minima por debito} \\ 3\,^0/_0 \text{ maximo ,, credito.}\end{matrix}\right.$

Commissão: $^1/_8\,^0/_0$; custas e despezas a m/cargo.

A conta será balanciada em fim de Junho e Dezembro.

Receberei um extracto de contas cujo saldo se tornará definitivo e será transferido a nova conta depois de feita a verifição, ou 3 mezes depois da remessa.

Remetto-lhes incluso.

R.s 60$000 para 12 de Maio prox. s/Bello e filho, Lisbôa.
,, 71$500 ,, 15 de Junho ,, s/Larcher irmãos Porto.
R.s 131$500 — de que se servirão creditar — me.

Dispuz s/V. Sª da quantia de:

R.s 500$000 — para 25 de Maio, prox., a m/ordem. Queira dar bom acolhimento a este saque.

Com toda a consideração.

Paulo Lavado.

Registrado
2 lettras

101.

Gebrüder Simon.
Bankgeschäft.
Tel.-Adr.: Banksimon.
Fernsprecher: III 1296.

Frankfurt a. M., den 26. Februar 19..

Herrn Otto Winter, Offenbach.

Ihrem gestrigen Schreiben entfalteten wir:

ℳ 600,— per 12./5. a/hier,
ℳ 715,— „ 15./6. a/Hanau,

die wir unter dem üblichen Vorbehalt in das Haben Ihrer laufenden Rechnung brachten.

Die uns gleichzeitig angekündigte Tratte von:

ℳ 5000,— Wert 25./5.

werden wir bei Vorkommen honorieren.

Hochachtungsvoll
Gebrüder Simon.

102.

Otto Winter.
Offenbach a. M.

Offenbach, den 27. Mai 19..

Herren Gebrüder Simon, Frankfurt a. M.

Ich gehe mit dem Inhalt Ihres Schreibens vom 26. Februar d. J. konform.
Heute stelle ich Ihnen:

K. 1450,— per 25./7.

bei Franz Bär, Wien (III., Hauptstraße 42) zur Verfügung und bitte um Abrechnung.

Dagegen wollen Sie:

ℳ 695,50 Sechs Hundert Fünf und Neunzig, 50 Pf.

am 6. Juni d. J. an Schäfer & Sohn, Berlin W., Behren-Straße 12, zu Lasten meiner Rechnung auszahlen lassen.

Hochachtungsvoll
Otto Winter.

Einschreiben.
1 Wechsel.

101.

COLLAÇO IRMÃOS
Banqueiros
Rua do Arsenal 75

Lisbôa, 26 de Fevereiro de 19..

Illmo Sr Paulo Lavado, Setubal

A s/carta de hontem trazia nos:

R.^{s} 60$000 — para 12./5., sobre esta praça
„ 71$500 — para 15./6., sobre Porto

de que creditamos a s/conta com as reservas de costume.

Faremos bom acolhimento a s/saque de

R.^{s} 500$000 — valor para 25 de Maio prox.

Com os nossos mais sinceros cumprimentos, somos

de V. S^{a}

att.^{os} Ven.^{dores} obg.^{dos}

Collaço irmãos.

102.

PAULO LAVADO
SETUBAL

Setubal, 27 de Maio de 19..

Ill.^{mos} S.^{res} Collaço irmãos, Lisbôa

A s/carta do 26 de Fevereiro ult. chegou-nos a tempo.

Fiz os lançamentos em conformidade.

Queiram creditar-me, com desconto, pela quantia de:

Francos 1450, — sobre Paris — para 25 de Julho prox. que os S.^{res} Meunier et fils, Rue Rivoli 21, Paris, têm á s/disposição.

Entregarao em 6 de Junho prox., para debito da m/conta:

R.^{s} 167$960 Cento e sessenta e sete mil 960 reis aos S.^{res} Fonseca e Braga, R. de Ouro 139, Lisbôa.

Com a mais subida consideração.

Paulo Lavado.

103.

Gebrüder Simon.
Bankgeschäft.
Tel.-Adr.: Banksimon.
Fernsprecher: III 1296.

Frankfurt a. M., den 28. Mai 19..

Herrn Otto Winter, Offenbach.

In Ausführung Ihres gestrigen Auftrags kreditieren wir Ihr wertes Konto für die uns zur Verfügung gestellten:

K. 1450,— per 25. Juli zu 84,60 t. q. mit
ℳ 1226,75 per heute.

Dagegen bemerkten wir uns, daß für Ihre Rechnung:

ℳ 695,50 am 6. Juni a. c.

auszuzahlen sind, für welchen Betrag wir Sie belasten.

Hochachtungsvoll
Gebrüder Simon.

104.

Otto Winter.
Offenbach a. M.

Offenbach, den 29. Mai 19..

Herren Gebrüder Simon, Frankfurt a. M.

Ich bestätige den Empfang Ihres geschätzten Schreibens von gestern und gehe mit den darin enthaltenen Aufstellungen konform.

Hochachtungsvoll
Otto Winter.

103.

COLLAÇO IRMÃOS
Banqueiros
Rua do Arsenal 75

Lisbôa, 28 de Maio de 19..

Ill.mo S.r Paulo Lavado, Setubal

Possuimos a s/carta de hontem.
Creditamos a s/conta pela quantia de:
Francos 1450,— para 25/7 prox. s/Paris ao cambio de 235

R.s 340$750 valor do dia.

Faremos transferir por c/V. Sa

R.s 167$960, 6 de Junho prox.

a s/debito.
Com toda a consideração e respeito.

Collaço irmãos.

104.

PAULO LAVADO
SETUBAL

Setubal, 29 de Maio de 19..

Ill.mos S.res Collaço irmãos, Lisbôa

Recebi a s/carta de hontem e fiz lançamento em conformidade.
Com toda a consideração.

Paulo Lavado.

105.

Gebrüder Simon.
Bankgeschäft.
Tel.-Adr.: Banksimon.
Fernsprecher: III 1296.

Frankfurt a. M., den 2. Juli 19..

Herrn Otto Winter, Offenbach.

Wir beehren uns, Ihnen anbei den Auszug Ihrer Rechnung bei uns zu übersenden, welche mit einem Saldo von:

M 3183,— per 30. Juni a. c.

zu unseren Gunsten abschließt.

Wir bitten, den Auszug zu prüfen und den Saldo nach Richtigbefund unter gefl. Anzeige übereinstimmend mit uns vorzutragen.

Hochachtungsvoll

Gebrüder Simon.

Soll *Herrn* Otto Winter, Offenbach im Kontokorrent mit Gebrüder Simon. *Haben*

19..			*Verfall*		*Tage*	*Zahlen*	*Betrag*		19..			*Verfall*		*Tage*	*Zahlen*	*Betrag*	
							M	*Pf.*								*M*	*Pf.*
Febr.	26.	Tratte	Mai	25.	35	1750	5000	—	Febr.	26.	Rimesse	Mai	12.	48	288	600	—
Mai	28.	Zahlung Berlin	Juni	6.	24	167	695	50	„	„	do.	Juni	15.	15	107	715	—
Juni	30.	6 % Zinsen v. No. 1129					18	85	Mai	28.	Anweisung a/Wien	Mai	28.	32	393	1226	75
„	„	Provision 1/8 % v. 5695,50					7	15	Juni	30.	Ausgleich d. Zinszahlen				1129		
„	„	Spesen					3	25	„	„	Saldo					3183	—
						1917	5724	75							1917	5724	75
Juli	1.	Saldovortrag					3183	—			S. E. & O.						

Frankfurt a. M., den 2. Juli 19..

Gebrüder Simon.

105.

COLLAÇO IRMÃOS
Banqueiros
Rua do Arsenal 75

Lisbôa, 2 de Julho de 19..

Illmo Sr Paulo Lavado, Setubal

Confirmamos a n/carta de hontem.

Junto remettemos o extracto da s/conta-corrente, balanceado em fim de Junho e com um saldo de:

R.^s^ 198 $ 170 em nosso favor

que levaremos a conta nova.

Queira dizer-nos, depois da verificação, se estamos em conformidade.

Com toda a consideração.

Collaço irmãos.

O Illmo Sr PAULO LAVADO, SETUBAL

em c/c com juros, com Collaço irmãos

Juros calculados a 6 % ao anno até 30 de Junho de 19..

Dever — *Haver*

Mez	Dia	Razão do Debito	Vencimento		Dias	N.os	Somma		Mez	Dia	Razão do Credito	Vencimento		Dias	N.os	Somma	
Fevr.	26	*Lettra . . . .*	*Maio*	25	36	180 000	500	000	*Fevr.*	26	*Remessa s/Lisbôa*	*Maio*	12	49	29 400	60	000
Maio	28	*Pagamento . .*	*Junho*	6	24	40 308	167	950			*Remessa s/Porto*	*Junho*	15	15	10 725	71	500
Junho	30	*Juros a 6 % %*							*Maio*	28	*Remessa s/Paris*	*Maio*	28	33	112 447	340	750
		N.º 67 736 . .					1	115	*Junho*	30	*Balanço de N.os*				67 736		
		1/8 com									*Saldo a c/n S.E.O.*					198	170
		á R.s 697 950 .						875									
		Desembolso . .						480									
						220 308	670	420							220 308	670	420
Julho	1	*Saldo de c/a S.E.O.*				R.s	198	170	*cento noventa e oito mil cento setenta reis*								

Lisbôa, 2 de Julho de 19..

Collaço irmãos.

106.

Otto Winter.
Offenbach a. M.

Offenbach, den 8. Juli 19..

Herren Gebrüder Simon, Frankfurt a. M.

Den mir mit Ihrem Schreiben vom 2. d. M. zugegangenen Auszug meiner laufenden Rechnung bei Ihnen habe ich geprüft und richtig befunden.

Ich erkenne demgemäß den Saldo von:

ℳ 3183,— per 30. Juni a. c.

als richtig an und habe ihn gleichlautend zu Ihren Gunsten vorgetragen.

Hochachtungsvoll

Otto Winter.

106.

PAULO LAVADO
SETUBAL

Setubal, 8 de Julho de 19..

Ill.mos S.res Collaço irmãos, Lisbôa

Accuso a recepção da s/carta do 2 corr.
Verifiquei a conta-corrente que continha e levei a nova conta o saldo de:

R.s 198$170 valor fim de Junho, em s/favor.

Com a maxima consideração.

Paulo Lavado.

C. Das Kommissionsgeschäft.

Man nennt Kommissionsgeschäfte die durch Vermittlung eines selbständigen Kaufmanns (Kommissionär) im Auftrag und für Rechnung seines Auftraggebers (Kommittent) abgeschlossenen Ein- oder Verkäufe.

Der Kommissionär schließt die Geschäfte in seinem eigenen Namen ab.

Er erhält für seine Mühwaltung und seine Auslagen eine im voraus vereinbarte Vergütung, die meist nach Prozenten berechnet und Provision genannt wird.

Die bei Ausführung des Auftrags entstehenden Kosten und Auslagen gehen zu Lasten des Kommittenten.

Limitum. Bei vielen Waren ist es dem Kommittenten nicht möglich, den Einkaufs- oder Verkaufspreis im voraus zu begrenzen, er läßt dem Kommissionär freie Hand.

Oder der Kommittent schreibt eine Preisgrenze (Limitum) vor, das heißt, er bestimmt bei Einkäufen den Höchstpreis, den er bezahlen, bei Verkäufen den Mindestpreis, zu dem er verkaufen will.

Der Kommissionär darf dieses Limitum nicht zu Ungunsten des Kommittenten überschreiten. Erzielt er günstigere Preise, so geht der Vorteil zu Gunsten des Kommittenten.

Delkredere heißt die Bürgschaft, die der Kommissionär — nach Vereinbarung mit dem Kommittenten — für den richtigen Eingang der Kaufgelder übernimmt. Hat der Kommissionär das Delkredere übernommen, so haftet er mit seinem eigenen Vermögen für den Eingang der Zahlungen.

Für die durch diese Haftung übernommene Verpflichtung erhält er eine weitere Vergütung, Delkredereprovision genannt.

Courtage. Bedient sich der Kommissionär bei Abschluß eines Geschäfts der Vermittlung eines Maklers (Courtier), so ist er berechtigt, Maklergebühren (Courtage) zu berechnen.

Einkaufsrechnung. Der Kommissionär vermittelt den Ankauf der Ware, oft auch ihre Versendung und Bezahlung.

Über den Einkauf stellt er eine Einkaufsrechnung aus, in welcher zum Preise, der für die Ware vereinbart ist, die Provision und die Auslagen hinzugerechnet sind, die der Kommissionär gehabt hat.

Verkaufsrechnung. Der Kommissionär übernimmt die zu verkaufende Ware auf Lager (Konsignationsfaktur), oder er vermittelt den Verkauf auf Grund von Angaben, Proben, Mustern.

Über den Verkauf stellt er eine Verkaufsrechnung aus, in welcher von dem erzielten Preise Provision und Auslagen, die er gehabt hat, abgerechnet sind.

C. Commissões e consignações

Commissão. Uma grande parte do commercio moderno se faz por intermedio de commissario.

O commissario é aquelle que trata em seu proprio nome ou sob um nome social por conta d'outrem.

O commissario de mercadorias compra e vende pois de s/risco ao seu committente.

Em troca dos seus serviços recebe uma remuneração calculada em tantos porcentos e chamada commissão ou direito de commissão.

As despezas e desembolsos necessitados e occasionados pela intervenção do commissario estão a cargo do committente.

Limite. Muitas vezes o committente não pode de prompto fixar o preço da mercadoria que o seu commissario deve comprar ou vender por sua conta.

N'este caso, o committente fixará o preço acima do qual, para compra, ou abaixo do qual, para venda, o commissario não deve fazer a operação pedida; limita o preço de compra ou de venda.

O commissario não pode ultrapassar este limite. Quando pode executar a operação em melhores condições, a vantagem é em favor do committente.

Delcredere. Quando o commissario toma sobre si o risco da venda, executada por sua intervenção, compromettendo-se a pagar em caso da insolvibilidade do comprador, o preço das mercadorias torna-se „Delcredere".

A remuneração que percebe em troca do risco exposto, calcula-se em tantos por centos da importancia da factura da venda e se chama egualmente „Delcredere".

Corretagem. Chama-se corretagem o direito adquirido, pelos cuidados da negociação pelo corretor das mercadorias ou pelo agente do cambio.

Conta de venda. Muitas vezes o commissario de venda, vende mercadorias por amostra ou carta d'amostra, sem que a mercadoria passe pelas s/mãos.

Depois da venda o commissario remette ao seu committente a conta detalhada, n'um documento, chamado c/ de venda.

Na conta de venda, o commissario deduz, da importancia das mercadorias vendidas, os s/desembolsos e despezas assim como a commissão que lhe cabe sobre a importancia da venda.

Konsignationsfaktur. Waren, die der Käufer sehen will, bevor er kauft, ist der Kommittent genötigt, bei seinem Kommissionär zu lagern.

Ein solches Lager heißt Kommissionslager, die Rechnung, welche der Verkäufer über die hinterlegten (konsignierten) Waren ausstellt, Konsignationsfaktur (-nota, -schein).

Briefwechsel im Kommissionsgeschäft. Abgesehen von dem Briefwechsel, den die Gründung eines Geschäfts oder die Anbahnung neuer Geschäftsverbindungen veranlaßt, kommen im Kommissionsgeschäft die folgenden Briefgattungen in Betracht:

Einkaufskommission:

a) Bestellung der Ware;	Der Kommittent an den Kommissionär.
b) Versandanzeige und Rechnung;	„ Kommissionär an den Kommittenten.
c) Empfangsbestätigung;	„ Kommittent an den Kommissionär.
d) Regulierung;	„ Kommittent an den Kommissionär.

Verkaufskommission:

a) Konsignationssendung;	Der Kommittent an den Kommissionär.
b) Empfangsanzeige;	„ Kommissionär an den Kommittenten.
c) Verkaufsanzeige;	„ Kommissionär an den Kommittenten.
d) Regulierung;	„ Kommissionär an den Kommittenten.

Consignação. Quando o committente remette ao negociante um deposito de mercadorias, destinadas a serem vendidas por sua conta, essa remessa se chama consignação e o negociante encarregado da venda torna-se depositario ou consignatario.

Depois da mercadoria consignada, ou parte d'ella ser vendida, o consignatario remette ao seu committente a factura da venda, de que deduz as suas custas e despezas assim como a sua commissão.

Correspondencia. Alem das cartas, trocadas para dar conhecimento da fundação d'uma casa, ou para se encetar novas relações, a commissão dará lugar á correspondencia seguinte:

Commissão de compra:

a) Ordem de comprar:	O committente ao commissario,
b) Aviso de compra e d'expedição:	O commissario ao committente,
c) Aviso de recepção:	O committente ao commissario,
d) A liquidação:	O committente ao commissario.

Commissão de venda:

a) Ordem de venda:	O committente ao commissario,
b) Aviso de recepção:	O commissario ao committente,
c) Aviso de execução:	O commissario ao committente,
d) A liquidação:	O commissario ao committente.

Briefe im Kommissionsgeschäft.

Einkaufskommission.

Rauchwaren.

107. Am 10. Januar 19.. teilt Max Werner, Leipzig, durch Zirkular mit, daß er sich als Kommissionär in Rauchwaren etabliert habe, und bittet um Aufträge.

108. Am 16. Januar 19.. wiederholt Max Werner, Leipzig, der Firma Simon frères, Paris, gegenüber, brieflich sein Dienstanerbieten und gibt an, zu welchen Bedingungen er die Besorgung von Einkäufen übernehmen würde.

109. Am 20. Januar 19.. erklären sich Simon frères, Paris, bereit, Max Werner, Leipzig, mit dem Einkauf von Rauchwaren für ihre Rechnung zu beauftragen, und geben ausführlich an, welche Bedingungen sie stellen.

110. Am 22. Januar 19.. erklärt Max Werner, Leipzig, sein Einverständnis mit den von Simon frères, Paris, gestellten Bedingungen; er hofft, daß die angeknüpfte Geschäftsverbindung beide Teile befriedigen werde.

111. Am 25. Januar 19.. erteilen Simon frères, Paris, ihrem Kommissionär Max Werner, Leipzig, Auftrag, für sie 6 Bund (gleich 60 Stück) gefärbte Persianer, deren Beschaffenheit und Preis sie vorschreiben, anzukaufen und ihnen die Ware als Postpakete über Belgien zuzuschicken.

112. Am 28. Januar 19.. meldet der Kommissionär Max Werner, Leipzig, seinen Kommittenten Simon frères, Paris, daß der Auftrag ausgeführt ist, und gibt einen kurzen Bericht über die Marktlage.

113. Verkaufsrechnung vom gleichen Tage, welche vom Verkäufer Bernhard Jung, Leipzig, ausgestellt ist, legt er im Original seinem Briefe bei.

114. Am 1. Februar 19.. bekennen sich die Kommittenten Simon frères, Paris, zum Empfang der Ware und teilen mit, daß sie den Verkäufer Bernhard Jung, Leipzig, ermächtigt haben, den Fakturenbetrag durch Tratte auf sie zu entnehmen.

115. Am gleichen Tage beauftragen die Käufer Simon frères, Paris, den Verkäufer, Bernhard Jung, Leipzig, auf sie zu ziehen.

116. Am 3. Februar 19.. meldet der Verkäufer Bernhard Jung, Leipzig, der Pariser Firma, daß er den Fakturenbetrag durch Tratte erhoben habe.

Negocios á commissão

Commissões de compra

Pelles

107.º Em 10 de Janeiro de 19.. Max Werner, Leipzig, por circular impressa, annuncia que se estabeleceu n'esse praça; offerece os seus serviços para compra e venda de pelles de toda a especie.

108.º Em 16 de Janeiro de 19.. Max Werner, Leipzig, repete o seu offerecimento de serviços a Cilia e C.ia, Lisbôa, por carta escripta; participa em que condições se encarregaria da compra á commissão.

109.º Em 20 de Janeiro de 19.. Cilia e C.ia, Lisbôa, participam as condições em que consentiriam em confiar as suas compras a Max Werner, Leipzig.

110.º Em 22 de Janeiro de 19.. Max Werner, Leipzig, aceita as condições feitas por Cilia e C.ia, Lisbôa, espera que as relações commerciaes serão agradaveis de parte a parte.

111.º Em 25 de Janeiro de 19.. Cilia e C.ia, Lisbôa, pedem a Max Werner, Leipzig, que compre por sua conta, 6 fardos de pelles d'Astrakan. Elles indicam a qualidade, limitam o preço e pedem a expedição por via Hamburgo.

112.º Em 28 de Janeiro de 19.. Max Werner informa os committentes da execução da sua ordem. Dá um resumo sobre a situação do mercado e junta á sua carta a factura original da mesma data.

113.º Factura original, estabelecida pelo vendedor dos astrakans, Paul Jung, Hamburgo.

114.º Em 1 de Fevereiro de 19.. Cilia e C.ia, Lisbôa, accusam a Max Werner, Leipzig, recepção da remessa Paul Jung, Hamburgo. Declaram que autorisaram aquelle a dispôr sobre elles, pela importancia da sua factura.

115.º Em 1 de Fevereiro de 19.. Cilia e C.ia, Lisbôa, autorisam Paul Jung, Hamburgo, a sacar sobre elles.

116.º Em 3 de Fevereiro de 19.. Paul Jung, Hamburgo, informa Cilia e C.ia, Lisbôa do seu saque da mesma data.

107.

Max Werner,
Leipzig.
Brühl 280.

Leipzig, den 10. Januar 19..

P. P.

Mit Gegenwärtigem gestatte ich mir, Ihnen ergebenst mitzuteilen, daß ich am hiesigen Platze ein

Rauchwaren-Kommissionsgeschäft

unter der eingetragenen Firma

Max Werner

eröffnet habe.

Meine vieljährige Tätigkeit als Ein- und Verkäufer in der Branche setzt mich in den Stand, allen Anforderungen meiner geehrten Auftraggeber zu genügen.

Nehmen Sie die Versicherung entgegen, daß ich jederzeit bestrebt sein werde, Ihr Vertrauen, um welches ich hierdurch bitte, durch gewissenhafte Wahrung Ihrer Interessen zu rechtfertigen.

Belieben Sie von meiner Unterschrift Kenntnis zu nehmen und mich bei Bedarf mit Ihren geschätzten Aufträgen zu beehren.

Hochachtungsvoll

Ich werde zeichnen:
(Faksimile der Unterschrift des Max Werner.)

Max Werner.

108.

Max Werner,
Leipzig.
Brühl 280.

Leipzig, den 16. Januar 19..

Herren Simon frères, Paris.

Vor einigen Tagen erlaubte ich mir, Ihnen durch Zirkular mitzuteilen, daß ich mich am hiesigen Platze als Kommissionär für Ein- und Verkauf von Rauchwaren aller Art niedergelassen habe.

Da ich besonderen Wert darauf lege, mit Ihrem geschätzten Hause in Verbindung zu treten, so erlaube ich mir, Sie hierdurch nochmals auf mein Unternehmen aufmerksam zu machen und bei dieser Gelegenheit zu betonen, daß die reichen Erfahrungen, die ich mir im Dienste hervorragender Firmen in der Branche erworben habe, Ihnen für sachkundige Vertretung Ihrer Interessen Gewähr bieten dürften.

107.

MAX WERNER
Leipzig
Brühl 280

Leipzig, 10 de Janeiro de 19..

Ill.^{mos} S.^{res}

Tenho a honra de levar ao s/conhecimento que acabo de estabelecer n'esta praça uma casa de commissão para compra e venda de pelles de todas as proveniencias.

Uma longa experiencia d'estes negocios, as melhores relações nos paizes d'exportação e importação e um vasto conhecimento do artigo, permittirão justificar a confiança que deseja. Saberei merecel-a pela promptidão e os serios cuidados que empregarei na execução das ordens com que me honrar.

Com a mais subida consideração assigno-me

de V. S^{a}

att.^{o} Ven.^{dor} obg.^{do}

Max Werner.

108.

MAX WERNER
Leipzig
Brühl 280

Leipzig, 16 de Janeiro de 19..

Ill.^{mos} S.^{res} Cilia e C.^{ia}, Lisbôa

Sob os auspicios das casas abaixo-mnecionados que me autorisaram, a referir-me a ellas, tomo a liberdade de offerecer a V. S^{a} os meus serviços de commissario para compra e venda de pelles.

Já tive a honra de informal-os por cicular que conheço a fundo o artigo por uma longa experiencia adquirida nas primeiras casas de Leipzig e de Londres.

Sollten Sie sich entschließen, mich mit Ihrem Vertrauen zu beehren, so würde ich Ihnen für Einkäufe außer dem üblichen Ersatz für Barauslagen 2% (zwei vom Hundert) Provision in Anrechnung bringen.

Ich sehe Ihrer geneigten Entschließung gern entgegen und zeichne, indem ich noch auf die untenstehenden Referenzen verweise, hochachtungsvoll

Max Werner.

Referenzen.

Ludwig Blank & Söhne, Leipzig.
H. Breton & fils, 23, rue de Richelieu, Paris.
M. Cameron & Co., 36, Victoria Street, London E C.

109.

Simon frères,
28, Fbg. Poissonnière,
Paris.

Paris, den 20. Januar 19..

Herrn Max Werner, Leipzig.

Wir besitzen Ihr gefl. Schreiben vom 16. d. M. und erklären uns im Prinzip geneigt, Ihnen den Einkauf von Rauchwaren für unsere Rechnung am dortigen Platze zu übertragen.

Zu diesem Zwecke unterbreiten wir Ihnen unsere Bedingungen wie folgt:

Provision. Wir gewähren Ihnen 2% (zwei vom Hundert) vom Nettobetrag der Originalfakturen, sowie Rückerstattung Ihrer Barverläge. Die Fakturen sind gleichzeitig mit der Ware im Original an uns einzusenden.

Abrechnung. Sie übersenden uns am Schluß eines jeden Kalendervierteljahres einen Kontoauszug und eine Aufstellung Ihrer Provision und Ihrer Barauslagen.

Versendung. Alle an uns abgehenden Waren sind, soweit sie nicht Postpakete bilden, unfrankiert an unseren hiesigen Spediteur L. Thibault zu unserer Verfügung zu schicken; Versicherung decken wir selbst.

Marktberichte. Wir legen großen Wert darauf, fortwährend über den Stand des Marktes unterrichtet zu sein. Wir bitten deshalb, uns so oft als erforderlich zu berichten.

Wir sehen umgehender Bestätigung unserer Bedingungen gern entgegen und hoffen, daß sich die Geschäftsverbindung für beide Teile nutzbringend und angenehm gestalten möge.

Hochachtungsvoll

Simon frères.

Espero que V. S.ª tomarão na devida conta o meu offerecimento de serviços. Pela m/parta farei todos os esforços para merecer a s/confiança. Quanto ás minhas condições, levar-lhes-hia 2 % de commissão sobre a imp.ª das compras e mais despezas.

Esperando uma resposta favoravel assigno com a mais alta consideração

de V. S.ª

att.º Ven.dor obg.do

Max Werner.

Referencias:

Ludwig Blank e Söhne, Leipzig.
H. Breton et fils, rue Richelieu 23, Paris.
M. Cameron e C.ia, 36 Victoria Street, Londres.

109.

CILIA E C.ia
Rua do Ouro 372
LISBÔA

Leipzig, 20 de Janeiro de 19..

Ill.mo S.r Max Werner, Leipzig

Possuimos a s/carta de 16 corr.

Estamos dispostos a confiar-lhe as nossas compras de pelles a sua praça, se as seguintes condições convierem a V. S.ª.

Commissão: Sobre todas as mercadorias que comprar por nossa conta, lhe será concedida uma commissão de 2 % (2 por cento) sobre o liquido das facturas originaes.

Liquidação: No fim de cada trimestre nos fará um relevé geral de todas as facturas, juntando a s/commissão e as despezas ao n/cargo, porte das cartas, telegrammas, gratificações.

Expedição: Far-nos-ha todas as remessas em portes não-pagos por intermedio do S.r L. Mascarenhas, 90 Rua dos Capellistas, Lisbôa, que terá o cuidado de despachar e segurar as s/remessas.

Os colis postaes fazem excepção d'isso.

Situação do Mercado. E'essencial estarmos sempre ao corrente das fluctuações do mercado e das quantidades disponiveis; mesmo por telegrapho se fôr preciso.

Queira informar-nos por volta do correio se as condições lhe convem.

Com a maxima consideração

Cilia e C.ia

110.

Max Werner,
Leipzig.
Brühl 280.

Leipzig, den 22. Januar 19..

Herren Simon frères, Paris.

Im Besitz Ihres Geehrten vom 20. d. M. erkläre ich mich hierdurch mit den darin enthaltenen Bedingungen einverstanden.

Der Ordnung wegen wiederhole ich dieselben kurz:

Ich übernehme den Einkauf von Rauchwaren für Ihre Rechnung am hiesigen Platze gegen eine Einkaufsprovision von 2% vom Nettobetrag der Fakturen, die ich Ihnen im Original einsende.

Die Abrechnung erfolgt in der Weise, daß ich Ihnen am Schluß eines jeden Kalendervierteljahres einen Kontoauszug sowie eine Aufstellung über Provision und Verläge einsende.

Die Zusendung der Ware erfolgt durch Vermittlung Ihres dortigen Spediteurs, der zugleich Fracht, Versicherung und Verzollung besorgt.

Ich berichte Ihnen so oft als erforderlich über den Stand des Rauchwarengeschäfts am hiesigen Platze, nötigenfalls telegraphisch oder telephonisch.

Ich betrachte nunmehr die Geschäftsverbindung als eröffnet und werde bestens bemüht sein, sie für beide Teile nutzbringend und angenehm zu gestalten.

Ihren geschätzten Aufträgen gern entgegensehend, zeichne ich hochachtungsvoll

Max Werner.

111.

Simon frères.
28, Fbg. Poissonnière,
Paris.

Paris, den 25. Januar 19..

Herrn Max Werner, Leipzig.

Wir besitzen Ihr Geehrtes vom 22. d. M. und erklären uns mit dessen Inhalt einverstanden.

Zugleich ersuchen wir Sie, für uns bei einem leistungsfähigen Hause dort:

6 Bund Persianer

in großer Mittellocke mit hohem Glanze in der Preislage von 160—180 Mark auszuwählen.

Falls uns die Ware gefällt, werden wir Ihnen bald weitere belangreiche Aufträge zugehen lassen.

Wir bitten, uns die Sendung in Postpaketen zu 5 kg über Belgien zugehen zu lassen, und zeichnen hochachtungsvoll

p. pa. Simon frères.

M. Richard.

110.

MAX WERNER
Leipzig
Brühl 280

Lèipzig, 28 de Janeiro de 19..

Ill.^{mos} S.^{res} Cilia e C.^{ia}, Lisbôa

Em resposta a s/honrada do 20 corr. aceito as s/condições que lhe confirmo como segue:

Encarrego-me das compras de pelle por s/conta n'esta praça. Vencerei uma commissão de 2% sobre a importancia liquida das facturas originaes e embolso das minhas despezas.

No fim de cada trimestre lhe enviarei um relevé da conta, assim como um bordereau dos meus direitos de commissão e das minhas despezas.

Far-lhes-hei chegar as remessas por intermedio de Sr Mascarenhas, 90 Rua dos Capellistas, Lisbôa. encarregado do seguro e das formalidades da alfandega, salvo os colis postaes.

Ficarão sempre ao corrente das fluctuações do n/mercedo; em caso d'urgencia os avisarei por telegrapho.

Estejam V. S^{as} convencidos que empregarei todos os meus esforços para justificar pela minha promptidão e zelo a confiança com que me honrarem.

Esperando as s/breves noticias creiam-me com a maxima consideração

de V. S^{a}

att.^{o} Ven.^{dor} obg.^{do}

Max Werner.

111.

CILIA E C.^{ia}
Rua do Ouro 372
LISBÔA

Lisbôa, 25 de Janeiro de 19..

Illmo Sr Max Werner, Leipzig

De posse da s/carta do 22 corr. tomamos nota do seu conteúdo.

Pedimos-lhe que nos escolha:

6 fardos de pelles d'Astrakan

de felpa media, cerrada e de bom lustro ao preço de 160 a 180 M. o fardo.

Ficando satisfeitos com s/escolha, far-lhe-hemos em breve, encommendas mais importantes.

Queira expedir-nos esta encommenda em colis postaes, via Hamburgo.

Com toda a considercação

p. p. Cilia e C.^{ia}

Rollão.

112.

Max Werner,
Leipzig.
Brühl 280.

Leipzig, den 28. Januar 19..

Herren Simon frères, Paris.

Ihrem Auftrag vom 25. d. M. gemäß ließ ich soeben:

60 Stück gefärbte Persianer

in 5 Postpaketen an Sie abgehen.

Nur durch ganz besondere Vergünstigung ist es mir gelungen, diese Ware in der gewünschten Lockung zum Preise von ℳ 180,— zu erhalten.

Da die Nachrichten aus der Bocharei über den Ausfall der diesjährigen Ernte sehr ungünstig lauten, so werden Persianer einen Preisaufschlag von 20—25% erleiden.

Einliegend überreiche ich Ihnen die Rechnung Bernhard Jung, hier, im Original.

Hochachtungsvoll

Max Werner.

1 Faktur.

113.

Fol. 315.

Leipzig, den 28. Januar 19..

RECHNUNG

für Herren Simon frères, Paris

von

Bernhard Jung.

Valuta per 6 Monat netto oder ·/. 3% binnen 30 Tagen.

	Sie kauften und empfingen durch Herrn Max Werner, hier:						
60	gefärbte Persianer	18	—	ℳ	1080	—

114.

Simon frères,
28, Fbg. Poissonnière,
Paris.

Paris, den 1. Februar 19..

Herrn Max Werner, Leipzig.

Wir empfingen vorgestern Ihr Geehrtes vom 28. Januar nebst Rechnung Bernhard Jung; soeben treffen auch die darin avisierten 5 Postpakete ein.

112.

MAX WERNER
Leipzig
Brühl 280

Leipzig, 28 de Janeiro de 19..

Ill.^{mos} S.^{res} Cilia e C.^{ia} Lisbôa

Tenho o gosto de lhes remetter junto, a factura original do Sr B. Jung, Hamburgo, de:

6 fardos pelles d'Astrakan

que V. S^{a} tiveram a bondade de encommendar-me pela s/estimada do 25 corr.

Fiz expedir os 5 colis postaes, via Hamburgo.

Só por especial favor consegui obter-lhes o artigo na felpa pedida a 180 M.

As noticias do mercado russo accusam um abastecimento m^{to} fraco, e deve-se portanto esperar uma subida de preço de 20 a 25%.

Com a maxima consideração.

Max Werner.

Factura original.

113.

Fol. 315.

RECHNUNG

für Herrn CILIA E C.^{ia}, LISBÔA

von

Bernhard Jung

Valuta per 6 Monat netto oder ·/. 3% binnen 30 Tagen.

		Sie kauften und empfingen durch Herrn Max Werner, hier					
	60	gefärbte Persianer	18	—	*M*	1080	—

114.

CILIA E C.^{ia}
Rua do Ouro 372
LISBÔA

Lisbôa, 1 de Fevereiro de 19..

Illmo Sr Max Werner, Leipzig

Possuimos a s/ultima carta de 28 de Fevereiro, incluindo a factura do Sr B. Jung.

Recebemos egualmente os 5 colis postaes.

Die Auswahl der Persianer befriedigt uns noch nicht ganz. Die Ware ist zwar großlockig und glänzend, aber zu weich im Haar, nicht fest und gedrungen genug.

Herrn Bernh. Jung haben wir veranlaßt, den Rechnungsbetrag von ℳ 1080,— abzüglich 3% Skonto, zum Tageskurse in Franken umgerechnet, per ultimo März auf uns zu entnehmen.

Hochachtungsvoll
p. pa. Simon frères
M. Richard.

115.

Simon frères,
28, Fbg. Poissonnière,
Paris.

Paris, den 1. Februar 19..

Herrn Bernhard Jung, Leipzig.

Für den Fakturenbetrag der uns durch Herrn Max Werner dort übersandten 60 Stück gefärbten Persianer, die heute ordnungsmäßig hier eintrafen, belieben Sie sich mit:

	ℳ 1080,—	
abzüglich	„ 32,40	3% Skonto
	ℳ 1047,60	per ultimo März d. J.

zum Tageskurs unter Anzeige auf uns zu erholen.

Hochachtungsvoll
Simon frères.

116.

Max Werner,
Leipzig.
Brühl 280.

Leipzig, den 3. Februar 19..

Herren Simon frères, Paris.

Der mir am 1. d. M. erteilten Ermächtigung gemäß gab ich heute:

Frs. 1296,55 per ultimo März d. J.

auf Sie ab, welche ich zum Kurs von:

80,80 t. q. =	ℳ 1047,60
zuzüglich 3% Skonto =	„ 32,40
mit	ℳ 1080,—

zur Begleichung meiner Faktur vom 28. Januar d. J. verwendete.

Hochachtungsvoll
Bernhard Jung.

Não ficamos inteiramente satisfeitos com os astrakans; a felpa é bastante grossa e lustrosa, mas não bastante cerrada.

Pedimos ao S.r B. Jung que disponha sobre nós da importancia da s/factura de M. 1080,— para fim do proximo Março, ao curso official do cambio sobre Berlin, com desconto de 3%.

Com a maxima consideração.

p. p. Cilia e C.ia
Rollão.

115.

CILIA e C.ia
Rua do Ouro 372
LISBÔA

Lisbôa, 1 de Fevereiro de 19..

Ill.mo S.r Bernhard Jung, Hamburgo

Para se embolsar da importancia da s/factura de 60 pelles d'Astrakan que nos remetteu por pedido do S.r Max Werner, Leipzig, pedimos a V. Sa que saque sobre nós, para fim do Março prox., ao curso official do cambio s/Berlim, com o desconto de 3%, conforme o relevé abaixo.

Com toda a consideração

p. p. Cilia e C.ia
Rollão.

M. 1080,— importancia
» 32,40 3% desconto
M. 1047,60 Valor para fim do Março prox.

116.

MAX WERNER
Leipzig
Brühl 280

Hamburgo, 3 de Fevereiro de 19..

Ill.mos S.res Cilia e C.ia, Lisbôa

Tenho a honra de lhes accusar a recepção da s/carta do 1 corr.

Para liquidação da m/factura do 28 Janeiro pp. saquei s/V. Sa conforme as s/instrucções.

R.s 288 $ 090

para fim do Março prox., conforme o relevé abaixo:

Com a maxima consideração.

Bernhard Jung.

288 $ 090 ao curso de 275 M. 1047,60
3% desconto „ 32,40
M. 1080,—

Verkaufskommission.

Leder.

117. Am 4. Mai 19.. bietet die Kommissionsfirma L. Ernst & Söhne, Leipzig, dem Importgeschäft Friedrich Kern, Hamburg, unter Angabe von Referenzen und Kommissionsbedingungen ihre Dienste als Verkäufer in Sohlleder an.

118. Am 11. Mai 19.. erklärt sich Friedrich Kern, Hamburg, zu einer Konsignationssendung unter den angegebenen Bedingungen bereit, wünscht aber Herabminderung der Verkaufskommission. Dem Briefe liegt

119. Die Konsignationsfaktur über die am gleichen Tage abgehende Sendung Sohlleder bei.

120. Am 20. Mai 19.. bekennen sich L. Ernst & Söhne, Leipzig, zum Empfang der Ware, bei deren Übernahme sich eine kleine Gewichtsdifferenz ergeben hat, und erklären sich bereit, die Verkaufsprovision von $2^1/_2$% auf 2% zu ermäßigen.

121. Am 31. Mai 19.. zeigen L. Ernst & Söhne, Leipzig, ihrem Kommittenten durch Depesche und Brief an, daß sie die Konsignationssendung zum limitierten Preise verkauft haben; sie legen

122. Verkaufsrechnung bei, deren Betrag sie nach Eingang beim Bankhause des Kommittenten: Dresdener Bank, Filiale Leipzig, erlegen werden.

123. Am 30. Juni 19.. zeigen die Leipziger Kommissionäre ihrem Kommittenten in Hamburg an, daß sie den Betrag der Verkaufsrechnung vom 31. Mai bei der Dresdener Bank, Filiale Leipzig, eingezahlt haben, und bitten um Gutschrift.

117.

L. Ernst & Söhne.
Leder-Kommission.
Leipzig,
Brühl 96.

Leipzig, den 4. Mai 19..

Herrn Friedrich Kern, Hamburg.

Ihre werte Adresse verdanken wir Herrn Kurt Hermann, dort, der uns gleichzeitig gestattet hat, uns auf ihn zu berufen, und auch gern bereit sein wird, Ihnen jede erwünschte Auskunft über uns zu erteilen.

Unser Leder-Kommissionsgeschäft besteht seit fast zehn Jahren und erfreut sich eines lebhaften Zuspruchs seitens der Konsumenten am hiesigen Platze und in ganz Sachsen.

Commissões de Venda

Cabedaes

117.º Em 4 de Maio de 19.. Possolo e C.ia, commissarios na Povoa de Varzim, offerecem os seus serviços a Fonseca Jr., Villa Nova de Famalicão, sob os auspicios d'um correspondente commum. Participam as /condições.

118.º Em 11 de Maio de 19.. Fonseca Jr., Villa Nova de Famalicão, se declara prompto a estabelecer um deposito dos seus productos em casa de Possolo e C.ia, na Povoa. Propõe-lhes reduzir a commissão e lhes annuncia uma remessa para experiencia. A carta contem a:

119.º Factura das mercadorias consignadas por Fonseca Jr., Villa Nova, em casa de Possolo e C.ia, na Povoa.

120.º Em 20 de Maio de 19.. Possolo e C.ia, Povoa, accusam a Fonseca Jr., Villa Nova, a recepção da s/remessa do 11 de Maio p. p. Concordam com a reducção pedida sobre a sua commissão, na esperança de serem indemnisados da s/perda pelo maior desenvolvimento dos negocios.

121.º Em 31 de Maio de 19.. Possolo e C.ia, Povoa, informam o seu committente por telegramma, confirmado por carta, da venda d'um lote de cabedaes consignados, a preço limitado.

A carta contem a copia do telegramma e a:

122.º Conta de venda, pagavel em fim de Junho, por chèque sobre o Banco do Commercio, Porto.

23.º Em 30 de Junho de 19.. Possolo e C.ia, Povoa, remettem a Fonseca Jr., Villa Nova de Famalicão o saldo da c/v de 31 de Maio pp.

117.

POSSOLO E C.ia
Commissão e Consignação
POVOA DE VARZIM

Povoa de Varzim, 4 de Maio de 19..

Ill.mo S.r Fonseca Jr., Villa Nova de Famalicão

Sob os auspicios do S.r Fredericio Delgado d'esta praça que lhe dará ao n/respeito todas as informações desejadas, tomamos a liberdade de lhe dirigir offerecimento dos n/serviços.

A n/casa, fundada em 1890, está vantajosamente conhecida de clientela a quem interessam os seus generos. Podemos asseverar, com toda a confiança, que em nada nos descuidaremos para justificar a boa reputação que gozamos e que soubemos alcançar.

Sollten Sie geneigt sein, uns mit dem kommissionsweisen Verkauf Ihrer Sohlleder und Kipse zu beauftragen, so können wir Ihnen in preiswerter Ware einen bedeutenden Umsatz in sichere Aussicht stellen.

Für unsere Vermittelung würden wir Ihnen $2\frac{1}{2}\%$ Kommission berechnen und um Rückvergütung sämtlicher Auslagen zuzüglich des der Kundschaft zu gewährenden Skontos bitten.

Wir geben uns der Hoffnung hin, daß Ihnen diese Bedingungen genehm sein werden, und zeichnen, Ihrer geneigten Antwort gern entgegensehend,

hochachtungsvoll

L. Ernst & Söhne.

118.

Friedrich Kern,
Rohprodukten-
Import und Kommission.
Girokonto: Filiale der Dresdener Bank, Hamburg.
Telegrammadresse: Kernleder.

Hamburg, den 11. Mai 19..

Herren L. Ernst & Söhne, Leipzig.

Im Verfolg Ihres gefl. Schreibens vom 4. d. M. bin ich nicht abgeneigt, Ihnen die kommissionsweise Vertreibung meiner Sohlleder und Kipse am dortigen Platze und für das Königreich Sachsen zu übertragen.

Bevor wir uns beiderseitig binden, möchte ich Ihnen eine Wagenladung Sohlleder zu den angegebenen Bedingungen in Konsignation geben.

Ich hoffe, daß Sie sich unter Berücksichtigung der Preiswürdigkeit meiner Ware entschließen werden, die geforderte Verkaufsprovision von $2\frac{1}{2}\%$ auf 2% zu ermäßigen.

Ein solches Entgegenkommen Ihrerseits würde selbstverständlich meine endgültige Entschließung wesentlich erleichtern; der größere Umsatz würde Sie für den Ausfall sehr bald entschädigen.

Ich darf mich wohl einer wohlwollenden Berücksichtigung meines Vorschlags versichert halten und übersende Ihnen heute direkt und franko in Wagenladung, zum kommissionsweisen Verkauf:

80 Bürden Sohlleder,

worüber ich Ihnen Konsignationsrechnung beifüge.

Ich bitte, mir den Eingang der Ware sofort anzuzeigen, und sehe baldiger Zusendung der Verkaufsrechnung gern entgegen.

Sollte ein kleiner Preisnachlaß Ihnen den Verkauf des ganzen Postens ermöglichen, so bitte ich um telegraphische Mitteilung.

Eingänge zu Gunsten meines Kontos bitte bei der dortigen Filiale der Dresdener Bank erlegen zu wollen.

Hochachtungsvoll

Konsignationsfaktur.

Friedrich Kern.

Convencidos que collocaremos facilmente os s/productos, permittimo-nos perguntar a V. S.ª se lhe conviria encarregar-nos da venda dos s/artigos.

As nossas numerosas relações e a confiança que os nossos clientes nos concedem, nos garantem, um resultado bastante prompto e importante.

Eis as nossas condições: $2^1/_2\,^0/_0$ de commissão sobre o producto liquido da venda e reembolso das despezas obrigadas pela consignação.

Esperando que estas propostas sejam bem acceites, subscrevemo-nos com a maxima consideração

Possolo e C.ia

118.

Cabedaes naturaes
e de côr
FONSECA JUNIOR

Villa Nova de Famalicão, 11 de Maio de 19..

Ill.mos S.res Possolo e C.ia, Povoa de Varzim

Agradeço-lhes os offerecimentos de serviço que me fazem obsequiosamente pela s/carta de 4 corr.

Estou disposto a encarregar V. S.ª da minha representação sobre a s/praça e conservar em s/casa um sortido dos meus productos.

Antes de nos ligarmos definitivamente prefiro enviar-lhes por experiencia uma pequena collecção de pelles naturaes e de côr, de differente tamanho e qualidade.

Esta remessa se compõe de 24 duzias. Encontrarão a especificação na inclusa nota. Por ella tomarão conhecimento dos meus productos e escolherão o que mais convier á s/clientela.

Cotei os preços mais resumidamente possivel. Espero que lhes será possivel diminuir a commissão pedida de $2^1/_2$ a 2 por cento.

Esta concessão facilitaria muito uma combinação entre nós, e uma cifra de negocios mais elevada os indemnisaria largamente da differença de commissão.

Queiram examinar esta proposta e fazer-me conhecer o mais cedo possivel a s/decisão a este respeito.

Desejando-lhes bons negocios, permitta que me subscreva

de V. S.ª

att.º Ven.dor obg.do

Fonseca, junior.

119.

Friedrich Kern,
Rohprodukten-
Import und Kommission.
Girokonto: Filiale der Dresdener Bank, Hamburg.
Telegrammadresse: Kernleder.

Hamburg, den 11. Mai 19..

Konsignationsfaktur

für Herren L. Ernst & Söhne, Leipzig.

Ich versandte heute per Bahn, direkt und franko an Ihre Adresse, *zum kommissionsweisen Verkauf:*

		auf meine Rechnung und Gefahr mit Ziel 6 Monat.. oder per Kasse mit 2 %, Skonto:
F. K.	1—40	An 40 Bürden Sohlleder I 8010 Pfd. à 1,10
F. K.	41—60	„ 20 „ do. II 4005 „ à 1,—
F. K	61—80	„ 20 „ do. III 3810 „ à —,80

119.

FONSECA, JUNIOR
Fabrica a vapor.
Cabedaes naturaes, envernisados e de côr.

Villa Nova de Famalicão, 11 de Maio 19..

Composição da m/remessa de cabedaes envernizados e de côr; expedida hoje, pequena velocidade, franco domicilio

P. F. 108, 1 fardo, pezo bruto 259 kilos

remettida aos cuidados do S.r G. Lacerda, E. V.

Quantidade	Compr.	Larg.	Compr. larg. ad. dicional.	Especificação	Preço
4 duz.	*85 cm*	*65/7 cm*	*151 cm*	*Vitella franceza imitação côr.*	*25000* } *por duz.*
4 „	*90 „*	*68/70 „*	*159 „*	*do „*	*28000* } *por duz.*
4 „	*95 „*	*71/3 „*	*167 „*	*do preta*	*36000 por Ko.*
4 „	*105 „*	*77/80 „*	*184 „*	*Polimento*	*24000 por duz.*

Valor a prompto pagamento.

120.

L. Ernst & Söhne,
Leder-Kommission.
Leipzig,
Brühl 96.

Leipzig, den 20. Mai 19..

Herrn Friedrich Kern, Hamburg.

Soeben ist die mit Ihrem Geehrten vom 11. d. M. fakturierte Wagenladung Sohlleder eingetroffen.

Wir haben die Ware sofort auf Lager genommen.

Die sich bei Abnahme hier ergebenden Gewichte betrugen für:

40	Bürden Sohlleder	I	8007 Pfd.
20	„ „	II	3999 „
20	„ „	III	3804 „

Die Qualität entspricht unseren Erwartungen, wir glauben, auf schlanken Absatz rechnen zu dürfen.

Ihren Wunsch, die Verkaufskommission von 2½ auf 2% ermäßigt zu sehen, haben wir ernstlich erwogen und erklären uns hierdurch bereit, denselben zu erfüllen, obgleich wir bisher noch nie zu diesem niedrigen Satze gearbeitet haben.

Wir gehen bei unserer Entschließung von der Annahme aus, daß größere Umsätze uns für den Ausfall entschädigen werden, und bitten, uns den Vertrieb Ihrer Ware durch geeignete Auswahl bei den Konsignationssendungen, bei großen Umsätzen wohl auch durch entsprechenden Preisnachlaß zu erleichtern.

Für die heute eingegangene Sendung bringen wir bereits den Kommissionssatz von 2% in Anrechnung.

Hochachtungsvoll

L. Ernst & Söhne.

121.

Telegraphie des Deutschen Reichs.

Kernleder Hamburg verkauften Sohlleder nach Limit. Ernst Söhne.

120.

POSSOLO E C.ia
Commissão e Consignação
POVOA DE VARZIM

Povoa de Varzim, 20 de Maio de 19..

Ill.mo S.r Fonseca Jr., Villa Nova de Famalicão

Recebemos e verificamos a s/remessa do 11 corr.

A boa qualidade das pelles faz-nos esperar que teremos em breve a vantagem de lhe annunciar a s/venda.

Reflectimos na s/proposta de reduzir a nossa commissão de $^1/_2$ %. Decidimos annuir ao seu pedido, ainda que até agora nunca tenhamos concluido a menos de $2^1/_2$ %.

Esperamos ser indemnisados da differença, pela cifra das transacções e pedimos a V. Sa que secunde os nossos esforços pela boa escolha das suas consignações.

Em caso de encommendas importantes, nós nos reservamos de lhe propôr uma reducção de preços cotados, de preferencia a perder o negocio.

Calcular-lhe-hemos pois 2 % de commissão sobre a mercadoria que temos em n/poder.

Com toda a consideração

Possolo e C.ia

121.

POSSOLO E C.ia
Commissão e Consignação
POVOA DE VARZIM

COPIA DOS TELEGRAMMAS

Telegrammas enviadosa Villa Nova de Famalicão	Telegrammas recebidos de Villa Nova de Famalicão
Em 31 de Maio de 19..	*Em 31 de Maio de 19..*
Offerta vinte duzias 159 côr 26 000 franco. Telegraphe.	*de ô Possolo e C.ia Acceito*

121a.

L. Ernst & Söhne,
Leder-Kommission,
Leipzig,
Brühl 96.

Leipzig, den 31. Mai 19..

Herrn Friedrich Kern, Hamburg.

Wir bestätigen unsere Depesche: „Verkauften Sohlleder nach Limit" und überreichen Ihnen beigeschlossen über die von uns am 20. d. M. auf Lager genommene Ledersendung Verkaufsrechnung, laut welcher Ihr wertes Konto mit:

ℳ 15 211,45 per Kasse

erkannt wurde.

Anschaffung werden wir Ihnen aufgabegemäß durch Filiale der Dresdener Bank sofort nach Eingang zugehen lassen.

Da es uns schnell gelungen ist, den Verkauf unter voller Wahrung Ihrer Interessen zu bewerkstelligen, dürfen wir weiteren Konsignationen wohl entgegensehen und zeichnen

hochachtungsvoll

L. Ernst & Söhne.

Verkaufsrechnung.

122.

Verkaufsrechnung

über 80 Bürden Sohlleder für Rechnung von

Herrn Friedrich Kern, Hamburg,

von

L. Ernst & Söhne.

F. K.	1—40	40 Bürden Sohlleder I 8007 Pfd. à 1,10	ℳ	8807	70
F. K.	41—60	20 „ „ II 3999 „ à 1,—	„	3999	—
F. K.	61—80	20 „ „ III 3804 „ à 0,80	„	3043	20
			ℳ	15849	90
		Spesen:			
		ab Roll- und Wiegegebühren ℳ 3,65			
		2% Skonto . . . . „ 317,—			
		2% Kommission . . . . „ 317,—			
		Depesche und Porti . . . „ —,80		638	45
		Reinertrag per kontant	ℳ	15211	45

121 a.

POSSOLO E C.ia
Commissão e Consignação
POVOA DE VARZIM

Povoa de Varzim, 31 de Maio de 19..

Ill.mo S.r Fonseca Jr., Villa Nova de Famalicão

Em folha separada, confirmamos os telegrammas, trocados esta manhã.

Conforme a s/resposta telegraphica, vendemos por sua conta, entregue já, franco Povoa, pagaveis em fim de Junho:

20 duzias de vitella franceza imitação, côr, 90×68/70=159 a R.s 26000 por duz.

de que encontrará c/v.

O bom resultado d'esta operação nos segurará encommendas em maior escala; é mais facil e mais seguro collocar mercadoria que o comprador pode examinar.

Com a maxima consideração

Possolo e C.ia

Copia de telegrammas
conta de venda

122.

POSSOLO E C.ia
COMMISSÃO E CONSIGNAÇÃO
Povoa de Varzim

Recebido S.r *Fonseca Jr.*, Villa Nova de Famalicão, vendidas por s/conta e ordem, pagaveis no fim do mez da entrega, as mercadorias seguintes, franco domicilio, Povoa de Varzim:

Marces e Numeros	Quantidade	Designação das mercadorias	Preço	Somma		Importancia	
PF 122	*20 duzias*	*Vitella franceza imitação, côr, 90×68/70=159*	*26000 duz.*			*520*	*000*
		Despezas a deduzir:					
		Porte de carta e telegramma			*270*		
		Camionagem e despezas extraordinarias			*575*		
		Commissão 2°/0 sobre R.s 520 000		*10*	*400*	*11*	*245*
					R.s	*508*	*755*
		Liquido s/credito					
		Liquidação fim de Junho prox.					
		S. E. e O.					
		POSSOLO E C.ia					

123.

L. Ernst & Söhne,
Leder-Kommission,
Leipzig,
Brühl 96.

Leipzig, den 30. Juni 19..

Herrn Friedrich Kern, Hamburg.

Zum Ausgleich der Ihnen am 31. Mai d. J. behändigten Verkaufsrechnung erlegten wir heute auf Ihr Girokonto bei der hiesigen Filiale der Dresdener Bank zu Ihren Gunsten:

ℳ 15 211,45,

um deren gefl. Gutschrift wir bitten.

Hochachtungsvoll

L. Ernst & Söhne.

123.

POSSOLO E C.ia
Commissão e Consignação
POVOA DE VARZIM

Povoa de Varzim, 30 de Junho de 19..

Ill.mo S.r Fonseca Jr., Villa Nova de Famalibão

Por saldo da conta de venda que lhe dirigimos em 10 corr. temos a honra de lhe remetter:

R.s 508$755 em um chèque N.o 3691 sobre o Credito Franco Portuguez

Queira-nos creditar com aviso.
Com a maxima consideração, somos

de V. Sa

att.os Ven.dores

Possolo e C.ia

D. Das Speditionsgeschäft.

Speditionsgeschäft. Man nennt Speditionsgeschäft die gewerbsmäßig für Rechnung der Auftraggeber bewirkte Versendung von Waren (Gut, Speditionsgut).

Der Spediteur besorgt die Versendung, Umladung, Empfangnahme, Weiterbeförderung und Einlagerung der Güter in seinem eigenen Namen entweder für eigene oder für fremde Rechnung.

Nachnahme, Verzollung. Außer der Versendung des Gutes besorgt der Spediteur sehr häufig die Einziehung der Geldbeträge, die in Form von Nachnahmen oder Vorausbezahlungen auf das Gut erhoben werden können, und erledigt die Formalitäten, die zu erfüllen sind, wenn das Gut über die Zollgrenze geht.

Frachtführer, Verfrachter. Bei der Beförderung zu Lande oder auf Binnenwässern bedient sich der Spediteur der Vermittlung der Frachtführer (Fuhrleute, Eisenbahnen, Schiffer); bei Beförderung zur See der Vermittelung des Verfrachters (Rheder, Charterer).

Versicherung. Die Versicherung wird bei einer Transportversicherungsgesellschaft bewirkt, sie erstreckt sich: auf Verlust des Gutes; auf Beschädigung des Gutes; auf verspätete Lieferung des Gutes.

Prämie, Police. Die Gebühr, welche die Versicherungsgesellschaft für die übernommene Ersatzpflicht erhebt, heißt Prämie; der Versicherungsvertrag wird Police genannt. Lautet der Versicherungsvertrag auf sämtliche Transporte, die der Versicherte innerhalb eines gewissen Zeitraums anmeldet, so spricht man von einer Pauschal- oder Generalpolice.

Voraus-, Nachzahlung. Die Fracht wird entweder vom Absender oder vom Empfänger des Gutes erlegt. Trägt der Empfänger die Fracht, so pflegt sich der Spediteur durch Nachnahme oder Barvorschuß für seine Auslagen und seine Mühwaltung bezahlt zu machen.

Im überseeischen Verkehr sind Gelderhebungen auf Versandgüter nicht üblich. In Hafenplätzen wird deshalb die Auszahlung der Nachnahmen und Barvorschüsse einem Bankhaus übertragen, bei dem der Spediteur die Gelder erhebt.

Tariffracht, Übernahme. Als Fracht wird entweder: der wirkliche Frachtsatz (reine Bahnfracht, reine Seefracht) zuzüglich der Nebenkosten, die der Spediteur einzeln verrechnet, und einer Speditionsprovision, die je nach Art des Transportes als Rollgeld, Einladekosten, Ausladekosten u. s. w. bezeichnet wird, in Anrechnung gebracht; oder es wird mit dem Spediteur ein Frachtsatz in Bausch und Bogen (Übernahmesatz, Übernahmepreis, Aversionalfracht) vereinbart; in diesem vereinbarten Preis sind dann sämtliche Nebenkosten enthalten.

D. Transporte de Mercadorias

Transportes. Chama-se commissarios de transporte os negociantes que por profissão e por conta dos s committentes se encarregam do transporte das mercadorias e objectos por terra e mar.

Os empresarios de transportes effectuam a carga e descarga, a recepção, a reexpedição e armazenagem das mercadorias em seu proprio nome, por sua conta ou por conta do committente.

Reembolso e alfandega. O empresario de transportes cobra muitas vezes as sommas recebidas sobre mercadorias, sob a forma de desembolso ou reembolso; é egualmente encarregado das formalidades de alfandega.

Meios de transporte. Para effectuar o transporte das mercadorias, o commissario de transportes utilisa se de recoveiro, caminho de ferro, carroceiro, camionneiro, barqueiro, para os transportes por terra ou por navegação fluvial; os transportes maritimos se fazem por intermedio de armadores ou consignatarios de navios (agencias).

Seguro. O seguro da mercadoria contra os riscos de transporte, se faz n'uma companhia de seguros.

A mercadoria pode ser segura contra perda total ou contra avaria particular, ou contra demora de entrega.

Premio, Apolice. O premio é a somma que percebe o segurador que se encarrega de indemnisar o segurado em caso de perda ou avaria; a apolice é o documento do seguro.

Quando a apolice é applicavel a todas as expedições, feitas pelo segurado n'um periodo fixado de antemão ou até ao limite d'uma importancia convencionda, chama-se apolice fluctuante ou aberta.

Despeza de transporte. As despezas de transporte são ao cargo do expedidor ou do recebedor da mercadoria. Quando o porte é pago pelo destinatario, o commissario de transportes cobra geralmente os seus adiantamentos e despezas sob a forma de reembolso.

Para os transportes maritimos, os reembolsos são pouco empregados; prefere-se então indicar ao commissario do ponto destinatario uma casa bancaria, encarregada de lhe remetter as sommas devidas.

Transporte conforme tarifa ou combinação especial. As despezas de transporte se calculam conforme tarifas estabelecidas, ou se regulam por combinação. O commissario de transporte que expede conforme tarifa, metterá em conta o porte e o frete obtido, as despezas addicionaes e uma commissão pelo seu trabalho que, conforme as circumstancias toma o nome de carreto, camionnagem, despezas de carregamento e descarregamento. O commissario de transporte que tractou conforme combinação especial comprehende no preço mutuamente estabelecido: o porte, as despezas addicionaes e a sua commissão.

Briefwechsel. Der Briefwechsel des Spediteurs ist bei der vielseitigen Tätigkeit desselben sehr mannigfaltig, sobald Geschäftseröffnung, Anknüpfung neuer Geschäftsverbindungen, Erledigung von Schadenersatzansprüchen und Streitigkeiten aller Art berücksichtigt werden sollen.

Zwischen Spediteur einerseits und Frachtführer oder Verfrachter andererseits beschränkt sich der schriftliche Verkehr für gewöhnlich auf die Ausfertigung der Begleitpapiere: Frachtbrief, Ladeschein, Versandaufgabe, Anlieferungsschein, Konnossement, Zolldeklaration, Begleitschein u. s. w.

Zwischen Spediteur einerseits und Absender oder Empfänger des Gutes andererseits ist der regelmäßige briefliche Verkehr ebenfalls zum großen Teil auf Ausfüllung vorgedruckter Brief- oder Postkartenformulare beschränkt.

Im Einzelfalle erstrecken sich die Verhandlungen auf folgende Punkte:

Versandbedingungen	Der Absender (Empfänger) an den Spediteur. Der Spediteur an den Absender (Empfänger).
Auftragserteilung	Der Absender (Empfänger) an den Spediteur. Der Spediteur an den Absender (Empfänger).
Ausführungsanzeige	Der Spediteur an den Absender (Empfänger). Der Empfänger an den Spediteur.
Abrechnung	Der Spediteur an den Absender. Der Absender an den Spediteur.

Briefe im Speditionsgeschäft.

Einzelsendung gegen Frachtübernahme.

Die Transportspesen gehen zu Lasten des Käufers.

124. Am 4. August 19.. fragt Robert Haas, Leipzig, bei Spediteur C. G. Lentsch, Leipzig, an, zu welchem Satze er die Überführung von rund 4000 Kilo Wein von Rivesaltes (Pyrénées Orientales) nach Leipzig übernehmen würde.

125. Am 4. August 19.. stellt C. G. Lentsch, Leipzig, dem Fragesteller zwei Übernahmen an, je nachdem die Ware zu Lande oder zu Wasser reisen soll.

126. Am 5. August 19.. erklärt sich Robert Haas, Leipzig, für den Seeweg; er beauftragt C. G. Lentsch, Leipzig, mit der Versendung und Versicherung und stellt ihm das Gut bei Lecomte Frères, Rivesaltes, zur Verfügung.

127. Am 5. August 19.. beauftragt C. G. Lentsch, Leipzig, Lecomte Frères, Rivesaltes, damit, die ihm von Robert Haas, Leipzig, zur Verfügung gestellte Weinsendung an Léon Didier, Marseille, zu weiterer Verfügung abzusenden.

Correspondencia. A correspondencia do empresario de transportes é muito complicada, quando se trata de contestações e de reclamações de toda a especie, inseparaveis do seu commercio, ou de indemnisações em caso de perda ou avaria.

As escripturações entre o commissario de transporte e o carroceiro ou armador se limitam ordinariamente a preencher os documentos de transporte: guias, conhecimento, declaração d'expedição, recepissé, declarações d'alfandega etc.

Para os negocios correntes que se apresentam sempre nas mesmas condições, os correspondentes se servem de cartas ou cartões impressos, contendo espaços em branco para as indicações necessarias.

Condições de transporte	Committente ao expedidor Expedidor ao committente
Ordem de transportar	Committente ao expedidor Expedidor ao committente
Aviso d'expedição	Expedidor ao committente Committente ao expedidor
Liquidação	Expedidor ao committente Committente ao expedidor

Expedições

Transporte extra-tarifa ou por ajuste especial; operação isolada

As despezas são por conta do vendedor

124. Em 4 d'Agosto de 19.. Liborio irmãos, Torres Vedras, perguntam a Leão Dornas, Lisbôa, em que condições elle se quer encarregar do transporte de 4000 kilos de vinho de Torres Vedras a Leipzig.

125. Em 5 d'Agosto de 19.. Leão Dornas, Lisbôa, faz conhecer a Liborio irmãos, Torres Vedras, dois preços de combinação especial: um por transporte por terra via Bordeaux, autro por mar via Hamburgo.

126. Em 7 d'Agosto de 19.. Liborio irmãos, Torres Vedras, respondem a Leão Dornas, Lisbôa que desejam a expedição por mar. Encarregam-o da expedição de 6 cascos de vinho, á direcção de S.r Robert Haas em Leipzlg. A remessa deve ser segura em 360$000; todas as despezas serão a cargo dos committentes.

127. Em 8 d'Agosto de 19.. Leão Dornas, Lisbôa, pede a Liborio irmãos, Torres Vedras, que lhe remettam os 6 barris de vinho, em pequena velocidade, portes a pagar em Lisbôa. A reexpedição para Hamburgo será feita a bordo do vapor »Kanzler« e por intermedio dos correspondentes de Leão Dantas, encarregados de fazer chegar a remessa á direcção de Roberto Haas em Leipzig. O seguro será feito pela quantia de 360$000, ao premio de 1%.

128. Am 5. August 19.. beauftragt C. G. Lentsch, Leipzig, Léon Didier, Marseille, damit, die ihm von Lecomte Frères, Rivesaltes, zu seiner Verfügung zugehende Weinsendung unversichert und unter Nachnahme der Spesen zu den früher vereinbarten Spesensätzen mit dem ersten nach Hamburg abgehenden Dampfer an Order zu verladen und ihm 3 Konnossemente einzuschicken.

129. Am 15. August 19.. meldet Léon Didier, Marseille, an C. G. Lentsch, Leipzig, daß er die ihm am 5. August übertragene Weinsendung aus Rivesaltes mit Dampfer „Carnot" nach Hamburg an Order und unter Spesennachnahme verladen habe.

130. Am 21. August 19.. überreicht C. G. Lentsch, Leipzig, der Leipziger Generalagentur der „Badischen Schifffahrts-Assekuranz Gesellschaft" ein Konnossement und bittet um Versicherung in Höhe von 1500 Mark.

131. Am 21. August 19.. beauftragt C. G. Lentsch, Leipzig, N. Luchting & Co., Hamburg, mit Übernahme und Weiterbeförderung der an seine Order von Léon Didier, Marseille, eingehenden Weinsendung. Er legt ein indossiertes Konnossement bei und schreibt Wasserweg bis Wallwitzhafen vor.

132. Am 6. September 19.. bittet Robert Haas, Leipzig, C. G. Lentsch, zwei von den sechs Fässern der Sendung aus Rivesaltes von Hamburg direkt an „Berliner Spediteurverein, Berlin", zu schicken; die übrigen vier Fässer sind aufgabegemäß zu behandeln.

133. Am 6. September 19.. übermittelt C. G. Lentsch, Leipzig, den vorstehenden Auftrag an N. Luchting & Co., Hamburg.

134. Am 7. September 19.. melden N. Luchting & Co., Hamburg, daß die Sendung Léon Didier, Marseille, bereits auf Elbkahn 8 verladen und unter Spesennachnahme an Speditionsverein Wallwitzhafen abgegangen sei, der sie zur Verfügung von C. G. Lentsch halte.

135. Am 9. September 19.. beauftragt C. G. Lentsch, Leipzig, den Speditionsverein Wallwitzhafen damit, zwei Fässer direkt an „Berliner Spedit urverein" Berlin, zu schicken, die übrigen vier nach Leipzig zu verladen.

136. Am 16. September 19.. zeigt Speditionsverein Wallwitzhafen C. G. Lentsch, Leipzig, die Verladung an.

137. Am 21. September 19.. zeigt C. G. Lentsch, Leipzig, seinem Auftraggeber Robert Haas, Leipzig, an, daß der Auftrag vollzogen ist, und überreicht Spesennota mit der Bitte um Gutschrift des Betrags.

138. Spesennota von C. G. Lentsch, Leipzig, für Robert Haas, Leipzig.

128. Em 9 d'Agosto de 19.. Liborio irmãos, Torres Vedras, informam Leão Dornas, Lisbôa, da expedição dos 6 cascos de vinho em pequena velocidade, portes a pagar.

129. Em 9 d'Agosto de 19.. Liborio irmãos, Torres Vedras, informam Robert Haas em Leipzig que elles fizeram expedir o vinho que lhes foi encommendado em 1 d'Agosto e que a mercadoria lhes chegará por intervenção de Leão Dornas, em Lisbôa.

130. Em 15 d'Agosto de 19.. Leão Dornas, Lisbôa, accusa a Liborio irmãos, Torres Vedras, recepção de 6 barris de vinho. A remessa, carregada a bordo do vapor »Kanzler« partiu n'este dia para Hamburgo.

131. Em 15 d'Agosto de 19.. Leão Dornas, Lisbôa, informa Robert Haas em Leipzig, que, por ordem de Liborio irmãos, Torres Vedras, expediu á sua direcção, a bordo do vapor »Kanzler« e por intervenção de N. Luchting e C.ia, Hamburgo, 6 barris de vinho, franco de todas as despezas, para a estação de Leipzig.

132. Em 15 d'Agosto de 19.. Leão Dornas, Lisbôa, remette ao agente geral Ernesto George em Lisbôa, conhecimento d'esta remessa, com o pedido de segurar em 360$000 com applicação á s/apolice fluctuante.

133. Em 15 d'Agosto de 19.. Leão Dornas, Lisbôa, remette a N. Luchting e C.ia, Hamburg, um duplicado do conhecimento, com ordem de pagar os direitos d'entrada dos 6 barris de vinho, carregados a bordo do vapor »Kanzler«, e de os reexpedir em seguida, por via fluvial ao preço combinado de 360 reis cada 100 kilos, a direcção de Roberto Haas em Leipzig. Espera o bordereau das despezas, depois da reexpedição da remessa.

134. Em 18 d'Agosto de 19.. N. Luchting e C.ia, Hamburgo, accusam a Leão Dornas, Lisbôa, recepção da s/carta, contendo un conhecimento da remessa de Liborio irmãos, Torres Vedras. Confirmam o preço do transporte, indicado na sua tarifa do mez d'Abril.

135. Em 17 de Setembro de 19.. N. Luchting e C.ia, Hamburgo, participam a Speditionsverein em Wallwitzhafen, que carregaram a bordo do barco N.o 8, com ordem de reexpedição de Wallwitzhafen de Leipzig, em caminho de ferro, pequena velocidade, 6 barris de vinho, destinados a Roberto Haas, Leipzig. Elles pedem o Speditionsverein de os debitar conforme o costume, das despezas de transbordo a Wallwitzhafen e do frete de carroça até a estação de Berlin em Leipzig.

136. Em 19 de Setembro de 19.. N. Luchting e C.ia, Hamburgo, dão a Leão Dornas em Lisbôa aviso da chegada, a porto de salvamento, dos 6 barris de vinho e da s/reexpedição para Leipzig, conforme as s/ordens de 15 d'Agosto pp. Elles agradecem esta ordem e juntam o bordereau das despezas da expedição e o recibo da alfandega, com o pedido de os creditar da importancia.

137. Em 21 de Setembro de 19.. Leão Dornas, Lisbôa, remette a Liborio irmãos, Torres Vedras, o bordereau das despezas do transporte e recibo da alfandega de Hamburgo M. 557,— que ao cambio de 275, representam 153$175. Elle se recommenda para novas ordens e os debitou na importancia de:

138. Bordereau das despezas, annexo á carta 137.

124.

Robert Haas.
Weinhandlung.

Leipzig, den 4. August 19..

Herrn C. G. Lentsch, Leipzig.

Ich habe in Rivesaltes (Pyrénées Orientales) eine Partie Wein von rund 4000 Kilo gekauft und bitte Sie um gefl. Auskunft, zu welchem Preise Sie den Transport nach Leipzig übernehmen würden.

Sie wollen Ihre Frachtrate billigst kalkulieren; ich lasse ein Hamburger Speditionshaus in Konkurrenz treten.

Da der Wein versandbereit lagert, erbitte ich mir umgehend Ihre Mitteilung.

Hochachtungsvoll

Robert Haas.

125.

C. G. Lentsch.
Spedition, Kommission und Inkasso.

Leipzig, den 4. August 19..

Herrn Robert Haas, Leipzig.

In umgehender Beantwortung Ihrer gefl. Anfrage von heute teile ich Ihnen mit, daß ich Ihnen für die betreffende Sendung Wein in Fässern im Gewicht von ca. 4000 kg zwei Transportwege vorschlagen kann.

Bei Verladung auf dem Wasserwege via Marseille—Hamburg per Elbkahn bis Wallwitzhafen würde ich den Transport ab Rivesaltes (Pyrénées Orientales) bis Haus Leipzig mit ℳ 7,30 die % kg exkl. Konnossement, Stempel, Zoll und Zollspesen — Assekuranz 1 % — übernehmen.

Die Reisedauer würde allerdings ungefähr 45 Tage betragen, während dieselbe auf dem Landweg — ab Marseille per Eisenbahn über Genf bis hier — nur etwa 18 Tage ausmachen würde.

Meine Frachtübernahme per Landweg würde ich Ihnen ab Rivesaltes bis Haus Leipzig, jedoch ausschließlich Zoll und Zollspesen, Enregistrement, Stempel und Grenzgebühren billigst mit ℳ 13,— die % kg — Assekuranz 1 % — berechnen.

Ich hoffe, daß Ihnen vorstehende Sätze Convenienz bieten, und bitte Sie, mir den in Frage kommenden Posten bei Ihrem Verkäufer zur Verfügung zu stellen.

Hochachtungsvoll

C. G. Lentsch.

124.

LIBORIO IRMÃOS
Vinhos
TORRES VEDRAS

Torres Vedras, 4 d'Agosto de 19..

Ill.mo S.r Leão Dornas, Lisbôa

Vendemos com destino a Leipzig (Allemanha) 6 barris de vinho cujo pezo total attingirá cerca de 4000 kilos.

Ser-lhe-hiamos muito reconhecidos se nos fizesse conhecer o preço pelo qual se encarregaria do transporte dos mencionados barris de Torres Vedras para Leipzig.

Queira-nos dar o s/ultimo preço pois recebemos offertas m.to vantajosas d'uma casa d'expedição de Hamburgo.

Esperamos a s/participação por volta do correio, estando o vinho prompto para ser expedido.

Com os nossos sinceros cumprimentos

Liborio irmãos

125.

LEÃO DORNAS
Transportes para todos os paizes

Lisbôa, 4 d'Agosto de 19..

Ill.mos S.res Liborio irmãos, Torres Vedras

Em resposta ao s/pedido de hontem, tenho a honra de informar V. Sa que para expedição do s/vinho em barris, lhe posso propôr duas maneiras de transporte.

1.o Expedição por mar, via Lisbôa-Hamburgo, e de lá por navio sobre o Elba até Wallwitzhafen.

Por este modo de transporte, o preço de Torres Vedras (estação) a Leipzig (estação) seria de 2$160 por °/0 kilos. Neste preço estão comprehendidos os direitos d'expedição e as despezas de transporte; o resto: estampilhas, direitos, despezas da alfandega e seguro são a cargo dos remettentes. A duração de viagem será cerca de 45 dias.

2.o Expedição em vapor a Bordeus e de lá em caminho de ferro, via Lyon-Genebra não levaria senão 30 dias.

A despeza d'este transporte, não comprehendidas as despezas d'alfandega, os direitos d'entrada, enregistramento, os direitos de sello e de transito, será de 3$820 por °/0 kilos; seguro a 1 °/0 sobre tudo.

Na esperança que uma ou outra d'estas propostas convirá a V. S.as, peço-lhes que tenham os barris o minha disposição

Leão Dornas

126.

Robert Haas.
Weinhandlung.

Leipzig, den 5. August 19..

Herrn C. G. Lentsch, Leipzig.

Auf Grund der mir mit Ihrem gestrigen Briefe gegebenen Frachtübernahme von ℳ 7,30 für 100 Kilo will ich Ihnen den Transport der in Rivesaltes für mich lagernden Weinsendung via Hamburg—Wallwitzhafen übertragen.

Ich habe Ihnen die Sendung bei Herren Lecomte Frères in Rivesaltes (Pyrénées Orientales) zur Verfügung gestellt.

Sie wollen dieselbe mit erstem Dampfer verladen lassen und Assekuranz mit ℳ 1500,— decken.

Ich bitte, den Wein nach Eingang in Leipzig zu verzollen und mir zuzustellen.

Hochachtungsvoll
Robert Haas.

127.

C. G. Lentsch.
Spedition, Kommission und Inkasso.

Leipzig, den 5. August 19..

Herren Lecomte Frères, Rivesaltes.

Seitens des Herrn Robert Haas, Leipzig, ist mir bei Ihnen eine Partie Wein von ca. 4000 kg zur Verfügung gestellt worden.

Ich bitte, denselben schleunigst an Herrn Léon Didier in Marseille zu meiner Verfügung abzurichten, und empfehle mich Ihnen hochachtungsvoll

C. G. Lentsch.

126.

LIBORIO IRMÃOS
Vinhos
TORRES VEDRAS

Torres Vedras, 7 d'Agosto de 19..

Illmo Sr Leão Dornas, Lisbôa

Tendo examinado as s/propostas do 5 corr., resolvemos escolher o transporte por mar pelo preço de 2 $160 por °/₀ kilos. Queira portanto encarregar-se do transporte, ao debito da n/conta.

A'recepção da s/resposta mandaremos expedir os 6 barris á estação de Torres Vedras; queira dispôr d'elles e expedil-os pelo primeiro vapor á direcção do Sr Roberto Haas, Leipzig.

Segurará o vinho em 360 $000 e satisfará os direitos d'entrada na fronteira allemã.

Com a maxima consideração subscrevo-me

Liborio irmãos

127.

LEÃO DORNAS
Transportes para todos os paizes

Lisbôa, 8 d'Agosto de 19..

Ill.^{mos} S.^{res} Liborio irmãos, Torres Vedras

Possuo a s/carta do 7 corr. e tomei nota do seu conteúdo. Peço-lhes o obsequio de me enviarem os 6 barris de vinho, pequena velocidade, portes a pagar á minha direcção em Lisbôa.

Conto expedil-os, seguros em 360 $000 pelo vapor »Kanzler« que deixará o nosso porto em 15 deste mez para Hamburgo.

Com toda a consideração e estima, sou

De V. S^{a}

att.^{o} Ven.^{dor}

Leão Dornas

128.

C. G. Lentsch.
Spedition, Kommission und Inkasso.

Leipzig, den 5. August 19..

Herrn Léon Didier, Marseille.

Sie empfangen auf meine Veranlassung von Herren Lecomte Frères in Rivesaltes (Pyrénées Orientales) eine Partie Wein von ca. 4000 kg, welche Sie prompt mit erstem Dampfer — auf Grund Ihres mir im Mai erteilten Frachtsatzes von Fr. 45,— per Ton — nach Hamburg an Order verladen wollen.

Ihre Spesen sind nachzunehmen, Assekuranz decke ich selbst.

Ich erwarte 3 Konnossemente und empfehle mich Ihnen

hochachtungsvoll

C. G. Lentsch.

129.

Léon Didier.
Transports pour tous pays.

Marseille, den 15. August 19..

Herrn C. G. Lentsch, Leipzig.

Im angenehmen Besitz Ihres Schreibens vom 5. d. M. teile ich Ihnen ganz ergebenst mit, daß die Sendung 6 Faß Wein:

R. H.	419	Brutto	685	kg
„	420	„	693	„
„	421	„	708	„
„	422	„	696	„
„	423	„	682	„
„	424	„	701	„
		Brutto	4165	kg

aus Rivesaltes gestern hier anlangte und bereits heute mit Dampfer „Carnot“ der „Compagnie Marseillaise de Navigation à Vapeur“ nach Hamburg abgegangen ist.

Selbstverständlich habe ich die Fracht nach der in Ihren Händen befindlichen Liste mit Fr. 45,— per Ton berechnet und meine verlegten Vorspesen Rivesaltes—Marseille von Fr. 44,— mit nachgenommen.

Einliegend diene ich Ihnen mit 3 Konnossementen, an Order gestellt. Ich wünsche Ihnen besten Empfang der Sendung und sage Ihnen meinen verbindlichsten Dank für freundliche Zuteilung dieses Postens.

Stets gern zu Ihren Diensten, begrüße ich Sie mit vorzüglicher Hochachtung

Léon Didier.

128.

LIBORIO IRMÃOS
Vinhos
TORRES VEDRAS

Torres Vedras, 9 d'Agosto de 19..

Illmo Sr Leão Dornas, Lisbôa

Damos-lhe aviso de expedição de

R. H. 419/424 6 barris de vinho

á sua direcção em Lisbôa com a data de hoje, pequena velocidade, portes a pagar conforme inclusa guia N.º 03987 Queira encarregar-se da reexpedição, conforme as nossas combinações de 5 e 7 corr.

Com muita consideração e estima

Liborio irmãos.

129.

LIBORIO IRMÃOS
Vinhos
TORRES VEDRAS

Torres Vedras, 12 d'Agosto de 19..

Illmo Sr Robert Haas, Leipzig

Temos a honra de prevenir V. S^{a} que, conforme a ordem que nos transmittiu em 1 deste mez, acabamos de lhe dirigir por intervenção do Sr Leão Dornas, Lisbôa, franco estação Leipzig, os direitos d'entrada a seu cargo:

R. H. 419/424 6 barris de vinho.

Remetteremos factura d'esta remessa, assim que tivermos recebido aviso da s/chegada a Hamburgo.

Sem assumpto para mais, creia-nos como sempre

de V. S^{a}

att.^{os} Ven.^{dores} obg.^{dos}

Liborio irmãos.

130.

C. G. Lentsch.
Spedition, Kommission und Inkasso.

Leipzig, den 21. August 19..

Badische Schifffahrts-Assekuranz Gesellschaft,
General-Agentur Leipzig.

Ich behändige Ihnen einliegend Konnossement über am 10. August a. c. von Marseille abgegangene Sendung Wein R. H. 419/424, die Sie auf Grund meiner Versicherungs-Police No. 7325 mit ℳ 1500,— bis hier versichern wollen.

Hochachtungsvoll
C. G. Lentsch.

131.

C. G. Lentsch.
Spedition, Kommission und Inkasso.

Leipzig, den 21. August 19..

Herren N. Luchting & Co., Hamburg.

Einliegend empfangen Sie von mir an Sie giriertes Orderkonnossement über ab Marseille per Dampfer „Carnot" nach dort unterwegs befindliche:

R. H. 419/424; 6 Faß Wein brutto 4165 kg,

welche Sie nach Empfang transito per Wasser via Wallwitzhafen an mich

Station Leipzig, Zollamt a. Berliner Bahnhof

weiterschicken wollen.

Ich setze voraus, daß Sie Ihre Frachtübernahme laut Ihrem Tarifheft vom April d. J. ab Bahnhof Hamburg bis Leipzig mit ℳ 1,25 und 60 Pf. Leichtergebühren und Transportspesen noch einhalten.

Ihrer Versandanzeige gern gewärtig

hochachtungsvoll
C. G. Lentsch.

130.

LEÃO DORNAS
Transportes para todos os paizes

Lisbôa, 15 d'Agosto de 19..

Ill.mos S.res Liborio irmãos, Torres Vedras

Tenho a honra de informar V. Sa que a s/remessa de 9 corr.

R. H.	419	pezo	bruto	685	kilos
»	420	»	»	693	»
»	421	»	»	708	»
»	422	»	»	696	»
»	423	»	»	682	»
»	424	»	»	701	»
			Total	6165	kilos

chegou a tempo.

Conforme a s/ordem do 7 d'este, fiz embarcar estes barris no vapor «Kanzler» para serem entregues, franco de todas as despezas, ao S.r Robert Haas em Leipzig.

Logo depois da s/chegada a Leipzig, terei a honra de lhes fazer chegar ás s/mãos, o bordereau das m/despezas.

Com todo o respeito e estima assigno-me

De V. Sa

att.o Ven.dor obg.do

Leão Dornas.

131.

LEÃO DORNAS
Transportes para todos os paizes

Lisbôa, 15 d'Agosto de 19..

Ill.mo S.r Roberto Haas, Leipzig

Por ordem dos S.res Liborio irmãos, Torres Vedras, expedi hoje, no vapor «Kanzler» franco estação Leipzig:

R. H. 419/424 6 barris de vinho bruto 4165 kilos.

As formalidades da alfandega serão cumpridas e a reexpedição se fará por intervenção dos S.res N. Luchting e C.ia em Hamburgo.

Com toda a consideração sou

de V. Sa

att.o Ven.dor obg.do

Leão Dornas.

132.

Robert Haas.
Weinhandlung.

Leipzig, den 6. September 19..

Herrn C. G. Lentsch, Leipzig.

Von der Weinsendung, deren Transport ich Ihnen am 5. August a. c. übertragen habe, sind inzwischen zwei Fässer nach Berlin verkauft worden.

Es wäre mir lieb, wenn Sie die Fässer 423/424 von der für mich bestimmten Sendung trennen und unverzollt direkt an Berliner Spediteurverein, Berlin, zu meiner Verfügung gehen ließen.

Hochachtungsvoll

Robert Haas.

133.

C. G. Lentsch.
Spedition, Kommission und Inkasso.

Leipzig, den 6. September 19..

Herren N. Luchting & Co., Hamburg.

Ich schätze Sie im Besitz des Ihnen am 21. August a. c. übersandten Konnossements.

Soeben geht mir von meinem Auftraggeber abgeänderte Verfügung zu. Von den 6 Fässern Wein sollen nur 4 Fässer:

419, 420, 421, 422

nach hier, dagegen # 423, 424 unverzollt an den Berliner Spediteurverein, Berlin, geliefert werden.

Falls die Sendung von dort noch nicht weiter verladen ist, wollen Sie nur die ersten 4 Fässer auf dem Wasserweg an mich abgehen lassen, dagegen die Fässer # 423 und 424 direkt per Bahn nach Berlin an die obengenannte Firma zu meiner Verfügung abrichten.

Ihrer umgehenden Nachricht entgegensehend, zeichne ich

hochachtungsvoll

C. G. Lentsch.

132.

LEÃO DORNAS
Transportes para todos os paizes

Lisbôa, 15 d'Agosto de 19..

AGENCIA GERAL

DA SÜDOSTAFRIKANISCHE DAMPFSCHIFFAHRTS-GESELLSCHAFT EM LISBÔA

Illmo Sr Ernesto George

Tenho a honra de lhe remmetter conhecimento de 6 barris de vinho, carregados a bordo do «Kanzler» de 14 deste.

Peço-lhe a fineza de segurar a dita remessa pela somma de

360 $000 trezentos sessenta mil reis com applicação á m/apolice fluctuante N.º 0327145

Com toda a consideração creia-me

de V. S^{a}

att.º Ven.^{dor} obg.^{do}

Leão Dornas.

133.

LEÃO DORNAS
Transportes para todos os paizes

Lisbôa, 15 d'Agosto de 19..

Ill.^{mos} S.^{res} N. Luchting e C.^{ia}, Hamburgo

Incluso encontrarão V. S^{a} uma copia do conhecimento da remessa que lhes envio por ordem dos S.^{res} Liborio, irmãos, em Torres Vedras, contendo:

R. H. 419/424 6 barris de vinho, bruto 4165 kilos.

Queiram tomar conta d'elles, pagar os direitos da entrada e reexpedir franco para Leipzig, estação «Berlin», segundo os preços da s/tarifa do mez d'Abril, isto é: 352 reis; e 175 reis, despezas de transbordo.

Esperando o s/aviso d'expedição e o bordereau das despezas, creia-me como sempre

de V. S^{a}

att.º Ven.^{dor} obg.^{do}

Leão Dornas.

134.

N. Luchting & Co.
Spedition, Kommission und Inkasso.

Hamburg, den 7. September 19..

Herrn C. G. Lentsch, Leipzig.

Wir bekennen uns zum Empfang Ihres Schreibens nebst Einlage, Konnossement vom 21. August d. J.

Im Augenblick, wo wir Ihnen die Erledigung des uns erteilten Auftrags anzeigen wollten, erhalten wir Ihren gestrigen Brief.

Da sich die betreffenden 6 Fässer Wein bereits per Kahn No. 8 auf dem Wege nach dort befinden, ist es uns zu unserem Bedauern nicht möglich, der veränderten Disposition Ihres Herrn Auftraggebers nachzukommen.

Es würde vielleicht gelingen, die beiden nach Berlin bestimmten Fässer auf einer Zwischenstation — etwa Magdeburg — anzuhalten und zu entladen.

Die Umladung würde aber mit großen Schwierigkeiten verknüpft sein, schon deshalb, weil die Sendung im Kahn per Wallwitzhafen verstaut ist.

Auch die Zollabfertigung beim Zollamt Magdeburg würde voraussichtlich Schwierigkeiten bereiten.

Wir empfehlen Ihnen deshalb, die Sendung nach Berlin über Wallwitzhafen vorzunehmen.

Auf die zu Ihrer Verfügung an Speditionsverein Wallwitzhafen verladene Sendung haben wir unsere Spesen laut Vereinbarung nachgenommen.

Hochachtungsvoll

N. Luchting & Co.

135.

C. G. Lentsch.
Spedition, Kommission und Inkasso.

Leipzig, den 9. September 19..

Speditionsverein Wallwitzhafen, Wallwitzhafen/Dessau.

Von Herren N. Luchting & Co., Hamburg, sind am 6. d. M.:

6 Fässer Wein R. H. No. 419/424

per Kahn No. 8 an Sie abgegangen, welche laut ursprünglicher Weisung unverzollt an mich weiterreisen sollten.

Sie wollen davon aber nur:

4 Fässer R. H. No. 419, 420, 421, 422

an meine Adresse abrichten, die verbleibenden

2 Fässer R. H. No. 423 und 424

dagegen transito franko an den Berliner Spediteurverein, Berlin, zu meiner Verfügung weitersenden.

Vom Geschehenen erwarte ich Bericht.

Hochachtungsvoll

C. G. Lentsch.

134.

N. LUCHTING & Co.
Spedition, Kommission und Inkasso

Hamburg, den 18. August 19..

Ill.mo S.r Leão Dornas, Lisbôa

Temos a honra de lhe accusar recepção da s/carta do 15 corr. contendo um conhecimento de 6 barris de vinho R. H. 419/424.

Faremos a reexpedição por barco, conforme as s/ordens e ao preço indicado na nossa tarifa do mez d'Abril, isto é:

352 reis até a estação «Berlin» em Leipzig } os 100 kilos
176 » despeza de transbordo em Hamburgo }

Sempre ás suas ordens aceite os nossos sinceros cumprimentos

N. Luchting & Co.

135. (Traducção)

N. LUCHTING & Co.
Spedition, Kommission und Inkasso

Hamburg, den 17. September 19..

Speditions-Verein Wallwitzhafen, Wallwitzhafen/Dessau

Dirigimos-lhe pelo barco N.º 8, patrão S.r Wolf:

R. H. 419/424 6 barris de vinho

com o pedido de os mandar, franco Berliner Bahnhof, Leipzig, á ordem do S.r Roberto Haas da s/praça.

Queira debitar-nos das suas despezas.

Com toda a consideração

N. Luchting & Co.

136.

Speditions-Verein A.-G.
Wallwitzhafen.
Telegramm-Adresse: Speditverein Dessau.
Telephon No. 71 u. 81.

Wallwitzhafen, 16. September 19..

Herrn C. G. Lentsch, Leipzig.

Ihrem Geehrten vom 9. d. M. entsprechend, haben wir die heute eingegangenen:

R. H. 419/424	6	Fässer Wein mit
R. H. 419/422	4	„ per Sammelladung an Ihre werte Firma,
R. H. 423/424	2	„ an den Berliner Spediteurverein in Berlin

expediert.

Unsere Auslagen für Fracht bis hier und Weiterfrankatur bis Berlin haben wir der Einfachheit halber auf die Sendung nach Leipzig nachgenommen.

Hochachtungsvoll

p. pa. Speditionsverein A.-G.
Höfer. Kluge.

137.

C. G. Lentsch.
Spedition, Kommission und Inkasso.

Leipzig, den 21. September 19..

Herrn Robert Haas, Leipzig.

Unter Bezugnahme auf Ihre werten Schreiben vom 5. August und 6. September sowie auf unsere telephonische Unterhaltung vom 8. d. M. bestätige ich Ihnen, daß die durch mich für Sie bezogene Weinsendung aus Rivesaltes in Hamburg nicht mehr aufzuhalten war.

Die beiden Fässer No. 423 und 424 sind nunmehr ab Wallwitzhafen unverzollt an Berliner Spediteurverein in Berlin zu Ihrer Verfügung abgegangen.

Die vier Fässer 419/422 sind hier angelangt und wunschgemäß von mir verzollt worden; sie werden Ihnen noch heute zugehen.

Ich erlaube mir, Ihnen mit beiliegender Spesennota zu dienen, deren Betrag von

ℳ 910,—

Sie mir gefl. gutschreiben wollen.

Hochachtungsvoll

C. G. Lentsch.

136.

N. LUCHTING
Spedition, Kommission und Inkasso

Hamburg, den 19. September 19..

Ill.mo S.r Leão Dornas, Lisbôa

Conforme a s/ordem do 15 d'Agosto ult. expedimos franco a direcção do S.r Robert Haas, Leipzig, Berliner Bahnhof:

R. H. 419/424 6 barris de vinho, bruto 4165 kilos.

Queira creditar-nos pelos direitos d'entrada de:

ℳ 557 ao cambio de 275 reis	153$175
Os nossos desembolsos elevam se a	22$210
	175$385

Sempre promptos ás s/ordens subscrevemo-nos com a maxima consideração

N. Luchting & Co.

137.

LEÃO DORNAS
Transportes para todos os paizes

Lisbôa, 21 de Setembro de 19..

Ill.mos S.res Liborio irmãos, Torres Vedras

Tenho a honra de remetter a V. Sª:

Nota de despacho ℳ 557 à 275 reis	153$175
Bordereau das despezas de 6 barris, Torres Vedras a Leipzig	103$579
	256$754

Rogando o obsequio de me creditar por esta importancia, peço que me creia

De V. Sª

att.o Ven.dor obg.do

Leão Dornas.

138.

Spesennota.

Meine Frachtübernahme Rivesaltes-Leipzig Haus 4170 kg à ℳ 7,30	ℳ 304,40
Konnossemente und Stempel	„ 2,50
Assekuranz ℳ 1500,— à 1 %	„ 15,—
Böttcherspesen, Abfertigung, Zollbegleitschein I und Wiegegeld in Hamburg	„ 5,50
Gestellung auf Zollamt, Abfertigung, Zollbegleitschein I und Siegeln der Fässer 423/424 in Wallwitzhafen	„ 2,80
Weiterfrankatur Wallwitzhafen-Berlin 1383 kg à ℳ 1,85 . .	„ 25,70
Deklaration, Revision, Verzollung in Leipzig und Provision . .	„ 8,40
Zoll auf 4 Fässer 419/422 lt. Quittung	„ 557,—
	ℳ 921,30
Hiervon ab: Frachtvergütung 1383 kg Wallwitzhafen-Leipzig à 0,81	„ 11,30
	ℳ 910,—

138.

Bordereau das despezas:

Transporte de Torres Vedras á estação de Leipzig 4170 kilos à 2 $162 %₀ kilos	90 $157
Recibo de deposito	1 $045
Direitos de estatisca por coli 25	$150
Camionnagem em alfandega	$587
Conhecimentos	$564
Folha sellada para certidão de saida	$145
Transporte e formalidades	4 $617
Seguro sobre 360 $000 à 1 %	3 $600
Direitos d'entrada na Allemanha ℳ 557	153 $175
Despezas de transbordo em Hamburgo	2 $714
Total	256 $754

Spedition in laufender Rechnung.

Die Transportspesen gehen bald zu Lasten des Käufers, bald zu Lasten des Verkäufers.

139. Am 15. Mai 19.. zeigen Spediteure Brun et Borel, 25, rue de Rennes, Paris, Weiß & Co., Leipzig, durch Zirkularschreiben an, daß sie besonders günstige Übernahmepreise für Gütersendungen Leipzig/Paris stellen. Sie geben ihre Frachtsätze an und bitten um Aufträge.

140. Am 25. Mai 19.. fragen Weiß & Co., Leipzig, bei ihrem Spediteur Louis Thibault successeur, ancienne maison G. Tross, 90, rue des Marais, Paris, an, ob er die Beförderung ihrer Güter zu den von der Konkurrenz offerierten Sätzen übernehmen wolle.

141. Am 28. Mai 19.. macht Louis Thibault, Paris, eine Gegenofferte, die er als außergewöhnlich günstig bezeichnet.

142. Am 1. Juni 19.. wiederholen Weiß & Co., Leipzig, daß sie bereits billigere Offerte in Händen haben. Sie bitten Louis Thibault, Paris, zu erklären, ob er die Konkurrenzpreise halten könne.

143. Am 3. Juni 19.. bezweifelt Louis Thibault, Paris, die Möglichkeit, seine Übernahmen zu unterbieten, gleichwohl ermäßigt er nochmals seine Bedingungen.

144. Am 6. Juni 19.. übersenden Weiß & Co., Leipzig, die Offerte Brun et Borel im Original, um die Zuverlässigkeit ihrer Angaben zu erweisen. Gleichzeitig erklären sie, daß sie zu ihrem Bedauern auf Verlangen ihrer Auftraggeber gezwungen sind, ihre weiteren Sendungen der Konkurrenz zu übertragen.

145. Am 8. Juni 19.. erklärt sich Louis Thibault, Paris, bereit, die Konkurrenzbedingungen zu halten. Er meldet, daß eine Kiste zur Verfügung von Weiß & Co., Leipzig, bei ihm eingegangen ist.

146. Am 10. Juni 19.. erklären sich Weiß & Co., Leipzig, mit den von Louis Thibault, Paris, aufgestellten Übernahmesätzen einverstanden.

Sie übertragen das Verfügungsrecht über die avisierte Kiste auf Max Werner, Leipzig.

Gleichzeitig verfügen sie über eine von Roland Frères, Paris, einzuliefernde Transitosendung nach Warschau.

Ferner zeigen sie an, daß von Spediteur C. G. Lentsch, Leipzig, eine Sendung zu ihrer Verfügung eintreffen werde, die sie an Dumas et fils, Paris, zu übermitteln bitten.

Endlich bitten sie, ihnen eine Sendung von Max Roy, Paris, per Eilgut durch C. G. Lentsch, Leipzig, zugehen zu lassen.

147. Am 10. Juni 19.. übersenden Weiß & Co., Leipzig, an C. G. Lentsch, Leipzig, Speditionsauftrag auf 6 Ballen Fehschweife, die zu ihrer Verfügung an Louis Thibault, Paris, abgehen sollen.

148. Am 10. Juni 19.. zeigt C. G. Lentsch, Leipzig, Louis Thibault, Paris, an, daß die Versendung der Fehschweife erfolgt ist.

149. Am 10. Juni 19.. beauftragen Weiß & Co., Leipzig, ihren Lieferanten Max Roy, Paris, die für sie fällige Sendung tunlichst bald zur Verfügung ihres Spediteurs Louis Thibault, Paris, zu stellen.

Expedições em Conta corrente

As despezas de transporte são ora a cargo do comprador, ora a cargo do vendedor.

139.º Em 15 de Maio de 19.. Bello e Moraes, Rua de Santa Catharina, 49, Porto, informam por circular, dirigida a Weiss e C.ia, Leipzig, em que condições se encarregam de transporte, a combinação especial, entre Leipzig e Porto. Dão a tarifa dos seus preços, as condições de transporte e os prazos da entrega.

140.º Em 25 de Maio de 19.. Weiss & Co., Leipzig, dão ao seu correspondente actual Luiz Tinoco, successor, antiga casa de G. Katzenstein, 90 rua de San Antonio, Porto, conhecimento das offertas recebidas, e lhe perguntam se pode fazer as mesmas condições.

141.º Em 28 de Maio de 19.. Luiz Tinoco, Porto, faz a Weiss e C.ia, Leipzig, condições de transporte mais favoraveis do que as anteriores.

142.º Em 1 de Junho de 19.. Weiss & Co., Leipzig, recordam a Luiz Tinoco, Porto, que as condições dos seus concurrentes são ainda mais vantajosas do que as d'elle.

143.º Em 3 de Junho de 19.. Luiz Tinoco, Porto, fazendo as suas reservas, concede nova reducção de preço a Weiss e C.ia, Leipzig.

144.º Em 6 de Junho de 19.. Weiss & Co., Leipzig, remettem a Luiz Tinoco, Porto, o original das offertas, feitas por Bello e Moraes, com o pedido de tomar conhecimento d'ellas e de lhes devolver a circular. Accrescentam que, para se conformar com pedidos dos seus committentes, se dirigirão para as suas remessas futuras a Bello e Moraes, Porto.

145.º Em 8 de Junho de 19.. Luiz Tinoco, Porto, devolve a circular de Bello e Moraes; concede a Weiss e C.ia, Leipzig, as mesmas condições de transporte. Ao mesmo tempo, dão-lhe o aviso que tem uma caixa em seu poder á disposição d'elle.

146.º Em 10 de Junho de 19.. Weiss & Co., Leipzig, aceitam os preços cotados por Luiz Tinoco.

Informam que Max Werner, Leipzig, disporá directamente da caixa que está á s/disposição.

Elles dispõem da remessa Relvas irmãos, destinada a Varsovia.

Annunciam uma remessa de C. G. Lentsch, Leipzig, á direcção de Delgado e filho, Porto:

Pedem que lhes faça chegar, o mais cedo possivel, em grande velocidade e por intervenção de C. G. Lentsch, Leipzig, a remessa de Mario Rezende, Porto.

147.º Em 10 de Junho de 19.. Weiss & Co., Leipzig, encarragam C. G. Lentsch, Leipzig, d'expedir 6 fardos de caudas de esquilo da Siberia á direcção de Luiz Tinoco, Porto, a sua disposição.

148.º Em 10 de Junho de 19.. C. G. Lentsch, Leipzig, informa Luiz Tinoco, Porto, da expedição de 6 fardos de caudas de esquilo da Siberia á disposição de Weiss e C.ia, Leipzig.

149.º Em 10 de Junho de 19.. Weiss & Co., Leipzig, convidam Mario Rezende, Porto, a pôr á disposição de Luiz Tinoco, Porto, as mercadorias que lhe foram encommendadas por carta do 2 corr.

150. Am 13. Juni 19.. zeigt Louis Thibault, Paris, C. G. Lentsch, Leipzig, die Absendung der von Max Roy, Paris, zur Ablieferung an Weiß & Co., Leipzig, eingegangenen Sendung an.

151. Am 13. Juni 19.. benachrichtigt Louis Thibault, Paris, die Firma Weiß & Co., Leipzig, von der Absendung der Sendung Roy, Paris, an C. G. Lentsch, Leipzig.

Er meldet weiter den Eingang der Sendung Fehschweife, die er an Dumas et fils, Paris, ausgefolgt hat.

Sodann zeigt er an, daß die Absendung der von Sendung Roland Frères, Paris, eingegangenen Ware transito Warschau erfolgt ist.

Endlich teilt er mit, daß Max Werner, Leipzig, über die bei ihm von Léon Faure, Paris, hinterlegte Kiste disponiert habe.

152. Am 18. Juni 19.. bekennen sich Weiß & Co., Leipzig, zum Empfang der Sendung Max Roy, Paris. Sie haben Louis Thibault, Paris, die berechneten Spesen gutgeschrieben und den übrigen Inhalt seines Briefes vorgemerkt.

139.

Brun et Borel.
Transports à forfaits pour tous pays.
Transit. Agence en Douane. Affrètements.
Vastes Entrepôts pour Magasinage.

Batilly (Meurthe et Moselle). **Paris** 25, rue de Rennes. **Armanvillers** (Lorraine All^de^).

Paris, den 15. Mai 19..

Herren Weiß & Co., Leipzig.

Wir haben in Erfahrung gebracht, daß Sie öfter Sendungen nach hier und anderen französischen Plätzen haben.

Wir gestatten uns deshalb, Ihre Aufmerksamkeit auf den Halbeilgutverkehr (Moyenne Vitesse) zu lenken, den wir seit kurzem nach Paris eingerichtet haben.

Da unsere Wagen ohne Umladung laufen, so können wir Ihnen außergewöhnlich schnelle Lieferung (4—5 Tage) zusichern.

Die unten angegebenen Übernahmepreise verstehen sich ab Bahnhof Leipzig frei Haus Paris, also einschließlich Abfertigung und Rollgeld, jedoch ausschließlich der Gebühren für Stempel, Zoll und Versicherung.

Mit der Bitte um freundliche Zuweisung Ihrer Aufträge, deren pünktliche Ausführung wir Ihnen zusichern, zeichnen

hochachtungsvoll

Brun et Borel.

150.º Em 13 de Junho de 19.. Luiz Tinoco, Porto, informa C. G. Lentsch, Leipzig, da expedição da remessa Mario Rezende, Porto, para reexpedir a Weiss e C.ia, Leipzig.

151.º Em 13 de Junho de 19.. Luiz Tinoco, Porto, informa Weiss e C.ia, Leipzig, da expedição da remessa Mario Rezende, Porto.

Accusa a recepção da remessa que elle entregou a Delgado e filho, Porto, e envia a nota d'estas 2 remessas, com o pedido de o creditar pelas importancias. Annuncia que expediu a remessa de Relvas irmãos, Porto, para Varsovia.

Accrescenta que Max Werner, Leipzig, dispôz da remessa Leão Fialho, Porto.

152.º Em 18 de Junho de 19.. Weiss & Co., Leipzig, accusam recepção da remessa Mario Rezende, Porto.

Informam Luiz Tinoco, Porto, que o creditaram da importancia das notas e tomaram conhecimento da s/carta do 13 corr.

139.

BELLO E MORAES

Transportes a combinação para todos os paizes — Transito — agencia na Alfandega-Affretamentos — Vastos entrepostos para armazenagem

FARO	PORTO	LISBÔA
Praça Nova	Rua de Santa Catharina 49	Caes do Sodré 12

Porto, 15 de Maio de 19..

Ill.mos S.res Weiss e C.ia, Leipzig

Tomamos a liberdade de lhe fazer as nossas offertas de serviços para o transporte das suas remessas para Porto e todas as outras cidades portuguezas.

Ousamos esperar que a tarifa dos nossos preços d'ajuste especial, que encontrará abaixo, convencerão V. Sª a nos confiar as suas futuras remessas.

Os preços indicados comprehendem: descarga, recepção e verificação dos volumes, assim como entrega no domicilio no Porto. Os direitos do registro, seguro, estatistica, entrada, desembolso do ponto de partida, transporte p.ª bordo e agencia, direitos de caes, conhecimentos, portes, facturas consulares, sello e alfandega são a cargo dos nossos committentes.

Ficamos á sua disposição para lhes fornecer todas as outras informações que desejem. Aguardando o prazer de os ler subscrevemo-nos com a maxima consideracão

de V. Sª

att.os Ven.dores obg.dos

Bello e Moraes.

Frachtsätze:

ab Bahnhof Leipzig bis frei Haus Paris:

Frachtgut	(Petite Vitesse)	Lieferfrist 8—12	Tage,	12 Franken	per 100 Kilo Brutto.
Halbeilgut	(Moyenne „)	„ 4—5	„	22 „	
Eilgut	(Grande „)	„ 2—3	„	27 „	

140.

Weifs & Co.
Leipzig.

Leipzig, den 25. Mai 19..

Herrn Louis Thibault, 90, rue des Marais, Paris.

Wir empfingen Ihren Brief vom 23. d. M. und erklären uns mit dessen Inhalt einverstanden.

Vor einigen Tagen ging uns von Ihrer Konkurrenz am dortigen Platze eine Offerte zu, der zufolge die Lieferung ab Leipzig/Paris Haus als Halbeilgut bei einer Lieferfrist von 4—5 Tagen zum Übernahmesatze von 22 Franken per 100 Kilo angeboten wird.

Einige unserer Kunden haben bereits beantragt, bei künftigen Sendungen diese Vermittelung zu benutzen.

Wir hoffen, daß es Ihnen möglich ist, dieselben Bedingungen zu gewähren. Wir bitten demgemäß, uns in Zukunft für Halbeilgüter ab hier nach Paris Haus den Übernahmepreis von 22 Franken ab Bahnhof Leipzig bei 4—5 Tagen Lieferzeit in Anrechnung zu bringen.

Hochachtungsvoll

Weiß & Co.

141.

Ancne Mon G. Tross.
Fondée en 1852.
Louis Thibault Succr.
90, rue des Marais, 90.
Paris.

Paris, den 28. Mai 19..

Herren Weiß & Co., Leipzig.

In Beantwortung Ihrer Anfrage vom 25. d. M. erkläre ich mich gern bereit, die Beförderung Ihrer Halbeilgüter zu folgenden Bedingungen zu übernehmen:

Bahnhof Leipzig Paris Haus exkl. Zoll	Fr.	22,50.	
Enregistrement	„	—,85.	pro Sendung.
Statistik	„	—,10.	pro Kollo.

Tarifa para transportes a ajuste especial
desde a estação de Leipzig até ao domicilio no Porto

Pequena velocidade até Hamburgo, de lá por mar	R.s	5200	} cada 100 kilos
Grande » » » » »	»	8800	
Pequena » Anvers, » » »	»	2300	
Grande » » » » »	»	5400	

140.

WEISS & Co.
Leipzig

Leipzig, den 25. Mai 19..

Ill.mo S.r Luiz Tinoco, 90, rua de S. Antonio, Porto

Accusamos recepção da s/carta do 23 corr. de que tomamos conhecimento.

Recebemos, ha alguns dias, d'um dos seus concorrentes no Porto, uma carta em que nos faz offerta para transporte em pequena velocidade até Anvers, com um prazo de 8 dias de entrega, maximo, mediante a quantia de R.s 2300 por 100 kilos. Este preço comprehende as despezas de camionnagem no Porto.

Alguns freguezes nossos já nos fallaram d'este modo de transporte como muito mais economico, sendo tambem agora os prazos de entrega menos demorados por uma nova combinação feita com a Companhia dos caminhos de ferro; pedimos lhe pois que nos diga se pode fazer as mesmas condições, caso que sejamos interpellados n'este sentido para satisfazer a n/clientela.

Com toda a consideração e respeito

Weiss & Co.

141.

Antiga casa G. Katzenstein
Fundada em 1852
LUIZ TINOCO, SUCC.R
Rua de S. Antonio 90
PORTO

Porto, 28 de Maio de 19..

Ill.mos S.res Weiss e C.ia, Leipzig

Em resposta á s/carta do 25 d'este mez, tenho a vantagem de informar V. Sa que poderia encarregar-me das suas remessas nas condições seguintes:

Leipzig (estação) ao Porto (domicilio)	2500	os 100 kilos
Registro	170	cada remessa
Estatistica da alfandega	20	por volume

In der Erwartung, daß Ihnen diese außergewöhnlich günstigen Bedingungen genehm sind, sehe ich Ihren ferneren geschätzten Aufträgen gern entgegen.

Hochachtungsvoll

Louis Thibault.

142.

Weifs & Co.
Leipzig.

Leipzig, den 1. Juni 19..

Herrn Louis Thibault, 90, rue des Marais, Paris.

Antwortlich Ihrer Offerte vom 28. Mai d. J. betonen wir nochmals, daß uns von Ihrer Konkurrenz ein Übernahmepreis von 22 Franken inkl. Abfertigung dort gestellt worden ist.

Eine Anzahl hiesiger Firmen haben den gleichen Antrag erhalten; die betreffende Offerte lautet:

Frachtgut	(Petite Vitesse)	8—12	Tage	12 Franken	per 100 Kilo Brutto.
Halbeilgut	(Moyenne „)	4—5	„	22 „	
Eilgut	(Grande „)	2—3	„	27 „	

Wir sollten doch meinen, daß Sie imstande sein müßten, die gleichen Sätze einzuhalten.

Mehrere unserer Kunden haben bereits beantragt, die für sie bestimmten Sendungen der betreffenden Firma zu übertragen.

Wir bitten deshalb, uns postwendend mitzuteilen, ob Sie die Preise der Konkurrenz einhalten können.

Hochachtungsvoll

Weiß & Co.

143.

Ancne Mon G. Tross.
Fondée en 1852.
Louis Thibault Succr.
90, rue des Marais, 90.
Paris.

Paris, den 3. Juni 19..

Herren Weiß & Co., Leipzig.

Die mir mit Ihrem Briefe vom 1. d. M. aufgegebenen Übernahmepreise sind mir unverständlich.

Ich nehme an, daß sie sich auf eine bestimmte Warengattung beziehen.

Die billigsten Übernahmesätze, die ich für Pelzwaren kalkulierte, sind:

Esperando que estas condições lhe convirão e que poderei portanto contar com as s/ordens sou com toda a consideração

de V. Sª

att.º Ven.dor obg.do

Luiz Tinoco.

142.

WEISS & Co.
Leipzig

Leipzig, 1 de Junho de 19..

Ill.mo S.r Luiz Tinoco, Porto

Possuimos a s/carta de 28 Maio ult.

Permitta-nos repetir-lhe que recebemos, assim como de varias outras casas de Leipzig, a carta de que lhe fallamos ultimamente.

O seu concorrente offerece fazer as expedições de Leipzig (estação Porto) domicilio aos preços seguintes:

Pequena velocidade via Hamburgo	16—20	dias	R.s	5200	por 100 kilos
Grande velocidade » »	8—10	»	»	8300	
Pequena velocidade via Anvers	24—30	»	»	2300	
Grande » » »	8—10	»	»	5400	

Conforme a nossa opinião devia estar nos casos de nos fazer as mesmas condições.

Em todo o caso, varios dos nossos correspondentes já nos fallaram deste modo de transporte muito mais economico.

Queira portanto dizer-nos, por volta do correio, se nos pode fazer os mesmos preços.

Com toda a consideração

Weiss & Co.

143.

Antiga casa G. Katzenstein
Fundada em 1852
LUIZ TINOCO, SUCC.R
Rua de S. Antonio 90
PORTO

Porto, 3 de Junho de 19..

Ill.mos Weiss e C.ia, Leipzig

Recebi a sua estimada do 1 corr.

Deve haver engano nas cifras que me indica, é materialmente impossivel fazer expedições via Anvers a R.s 2300 por 100 kilos.

Supponho serem estabelecidos estes preços para uma fazenda especial.

Comtudo, desejoso de continuar as nossas relações, applicarei a tarifa seguinte:

Frachtgut	P. V.	frei Haus Paris,	Fr.	12,—	per 100 Kilo.
Halbeilgut	M. V.	„ „ „	„	22,25	
Eilgut	G. V.	„ „ „	„	26,50	
Extragebühr pro Sendung			„	0,95	

Ich bin bereit, Ihnen von heute an diese Sätze bei einem Minimalgewicht von 50 Kilo in Rechnung zu stellen und hoffe, Sie sind damit einverstanden.

Hochachtungsvoll

Louis Thibault.

144.

Weifs & Co.
Leipzig.

Leipzig, den 6. Juni 19..

Herrn Louis Thibault, 90, rue des Marais, Paris.

In Beantwortung Ihrer Zuschrift vom 3. d. M. übersenden wir Ihnen in der Anlage die Offerte der Firma Brun et Borel, dort, mit der Bitte um gefl. Rückgabe.

Sie wollen sich selbst überzeugen, daß unsere Angaben über die von diesem Hause gestellten Frachtübernahmen genau so lauten, wie wir sie Ihnen aufgegeben haben, und daß die Preise sich keineswegs auf bestimmte Warengattungen beschränken, sondern für alle Normalgüter gelten.

Wir selbst haben ja nur selten Frankosendungen nach dort. Da aber unsere dortige Kundschaft darauf besteht, den angebotenen Frachtvorteil auszunützen, so müssen wir auf Ihre Vermittlung verzichten, so lange Sie uns nicht die gleichen Vorteile gewähren.

Bis auf weiteres werden wir also die nach dort zur Verladung gelangenden Güter den Herren Brun et Borel überweisen.

1 Zirkular

Hochachtungsvoll

Weiß & Co.

145.

Ancne Mon G. Tross
Fondée en 1852
Louis Thibault Succr.
90, rue des Marais, 90.
Paris

Paris, den 8. Juni 19..

Herren Weiß & Co., Leipzig.

Die mir mit Ihrem Geehrten vom 6. d. M. übersandte Zuschrift der Herren Brun et Borel, hier, gebe ich Ihnen dankend zurück.

Mit Rücksicht auf unsere langjährigen angenehmen Beziehungen habe ich mich nach nochmaliger genauer Kalkulation entschlossen, Ihnen in Zukunft die Frachtsätze der Konkurrenz zu berechnen, obwohl bei diesen Sätzen für meine Mühewaltung fast nichts mehr übrig bleibt.

Zoll und Versicherungsprämie sind in dem genannten Übernahmepreis nicht einbegriffen.

Pequena velocidade, Porto domicilio via Anvers	R.s	2400	por 100 kilos
Grande » » » » »	»	5500	
Taxa fixa para cada remessa		100	

Salvas as fluctuações do cambio

Queira informar-me se agora estamos d'accordo.
Com toda a consideração

Luiz Tinoco.

144.

WEISS & Co.
Leipzig.

Leipzig, 6 de Junho de 19..

Ill.mo S.r Luiz Tinoco, Porto

Possuimos a s/carta do 3 corr.

Incluso remettemos a circular dos S.res Bello e Moraes, Porto.

Queira tomar conhecimento do seu conteúdo e convencer-se que não havia engano nas cifras que lhe tinhamos indicado e que não se trata de mercadorias especiaes.

Sendo-lhe pois impossivel fazer-nos as mesmas condições, seremos, com bastante pezar nosso, obrigados, a confiar, no interesse da nossa clientela, as proximas remessas a estes Senhores, quando nos pedirem transporte por esta casa.

Creia-nos com a maxima consideração

de V. Sa

att.os Ven.dores obg.dos

Weiss & Co.

145.

Antiga casa G. Katzenstein
Fundada em 1852
LUIZ TINOCO, SUCCR
Rua de S. Antonio 90
PORTO

Porto, 8 de Junho de 19..

Ill.mos S.res Weiss e C.ia, Leipzig

Incluso devolvo a circular que tiveram a bondade de remetter-me na sua carta do 6 corr.

Em attenção ás nossas relações estabelecidas, ha tanto tempo, resolvi me a fazer-lhes as mesmas condições que os meus concorrentes, apezar que por este preço quasi nada fica para o meu trabalho. Os direitos de registro, de estatistica, de seguro e de alfandega até, ficarão a cargo dos fornecedores.

Ich bitte, die Sendungen meinem dortigen Korrespondenten, Herrn C. G. Lentsch, der meine Instruktion in Händen hat, zur Verladung an mich zu überweisen.

Von Herrn Léon Faure, 25, rue Montmartre, hier, ging mir:

L. F. 654 1 Kiste Persianerfelle Bo. 130 kg

für Sie zu, die ich einstweilen auf Lager nahm.

Ich bitte, über diese Sendung baldigst zu verfügen, und zeichne

hochachtungsvoll

Louis Thibault.

1 Zirkular

146.

Weiſs & Co.
Leipzig.

Leipzig, den 10. Juni 19..

Herrn Louis Thibault, Paris.

Aus Ihrem Schreiben vom 8. d. M. bemerkten wir uns, daß Sie die Übernahmen Ihrer Konkurrenz einhalten wollen; wir werden Herrn C. G. Lentsch hier die Sendungen zur Weiterbeförderung an Sie zuweisen.

Über die Ihnen von Herrn Léon Faure, dort, für uns gesandte:

L. F. 654, 1 Kiste Persianerfelle

wird der Besitzer der Ware, Herr Max Werner, hier, demnächst direkt verfügen, und wollen Sie dessen Weisung gefl. befolgen.

Von Herren Roland Frères, 13, Fbg. Poissonnière, dort, werden Sie demnächst 3 Kisten gefärbte Kaninfelle in unserem Auftrag erhalten.

Wir bitten, diese 3 Kisten unversichert und unfrankiert als Eilgut transito zur Verzollung in Warschau an:

Russische Transport-Gesellschaft, Warschau,

abgehen zu lassen. Ihre Auslagen bitten wir durch Nachnahme zu erheben.

Durch Spediteur C. G. Lentsch, hier, lassen wir:

C. W. 156/161, 6 Ballen Fehschweife, Bo. 616 Kilo

an Sie abgehen.

Wir bitten, diese Sendung frei Haus an die Herren Dumas et fils, 9, rue de Trévise, dort, zu übermitteln und uns den Betrag für Fracht, Abfertigung und Zustellung in Rechnung zu stellen.

Bei Herrn Max Roy, 106, rue Montmartre, wollen Sie für uns einen Ballen Kaninfelle abholen und sofort als Eilgut franko an Herrn C. G. Lentsch, hier, zu unserer Verfügung abgehen lassen.

Hochachtungsvoll

Weiß & Co.

Farão V. S.as o obsequio de me enviarem as suas remessas por intervenção do S.r C. G. Lentsch, que recebeu as m/instrucções a este respeito.
Acabo de receber do S.r L. Felgueiras, 25, Rua de S. Lazaro nesta praça

L. F. 654 uma caixa de pelles d'Astrakan, bruto 130 kilos

Aguardo as s/ordens sobre este assumpto e sou

de V. S.a

att.o Ven.dor obg.do

Luiz Tinoco.

146.

WEISS & Co.
Leipzig

Leipzig, 10 de Junho de 19..

Ill.mo S.r Luiz Tinoco, Porto

Recebemos a s/carta do 8 d'este mez.
Ficámos sciente que de hoje em diante nos fará as mesmas condições que os S.res Bello e Moraes.
Effectuaremos as n/remessas por C. G. Lentsch.
O S.r Max Werner mesmo, lhe enviará as instrucções necessarias com respeito á remessa do S.r Leonardo Felgueiras:

L. F. 654, uma caixa de pelles d'Astrakan,

com as quaes se conformará.
Pedímos aos S.res Relvas irmãos o obsequio de lhe enviarem 3 caixas de pelles de coelho em côr, que, terá a bondade de expedir, portes a pagar, em grande velocidade á:

Companhia russa de transporte, Varsovia,

seguro a cargo do destinatario.
Mandará a nota das suas despezas.
Por intervenção do S.r C. G. Lentsch, Leipzig, lhe dirigimos, em pequena velocidade, para serem remettidos, franco domicilio, aos S.res Delgado e filho, Porto

C. W. 156/161, 6 fardos de caudas de esquilo,

as despezas de transporte a nosso debito.
Queira mandar receber a casa do S.r Mario Rezende, um fardo de pelles de coelhos pretos que nos enviará, em grande velocidade, pelo S.r C. G. Lentsch.
Com toda a consideração

Weiss & Co.

147.

(Postkarte.)

Weiſs & Co.
Leipzig.

Herrn C. G. Lentsch, Leipzig.

Wir bitten, 6 Ballen Fehschweife:

C.W.	156	Brutto	104	Kilo	
„	157	„	108	„	
„	158	„	117	„	616 Kilo
„	159	„	104	„	
„	160	„	104	„	
„	161	„	79	„	

bei uns abholen und unversichert als Frachtgut an Herrn Louis Thibault, 90, rue des Marais, Paris, zu unserer Verfügung senden zu wollen.

Versandinstruktionen werden Sie bereits erhalten haben.

Leipzig, den 10. Juni 19..

Hochachtungsvoll

Weiß & Co.

148.

(Postkarte.)

Weiſs & Co.
Leipzig.

Herrn Louis Thibault, Paris.

Im Auftrag und zur Verfügung der Herren Weiß & Co., hier, übersende ich Ihnen unversichert und unfrankiert im direkten Wagen 6 Ballen Fehschweife:

C.W.	156	Brutto	104	Kilo	
„	157	„	108	„	
„	158	„	117	„	616 Kilo,
„	159	„	104	„	
„	160	„	104	„	
„	161	„	79	„	

die Sie aufgabegemäß behandeln wollen.

Leipzig, den 10. Juni 19..

Hochachtungsvoll

C. G. Lentsch.

147.

(Bilhete postal)

WEISS & Co.
Leipzig

Ill.mo S.r C. G. Lentsch, Leipzig

Queira mandar receber ao nosso armazem, 6 fardos de caudas de esquilo da Siberia:

C. W.	156	pezo bruto	104	kilos		616 kilos
»	157	»	108	»		
»	158	»	117	»		
»	159	»	104	»		
»	160	»	104	»		
»	161	»	79	»		

e de os mandar á n/disposição, não-seguros e em pequena velocidade, ao S.r Luiz Tinoco, 90 rua de S. Antonio 90, Porto, conformando-se V. S.a com as instrucções d'elle.

Com toda a consideração

Weiss & Co.

Leipzig, 10 de Junho de 19..

148.

(Bilhete postal)

Ill.mo S.r Luiz Tinoco, rua de S. Antonio, Porto

Por ordem dos S.res Weiss e C.ia, Leipzig, tenho a honra de lhe remetter: portes a pagar, não-seguros:

C. W.	156	pezo bruto	104	kilos	6 fardos caudas de esquilo da Siberia
»	157	»	108	»	
»	158	»	117	»	
»	159	»	104	»	
»	160	»	104	»	
»	161	»	79	»	

Queira dispôr d'ellas, conforme as instrucções dos S.res Weiss e Cia, Leipzig.

Sem assumpto para mais assigno-me com toda a consideração

de V. Sa

att.o Ven.dor

Leipzig, 10 de Junho de 19..

C. G. Lentsch.

149.

(Postkarte.)

Weifs & Co.
Leipzig.

Herrn Max Roy, 106, rue Montmartre, Paris.

Die Ihnen am 2. cr. in Auftrag gegebenen 100 Dtzd. gefärbte Kaninfelle wollen Sie gefl. unserem dortigen Spediteur, Herrn Louis Thibault, zu unserer weiteren Verfügung übergeben.

Wir bitten, Herrn Thibault gefl. sofort zu benachrichtigen, wenn die Ware fertiggestellt ist.

Da die Sendung Eile hat, wünschen wir den Versand umgehend vorgenommen zu sehen.

Leipzig, den 10. Juni 19..

Hochachtungsvoll
Weiß & Co.

150.

(Postkarte.)

Ancne Mon G. Tross.
Fondée en 1852.
Louis Thibault Succr.
90, rue des Marais, 90.
Paris.

Paris, den 13. Juni 19..

Herrn C. G. Lentsch, Leipzig.

Von Sendung des Herrn Max Roy, 106, rue Montmartre, hier, expedierte ich soeben an Ihre werte Adresse, per Eilgut, ohne Assekuranz:

M.R. No. 567, 1 Ballen gefärbte Kaninfelle Bo. 63 Kilo,

den Sie nach erfolgter Zollbefreiung den Herren Weiß & Co., dort, sofort zustellen wollen.

Indem ich Ihnen besten Empfang der Waren wünsche, begrüße ich Sie

hochachtungsvoll
Louis Thibault.

149.

(Bilhete postal)

WEISS & Co.
Leipzig

Illmo Sr Mario Rezende, Porto

Queira pôr á disposição do Sr Luiz Tinoco, Rua d'Arsenal 90, Porto, as 100 duzias de pelles de coelhos, encommendadas pela n/carta do 2 corr.

Terá a bondade de prevenir o Sr Tinoco, logo que a remessa esteja prompta.

Contamos com uma prompta execução, por isso que temos bastante urgencia.

Com toda a consideração

Weiss & Co.

Leipzig, 10 de Junho de 19..

150.

(Bilhete postal)

Antiga casa G. Katzenstein
Fundada em 1852
LUIZ TINOCO, SUCC.^{R}
Rua de S. Antonio 90
PORTO

Porto, 13 de Junho de 19..

Illmo Sr C. G. Lentsch

Por ordem do Sr Mario Rezende, Porto, acabo de lhe remetter não-seguro:

M. R. N.º 567, 1 fardo de pelles de coelhos, bruto 63 kilos.

Queira despachar esta remessa e envial-a, o mais cedo possivel, aos S.^{res} Weiss e C.^{ia} da sua praça.

Com a mais subida consideração

Luiz Tinoco.

151.

Ancne Mon G. Tross.
Fondée en 1852.
Louis Thibault Succr.
90, rue des Marais, 90.
Paris.

Paris, den 13. Juni 19..

Herren Weiß & Co., Leipzig.

Ich bin im Besitz Ihres Geehrten vom 10. d. M.

Den mir von Herrn Max Roy, 106, rue Montmartre, übergebenen:

M. R. 567, 1 Ballen 100 Dtzd. Kanin Bo. 63 Kilo

ließ ich aufgabegemäß an Herrn C. G. Lentsch, dort, als Eilgut für Sie abgehen.

Für Eilfracht bitte ich mir Fr. 18.60 (63 = 70 Kilo à 26.50 per % Kilo) für meine Übernahme gutzubringen.

Die mir gleichzeitig avisierten:

C.W. 156/161, 6 Ballen Fehschweife Bo. 616 Kilo

sind eingetroffen.

Ich habe sie den Herren Dumas et fils, 9, rue de Trévise, frei Haus ausgefolgt und bitte, mich mit Fr. 74.40 (616 = 620 Kilo à 12.— per % Kilo), wozu Rollgeld nach Bahnhof „ 3.20 kommen,
zusammen Fr. 77.60 zu erkennen.

Die Sendung der Herren Roland Frères, 13, Fbg. Poissonnière, hier:

R. F., 218/220, 3 Kisten Bo. 202 Kilo

ließ ich Ihrer Verfügung gemäß unter Nachnahme meiner Spesen als Eilgut unfrankiert und unversichert transito abgehen an die:

Russische Transport-Gesellschaft, Warschau.

Herr Max Werner, dort, hat gestern über die mir für Ihre werte Adresse von Herrn Léon Faure hier übergebene:

L. F. 654, 1 Kiste Persianer

verfügt, wovon Sie zu meiner Entlastung gefl. Kenntnis nehmen wollen.

Stets gern zu Ihren Diensten

Hochachtungsvoll

Louis Thibault.

151.

Antiga casa G. Katzenstein
Fundada em 1852
LUIZ TINOCO, SUCC.R
Rua de S. Antonio 90
PORTO

Porto, 13 de Junho de 19..

Ill.^{mos} S.^{res} Weiss e C.^{ia}, Leipzig

Conforme a s/ordem do 10 corr. recebi do Sr Mario Rezende e expedi ao S.^{r} C, G. Lentsch, Leipzig:

M. R. 567, 1 fardo pelles de coelho, bruto 63 kilos.

Fiz remetter aos S.^{res} Delgado e filho, franco domicilio

C. W. 156/161, 6 fardos pelles de esquilo, bruto 616 kilos.

Queira creditar-me da importancia d'estas remessas, conforme a especificação abaixo.

A remessa dos S.^{res} Relvas irmãos da sua praça:

R. F. 218/220, 3 caixas, bruto 202 kilos

foi expedida em grande velocidade, porte e seguro a cargo dos destinatarios á Sociedade Russa para transporte de carga em Varsovia. Fiz seguir as minhas despezas.

Sr Max Werner, Leipzig, dispoz hontem de

L. F. 654, 1 caixa de pelles d'Astrakan

de que tomará nota e descarregará m/c.

Sempre ás suas ordens, creia-me

de V. S^{a}

att.^{o} Ven.^{dor} obg.^{do}

Luiz Tinoco.

Especificação:

Grande velocidade Porto/Leipzig
63— 70 kilos a R.^{s} 54000 por $^0/_0$ kilos = R.^{s} 378000
Pequena velocidade Leipzig/Porto
616—620 » à » 23000 » » = » 1426000
Camonniagem em Leipzig . . . . = » 64000
Salvas as fluctuações de cambrio.

—

152.

Weifs & Co.
Leipzig.

Leipzig, den 18. Juni 19..

Herrn Louis Thibault, Paris.

Die uns durch Brief vom 13. d. M. avisierte Eilgutsendung von Herrn Max Roy:

M. R. 567, 1 Ballen Kanin Bo. 63 Kilo

ist uns soeben zugegangen.

Die uns aufgegebenen Frachtbeträge:

Fr. 18.60 Eilfracht nach Leipzig,
Fr. 77.60 Fracht nach Paris

haben wir Ihrem Konto gutgeschrieben.

Wir bemerkten uns, daß Herr Max Werner, hier, über:

L. F. 654, 1 Kiste

verfügt hat, und daß die Eilgutsendung der Herren Roland Frères, dort transito nach Warschau abgegangen ist.

Hochachtungsvoll
Weiß & Co.

152.

WEISS & Co.
Leipzig

Leipzig, 18 de Junho de 19..

Ill.mo S.r Luiz Tinoco, Porto

Recebemos, em grande velocidade, a remessa de Mario Rezende:

M. R. 567, 1 fardo de pelles de coelho.

Tomámos nota do que S.r Max Werner, Leipzig, dispoz da caixa L. F. 654 e que a remessa de Relvas irmãos partiu em grande velocidade para Varsovia.

Nós creditámos V. Sª de:

R.s	378000	remessa,	grande velocidade	Porto/Leipzig
»	149000	»	pequena »	Leipzig/Porto.

Com toda a consideração

Weiss & Co.

Umwandlungen und Aufgaben.

A. Das Warengeschäft.

café	1— 6	Quintão e C.ia	ersetzen durch	Luiz Quintão
		Gustava Saldanha	„ „	Saldanha e C.ia
brinquedos	7—13	Andreas Machado	„ „	Machado irmãos
		Ribeiro irmãos	„ „	Andreas Ribeiro
Artigos de Malha	14—21	Luiz Lami	„ „	Lami, pae e filho
		João Monteiro, pae e filho	ersetzen durch	João Monteiro
		Dantas irmãos	„ „	Henrique Dantas
Papel	22—32	Manuel Ressano	„ „	Ressano e Pindella
		Delgado e C.ia	„ „	Manuel Delgado
Vinhos	33—40	Leonardo Relvas	„ „	Relvas e Nogueira
		Bastos e Cordeiro	„ „	Carlos Bastos
Flores artificiaes	41—44	Durão e C.ia	„ „	Leão Durão
		Lucio Brito	„ „	Helena Brito
Tecidos	45—54	Companhia de Fiação	ersetzen durch	Ricardo Ferro
		Feliciano Balsemão	„ „	Baptista e Cia
		Mauricio Lamas	„ „	Maria Lamas
Reclamações	55—64	Daniel Ferreira	„ „	Ferreira e C.ia
		João Gandara	„ „	Gandara irmãos
		Mourão e C.ia	„ „	Alberto Mourão

Aufgaben.

I. cafés torrados (vgl. Briefe 1—6).

1. Durch Zirkular mit Poststempel bietet A. Barboza in Penafiel seiner Kundschaft gebrannten Kaffee in vier verschiedenen durch Kreuze unterschiedenen Sorten an:

×	das Kilo zu	600 reis
××	„ „ „	640 „
×××	„ „ „	680 „
××××	„ „ „	720 „

Bei Entnahme von 25 Kilo erfolgt die Zusendung frei Verpackung und Fracht bis Station, ohne Abzug für Skonto, nach 30 Tagen zahlbar. Kleinere Posten werden gegen Nachnahme des Betrags frei Bahnstation geliefert. Infolge direkter Einfuhr kann Barboza sehr billig verkaufen und gute, preiswerte Ware liefern; auf Wunsch sendet er gern Gratismuster.

2. Am 31. Januar 19.. macht Barboza in Penafiel Jorge Braga in Regôa schriftliche Offerte. Er sendet Preisliste, bezieht sich auf die früher angegebenen Bedingungen und bittet um einen Auftrag, den er mit besonderer Sorgfalt ausführen werde. Gleichzeitig übersendet er zwei Muster (× und ×××) unter Wiederholung der Lieferungs- und Zahlungsbedingungen.

3. Am 5. Februar 19.. bekennt sich Jorge Braga in Regôa zum Empfange von Brief, Preisliste und Mustern. — Er bestellt 25 Kilo × zu 600 reis und 25 Kilo ××× zu 680 reis, frei Station Regôa, zahlbar 31. März a. c. und bittet um schleunige Lieferung.

4. Am 6. Februar 19.. zeigt A. Barboza in Penafiel dem Jorge Braga in Regôa an, daß die bestellten 50 Kilo Kaffee als Frachtgut franko Station Regôa an ihn abgegangen sind. Er überreicht die Rechnung, bittet um Gutschrift des Betrages von 35$000 per ultimo März und empfiehlt sich zu ferneren Diensten.

5. Am 12. Februar 19.. zeigt Jorge Braga in Regôa A. Barboza in Penafiel den Empfang der Sendung an, deren Betrag er ihm mit 35$000 gutgebracht habe.

6. Am 1. April 19.. überschickt Jorge Braga in Regôa dem A. Barboza in Penafiel den Rechnungsbetrag in 3 Banknoten und bittet um Empfangsbestätigung.

7. Am 3. April 19.. bestätigt A. Barboza in Penafiel den Empfang des Geldes und bittet um weitere Aufträge.

II. **Bonecas articuladas** (vgl. Briefe 7—13).

1. Am 12. Dezember 19.. bestellt José Bragança in Vizeu telegraphisch bei Paulo Vieira in Villa Real

3 Dutzend Gliederpuppen No. 22 zu 7$200 à Dzd.
3 „ „ „ 13 „ 6$000 à „

Am gleichen Tage bestätigt José Bragança in Vizeu unter Beilegung einer Kommissionsnota die oben erwähnte Depesche. Er erklärt, daß er die Ware nur dann annehmen könne, wenn er sie spätestens bis zum 20. d. M. in Händen habe.

2. Am 13. Dezember 19.. bestätigt Paulo Vieira in Villa Real dem José Bragança in Vizeu den Empfang der Depesche und des Briefes. Durch Zusendung als Postpaket werde es ihm möglich sein, die Bestellung trotz der kurzen Frist pünktlich auszuführen. Er empfiehlt sich zu ferneren Diensten.

3. Am 19. Dezember 19.. meldet Paulo Vieira in Regôa dem José Bragança in Vizeu durch Fakturenbrief, daß die bestellten Gliederpuppen in 2 Postpaketen an seine Adresse frei Haus abgegangen sind. Er bittet um Gutschrift des nach Abzug von 2% Skonto und 5% Rabatt verbleibenden Rechnungsbetrages von 36$830 per 31. Januar 19.. und sieht ferneren Aufträgen gern entgegen.

4. Am 31. Januar 19.. übersendet José Bragança in Vizeu dem Paulo Vieira in Villa Real den Rechnungsbetrag in einem Scheck von 36 $830 auf die Succursale der Banco do Portugal in Braga und bittet um Gutschrift.

5. Am 3. Februar 19.. bestätigt Paulo Vieira in Villa Real dem José Bragança in Vizeu den Empfang des Schecks, den er zum Ausgleich des Kontos von Bragança verwendet habe.

III. Quinquilharias (vgl. Briefe 14—21).

1. Am 15. September 19.. bestätigt der Kurzwarenhändler Luciano Barros in Castello Branco brieflich den soeben an Luiz Anthero in Abrantes erteilten Auftrag auf:

100 Stück Kaffeebretter (salvas esmaltadas) No. 45 à 1 $200
100 „ Milchtöpfe (leiteiras) à $800

Er wünscht die Ware spätestens Ende Oktober zu den üblichen Bedingungen: Zahlung zu Ende des der Lieferung folgenden Monats bei 2% Skonto zu erhalten, und schreibt vor, sie durch Spediteur Henrique Linde in Abrantes als Frachtgut an seine Adresse abgehen zu lassen.

2. Am 17. September 19.. bestätigt Luiz Anthero in Abrantes, den von Luciano Barros in Castello Branco erhaltenen Auftrag nebst Lieferungs- und Zahlungsbedingungen, verspricht sorgfältigste Bedienung und hat Vormerkung davon genommen, daß der Versand durch Henrique Linde in Abrantes erfolgen soll.

3. Am 12. Oktober 19.. fordert Luiz Anthero in Abrantes den Spediteur Henrique Linde in Abrantes durch Postkarte auf, die versandbereiten Kisten:

L. A. 3228 Bruttogewicht 84 Kilo
„ 3229 „ 62 „

bei ihm in Empfang zu nehmen und sie den Anordnungen von Luciano Barros in Castello Branco gemäß zu verfrachten.

4. Am 12. Oktober 19.. erteilt Luiz Anthero in Abrantes an Luciano Barros in Castello Branco Rechnung im Betrage von 250 $000, zuzüglich der beiden mit 3 $500 berechneten Kisten. Er teilt mit, daß er den Transport der Kisten auftraggemäß Henrique Linde in Abrantes übertragen habe, bittet um Gutschrift des Rechnungsbetrags und gibt der Hoffnung Ausdruck, daß die sorgfältige Ausführung des Auftrags ihm bald neue Bestellungen sichern werde.

5. Am 12. Oktober 19.. fragt Henrique Linde in Abrantes bei Luciano Barros in Castello Branco an, an welche Adresse er die ihm von Luiz Anthero in Abrantes überwiesenen:

L. A. 3228 }
„ 3229 } 2 Kisten Kurzwaren,

im Gesamtgewicht von 146 Kilo, abfertigen solle.

6. Am 13. Oktober 19.. bittet Luciano Barros in Castello Branco den Henrique Linde in Abrantes, die beiden Kisten als Frachtgut an seine Adresse, Station Castello Branco zu schicken.

7. Am 14. Oktober 19.. zeigt Henrique Linde in Abrantes dem Luciano Barros in Castello Branco an, daß er die beiden Kisten vorschriftsmäßig und unter Nachnahme seiner Auslagen abgeschickt habe.

8. Am 30. November 19.. übersendet Luciano Barros in Castello Branco den Rechnungsbetrag, abzüglich 3% Skonto, mit 225$000 in einem Wertbriefe mit 2 Banknoten 100$000, 1 Postmandat mit 25$000 ein. Er bittet um Gutschrift unter Anzeige.

9. Am 2. Dezember 19.. bestätigt Luiz Anthero in Abrantes den Empfang des Geldes und erwartet weitere Bestellungen.

IV. Velas (vgl. Briefe 22—32).

1. Am 15. Oktober 19.. fragt Leão Freire in Ponte do Lima bei Andrade e C.ia in Caminha an, zu welchen Bedingungen sie ihm seinen Winterbedarf in Kerzen liefern würden. Er bittet um billigste Preise und beziffert seinen Bedarf bis Ende Februar auf rund 3000 Pakete von je 500 Gramm.

2. Am 16. Oktober 19.. erklären sich Andrade e C.ia in Caminho gern bereit, die Lieferung von rund 3000 Paketen, auf Abruf, innerhalb der Monate November bis Februar lieferbar zu übernehmen. Obgleich Stearin (la stearina) in der letzten Zeit sehr im Preise gestiegen sei, würden sie, wenn die Bestellung binnen 3 Tagen erfolge, die nachstehenden außerordentlich günstigen Bedingungen stellen:

Velas	«Sol»	100	reis	das	Paket	von	500	Gramm
„	«Economicas»	90	„	„	„	„	500	„
„	«Navio»	160	„	„	„	„	500	„

franko Verpackung und Fracht bis Bahnhof Ponte do Lima, zahlbar gegen ihre Tratten, 90 Tage nach Eingang der Ware. Sie bitten um umgehende Nachricht, da ihnen zahlreiche Bedingungen zugegangen seien.

3. Am 18. Oktober 19.. bestellt Leão Freire in Ponte do Lima als Probesendung je 25 Pakete von den drei ihm angestellten Sorten. Er erklärt, daß er seine Entschließung erst treffen könne, wenn er die Ware gesehen habe und verlangt, daß ihm die Zusendungen frei Haus gemacht werden.

4. Am 20. Oktober 19.. bedauern Andrade e C.ia in Caminha, den Auftrag, den sie von Leão Freire in Ponte do Lima erhalten haben, nicht ausführen zu können, da sie bei Versendung unter 150 Paketen die Fracht nicht mehr tragen könnten. Sie betonen, daß ihr Gewinn bereits äußerst niedrig bemessen sei und empfehlen, die Bestellung auf je 50 Pakete zu erhöhen, die sie dann franko Haus zu liefern bereit seien. Der Auftrag müsse jedoch postwendend erfolgen.

5. Am 21. Oktober 19.. bestellt Leão Freire in Ponte do Lima bei Andrade e C.ia, Caminha, je 50 Pakete der oben genannten Kerzen, unter Wiederholung der Lieferungsbedingungen. Wenn die Ware seiner Erwartung entspreche, werde er den am 15. Oktober in Aussicht gestellten Auftrag erteilen.

6. Am 23. Oktober 19.. überreichen Andrade e C.ia in Caminha dem Leão Freire in Ponte do Lima Rechnung über die ihm übersandten 150 Pakete Kerzen im Betrage von 18 $000. Sie werden sich zur Deckung dieses Betrags per 31. Januar 19.. auf ihn erholen und bitten um gute Aufnahme ihrer Tratte.

7. Am 30. Oktober 19.. zeigt Leão Freire in Ponte do Lima den Empfang der Sendung vom 23. Oktober 19.. an. Er ist mit dem Ausfall zufrieden, macht eine neue Bestellung durch Kommissionsnota und verspricht gute Aufnahme des auf ihn abgegebenen Wechsels.

B. Das Bankgeschäft.

Umwandlungen.

Letras a desconto	65— 67	Credito industrial e commercial	ersetzen durch	Luiz Loureiro
		Carlos Nogueira	„ „	Nogueira irmãos
Liquidação por conta d'um terceiro	68— 79	Banco Commercial Thomar bleibt		
		José Brandão	ersetzen durch	Brandão e C.ia
		Martins e C.ia	„ „	Henrique Martins
		Mequita irmãos	„ „	Julio Mesquita
Domiciliação de lettra	80— 85	Frederico Louzada	„ „	Louzada, pae e filho
		Banco do Minho	„ „	Carlos Prazeres
Intervenção	86— 94	Luiz Rocha	„ „	Rocha e C.ia
		Vieira e C.ia	„ „	João Vieira
Operações em conta-corrente	95—106	Collaço irmãos	„ „	Banco do Portugal
		Paulo Lavado	„ „	Laval e C.ia

Aufgaben.

a) Wechselgeschäfte.

I. Wechsel zur Diskontierung (vgl. Briefe 65—67).

1. Am 15. März 19.. übersenden Lamas e C.ia in Barcellos an die Banco Commercial in Oporto:

800 $000 per 15. Mai auf Vasconcellos irmãos in Angeja
600 $000 „ ult. „ „ Alfredo Collares in Companhã

mit der Bitte, diese Tratten zu diskontieren und ihnen den Gegenwert durch Scheck auf Credito Franco-Lusitano zu überweisen.

2. Am 17. März 19.. überreicht Luiz Branco, der Direktor des Banco Commercial in Oporto Herren Lamas e C.ia in Barcellos in einem Scheck No. 7531 an die Bank der diskontierten Wechsel. Die Bank berechnet 4% Diskontzinsen, ¼% Provision, 20 reis Scheckstempel und 75 reis Porto und empfiehlt sich zu ferneren Diensten.

3. Am 18. März 19.. bekennen sich Lamas e C.ia in Barcellos zum Empfang des Schecks auf Franco-Lusitano und erteilen Entlastung wie folgt:

800$000	—	16/3 a 15/5 60 dias	480000
600$000	—	16/3 a 31/5 76 »	456000
1400$000	—	4%	936000
10$260	—	4% desconto	
1:389$740	—	valor n'esse dia	
		3475 ¼% commissão	
		20 sello para cheque	
3$570	—	75 estampilhas de carta	
1:386$170			

II. Rimesse für fremde Rechnung (vgl. Briefe 68--79).

1. Am 15. März 19.. bittet Ernesto Bizarro in Barca d'Alva sein Bankhaus Banco do Minho, Braga, an Potier & Lefèvre in Chalons s/Marne

4800 Franken in Buchstaben Viertausend Acht Hundert Franken

in kurzsichtigen Wechseln zu schicken und ihn zum niedrigsten Kurs unter den üblichen Bedingungen für den Betrag zu belasten.

2. Am 15. März 19.. zeigt Ernesto Bizarro in Barca d'Alva seinen Lieferanten Potier & Lefèvre in Chalons s/Marne an, daß er den Banco do Minho beauftragt habe, ihnen für die am 31. März a. c. fällige Rechnung von 4800 Franken in kurzsichtigem Papier Anschaffung zu machen; er bittet um Gutschrift unter Anzeige.

3. Am 18. März 19.. übermittelt Banco do Minho in Braga, gezeichnet Direktor Garrido, an Potier & Lefèvre in Chalons s/Marne, im Auftrag und für Rechnung von Ernesto Branco in Barca d'Alva:

Fr.	2650.—	per 31. März	a. c.	auf	V. Verdier, Mülhausen/E.
„	2100.—	„ 31. „	a. c.	„	A. Léon, Straßburg/E.
„	50.—	Scheck auf Renard & Co., Colmar/E.			
Fr.	4800.—				

mit der Bitte um Empfangsanzeige und Gutschrift zu Gunsten des Auftraggebers.

4. Am 18. März 19.. benachrichtigt Banco do Minho, Braga, gezeichnet Direktor Garrido, Ernesto Branco, Barca d'Alva davon, daß er die ihm übertragene Anschaffung (Aufstellung wie im vorigen Brief) gemacht habe und bittet um Gutschrift des Betrages:

1128$000 Wert 18. März 19..

laut untenstehender Abrechnung.

Abrechnung:

Fr. 4800.— à 235 = 1128 $000
hierzu Courtage ¹/₀₀ = 1 $130
1129 $130

5. Am 21. März 19.. bekennen sich Potier & Lefèvre in Chalons s/Marne dem Banco do Minho, Braga, gegenüber zum Empfang von zwei Wechseln und einem Scheck im Betrage von 4800 Franken, die sie E. V. (Eingang vorbehalten), Ernesto Branco in Barca d'Alva gutgeschrieben haben.

6. Am 21. März 19.. zeigen Potier & Lefêvre in Chalons s/Marne dem Ernesto Branco in Barca d'Alva an, daß sie vom Banco do Minho in Braga Fr. 4800.— in zwei Wechseln und einem Scheck erhalten haben. Sie haben die Anschaffung u. ü. V. (unter üblichem Vorbehalt) zum Ausgleich ihrer Rechnung vom 18. Januar a. c. benutzt und sehen weiteren Aufträgen gern entgegen.

III. Tratte für fremde Rechnung (vgl. Briefe 68—79).

1. Am 5. April 19.. ermächtigen Serra e C.ia in Beja, Dantas irmãos in Portalegre für ihre Rechnung:

725 $000 in Buchstaben Sete centos e vinte cinco Milreis

per ultimo August auf Paulo Lima, Evora, zu ziehen und sie dafür unter Angabe zu erkennen.

2. Am 5. April 19.. ersuchen Serra e C.ia in Beja Paulo Lima in Evora, die Tratten Dantas irmãos in Portalegre im Höchstbetrage von

725 $000 in Buchstaben Sete centos e vinte cinco Milreis

per 30. April a. c. zu ihren Lasten zu honorieren.

3. Am 6. April 19.. zeigen Dantos irmãos in Portalegre dem Paulo Lima in Evora an, daß sie im Auftrag und für Rechnung von Serra e C.ia, Beja 725 $000 per 30. April a. c. auf ihn gezogen haben; sie bitten um Schutz für diese Ziehung.

4. Am 6. April 19.. zeigen Dantas irmãos in Portalegre dem Serra e C.ia in Beja an, daß sie aufgabegemäß 725 $000 per ultimo April a. c. auf Paulo Lima gezogen haben, die sie zum Ausgleich ihrer Rechnung vom 22. Januar a. c., u. ü. V. (unter üblichem Vorbehalt) verwenden. Sie sehen ferneren Aufträgen gern entgegen.

5. Am 6. April 19.. zeigt Paulo Lima in Evora den Serra e C.ia in Beja an, daß er die ihm am 5. April a. c. avisierte Ziehung von Dantas irmãos zu Lasten der Auftraggeber bestens honorieren werde.

6. Am 8. April 19.. erklärt sich Paulo Lima in Evora den Ausstellern Dantas irmãos gegenüber bereit, ihren Betrag von 725 $000 per 30. d. M. zu Lasten von Serra e C.ia in Beja zu honorieren.

7. Am 30. April 19.. zeigt Paulo Lima in Evora den Serra e C.ia in Beja an, daß er die ihm am 6. d. M. avisierten Wechsel von 725 $000 per 30. April eingelöst und sie für den Betrag belastet habe.

IV. Domizilwechsel (vgl. Briefe 80—85).

1. Am 25. September 19.. fragt Frederico da Rocha Leão in Marvilla beim Banco de Lisbôa e Azores, Rua das Capellistas in Lissabon an, unter welchen Bedingungen ihm dieses Bankhaus gestatten würde, seine Wechsel bei demselben zahlbar zu stellen.

2. Am 27. September 19.. erklärt sich die Banco Lisbôa e Azores (gezeichnet «por procuração especial» Maciel) gern bereit, dem Frederico da Rocha Leão in Marvilla als Zahlstelle zu dienen. Sie verlangt $^1/_4$ % Domizilprovision, mindestens 200 reis für jeden Wechsel, Rückvergütung ihrer Barverläge und Einsendung der Deckung drei Tage vor Verfall.

3. Am 5. Oktober 19.. akzeptiert Frederico da Rocha Leão in Marvilla die Bedingungen der Banco Lisbôa e Azores und zeigt an, daß er 680 $000 per 31. Oktober a. c., Order Lacerda e C.ia in Cacem, bei ihr domiziliert habe und Deckung rechtzeitig einschicken werde.

4. Am 6. Oktober 19.. erwidert Banco Lisbôa e Azores in Lisbôa dem Frederico da Rocha Leão in Marvilla, daß sie von der avisierten Tratte Vormerkung genommen habe und am 28. Dezember a. c. Deckung erwarte.

5. Am 27. Dezember 19.. überreicht Frederico da Rocha Leão in Marvilla der Banco Lisbôa e Azores in Lisbôa 680 $000 in Banknoten als Deckung für die Wechselsumme, 1 $700 als Domizilprovision und 150 reis für Porto, und bittet um Zusendung des eingelösten Wechsels unter eingeschriebenem Briefe (Aufstellung der Banknoten).

6. Am 31. Dezember 19.. bestätigt Banco Lisbôa e Azores in Lisbôa dem Frederico da Rocha Leão, Marvilla den Empfang der Anschaffung, deren sie sich als Deckung für das eingeschrieben zurückerfolgende Akzept zuzüglich Spesen aufgabegemäß bedient habe.

V. Wechsel zur Annahme oder Einziehung (vgl. Briefe 86—94).

1. Wechsel zur Annahme. Am 15. Februar 19.. sendet Martinho Lopes in Cintra an Motta e C.ia in Santarem 240 $000 auf Alfredo Lemos, E. V. mit der Bitte, die Annahme zu besorgen und ihm das Papier in dem beigefügten Couvert eingeschrieben zurückzuschicken. — Protest soll nicht erhoben werden, falls der Bezogene die Annahme verweigern sollte (1 Anlage).

2. Die Annahme ist erfolgt. Am 17. Februar 19.. geben Motta e C.ia in Santarem den vom Bezogenen akzeptierten Wechsel mit der Bitte zurück, sie zu entlasten (1 Anlage).

3. Die Annahme ist verweigert worden. Am 17. Februar 19.. geben Motta e C.ia in Santarem den Wechsel zurück, dessen Annahme der Bezogene ohne Gründe anzugeben verweigert hat. Sie bitten um Entlastung (1 Anlage).

4. Wechsel zur Einziehung. Am 18. März 19.. sendet Martinho Lopes in Cintra an Motta e C.ia in Santarem:

17 $810	per	20. März	a/Luiz Gaspar in Montachique
14 $180	»	25. »	a/Leão Branco, Villa Franca de Xira
26 $050	»	31. »	a/Paulo Relvas, Torres Novas

zur Einziehung und Gutschrift per Verfall.

5. Empfangsanzeige und Gutschrift per Verfall. Am 19. März 19.. bekennen sich Motta e C.ia in Santarem zum Empfange der vorstehenden Wechsel, die sie, E. V. (Eingang vorbehalten) Martinho Lopes in Cintra per Verfall abzüglich 200 reis Inkassospesen auf die beiden ersten Wechsel gutgebracht hatten.

6. Rücksendung eines unbezahlt gebliebenen Wechsels. Am 2. April 19.. teilen Motta e C.ia in Santarem dem Martinho Lopes in Cintra mit, daß

26 $050 per 31./III. auf Paulo Relvas E. V.

nicht eingelöst worden sind. Da dieser Wechsel den Vermerk O. K. (ohne Kosten) trug, ist Protesterhebung unterblieben. Motta e C.ia geben das Papier zurück und bitten, ihnen den Betrag wieder gutzuschreiben.

7. Empfangsbestätigung und Rückbuchung. Am 3. April 19.. bestätigt Martinho Lopes in Cintra den Empfang der beiden Briefe vom 19. März und 2. April. Er hat vom Inhalt des ersteren gleichlautend Vormerkung genommen und Motta e C.ia in Santarem für den Betrag des zurückerhaltenen Wechsels auf Paulo Relvas mit 26 $050 per 31. März wieder erkannt.

b) Kontokorrentverkehr.

I. Gesuch um Kredit in laufender Rechnung (vgl. Briefe 95—106).

1. Am 12. November 19.. zeigen J. B. Castro e C.ia in Ericeira dem Pariser Bankhaus Louis Girard, 28, Rue de Rivoli an, daß sie sich durch die wachsende Ausdehnung ihrer Geschäfte insbesondere mit Frankreich gezwungen sehen, ihre bisherige Bankverbindung durch eine solche mit Paris zu ersetzen. J. B. Castro e C.ia, Ericeira, wünschen zu wissen, unter welchen Bedingungen Louis Girard, Paris, bereit sein würde, mit ihnen in laufende Rechnung zu treten und ihnen gleichzeitig einen ungedeckten Akzeptkredit bis zu 10 000 $000 zu gewähren. — Sie beziffern ihren Umsatz auf 80 bis 100 000 $000 jährlich und geben Luiz Gomes, 37, Rua Nova da Palma, Lisbôa und Pierre Lecoq in Bordeaux als Referenzen auf.

II. Ablehnung.

2. Am 18. November 19.. lehnt Louis Girard, 28, Rue de Rivoli, Paris, die nachgesuchte Bankverbindung ab, da es nicht in seiner Absicht liege, neue Kreditverbindungen einzugehen.

III. Zustimmung unter Vorbehalt.

3. Am 18. November 19.. erklärt sich Louis Girard, 28, Rue de Rivoli, Paris, bereit, J. B. Castro e C.ia, Ericeira einen Kredit in laufender Rechnung bis zu 10000 $000 (zehn Contos) gegen Kautionshypothek oder

gegen Hinterlegung börsenmäßiger Wertpapiere zu gewähren. — Bedingungen:

Abschluß der laufenden Rechnung halbjährlich,
Provision 1/4 % von der größeren Seite,
Debetzinsen: 1 % über Diskontsatz der Banque de France; im Mindestfalle 5 %.
Kreditzinsen: 1 % unter „ „ „ „ „ „Höchstfalle 2 1/2 %.
Rückvergütung der Spesen, Porti, Depeschen u. s. w.

IV. Zustimmung ohne Vorbehalt.

4. Am 16. November 19.. erklärt sich Louis Girard, 28, Rue de Rivoli in Paris, in sehr verbindlicher Form bereit, mit J. B. Castro e C.ia in Ericeira laufend in Verkehr zu treten und ihnen den verlangten Blankokredit unter folgenden Bedingungen einzuräumen:

Kontokorrenterteilung vierteljährlich,
Provision 1/4 %,
Courtage 1/00 und Spesenvergütung,
Debetzinsen 1 % über Bankdiskont, mindestens 5 %,
Kreditzinsen 1 % unter „ höchstens 2 1/2 %.

Louis Girard, Paris, hofft, daß diese günstigen Konditionen konvenieren und bittet, ihm in diesem Falle die Anlage — Allgemeine Kontokorrentbedingungen — mit Unterschrift versehen wieder zuzuschicken.

V. Annahme der Kontokorrentbedingungen.

5. Am 18. November 19.. nehmen J. B. Castro e C.ia in Ericeira die ihnen von Louis Girard in Paris unter dem 16. November gestellten Bedingungen an. Sie bestätigen diese Bedingungen vollinhaltlich, geben die „Allgemeinen Bedingungen" mit ihrer Unterschrift versehen zurück und eröffnen die neue Geschäftsverbindung mit Überreichung von:

206 $920 auf Paris per ult. zu gefl. Gutschrift.

C. Das Kommissionsgeschäft.

Umwandlungen.

Pelles	107—116:	Max Werner, Leipzig ersetzen durch	Werner irmãos
		Cilia e Cia, Lisbôa „ „	Julio Cilia
		Paul Jung, Hamburg ersetzen durch	Jung e C.ia
Cabedaes	117—123:	Possolo e Cia, Povoa de Varzim ersetzen durch	Leão Possolo
		Fonseca junior, Villa Nova de Famalição ersetzen durch	Fònseca, par e filho

Einkaufskommission.

Borsten und Haarpinselmaterial (vgl. Briefe 107—116).

Die Verpackung der Borsten erfolgt in Fässern (barris) zu 300 Kilo. N. W., A. R., J. W. sind die Namen der Borstenlieferanten in Wilna.

Wörterverzeichnis.

Bürsten- und Haarpinselfabrik = Fabrica de escovas, brochas e pinceis.
Borsten = Sedas de porco; Schlagweiße = (sedas de) Wilna brancas.
$4^1/_2''$ weiße (graue) Borsten = sedas brancas (cinzentas) $4^1/_2''$
Rohmaterial für Haarpinsel = Materias primas para pinceis.
Fehabfälle = retalhos de cauda de esquilo.
Dicke (Feh-) Spitzen = pontas grossas de caudas de esquilo.
Fehschweife = caudas de esquilo (Kasan).
Rotmarderschweife = caudas de Colinsky.
Landiltis = doninha commum; Russischer Iltis = doninha da Russia.
Ziegenhaar = pello de cabra; Zobelspitzen = pontas de zibelina.

1. Am 6. Februar 19.. fragt Leão Domingues, Rua de San Paulo 121, Lisbôa bei Grahl & Co. in Leipzig an, zu welchen Bedingungen sie den Einkauf von Borsten für ihn übernehmen würden. Ihre Adresse verdanke er einem Geschäftsfreunde, sein Bedarf beziffere sich auf rund 30 Contos per Jahr; er bittet um schnelle Antwort.

2. Am 8. Februar 19.. erklären sich Grahl & Co., Leipzig, gern bereit, für Leão Domingues, Lisbôa, den kommissionsweisen Einkauf von Borsten und Pinselhaaren zu den folgenden allgemein üblichen Konditionen zu übernehmen:

Einhändigung der Originalfaktur des Verkäufers,
Aufstellung einer Kommissionsfaktur auf Grund der Originalfaktur zuzüglich 2% Provision,
Rückvergütung der Auslagen für Porti, Depeschen und telephonische Gespräche.
Die Auslagen sind am Schlusse jeden Quartals besonders aufzustellen.

Weiter erinnern Grahl & Co. an die üblichen Zahlungsbedingungen:

Borsten zahlbar innerhalb 14 Tagen } nach Abschluß der Geschäfte.
Pinselhaare „ „ 30 „ }

Sie bitten um Auskunft darüber, für welche Borsten und welches Haarpinselmaterial Leão Domingues sich besonders interessiere. Sobald sie diese Auskunft erhalten haben, werden sie gerne mit genauen Einzelheiten über Vorräte, Preise und Marktstimmung dienen.

3. Am 10. Februar 19.. teilt Leão Domingues, Lisbôa, der Firma Grahl & Co., Leipzig, mit, daß er vom Inhalt ihres Briefes bestens Vormerkung genommen habe. Er erklärt, daß er Bürsten und Pinsel fabriziere und besonders auf Schlagweiße und $4^1/_2''$ weiße und graue Borsten rechne.

Bezüglich der Regulierung bemerkt er, daß es ihm voraussichtlich nicht immer möglich sein werde, die üblichen Termine einzuhalten. Er fragt an, welche Verzinsung Grahl & Co., Leipzig, ihm berechnen würden, wenn er in die Lage käme, sie zu bitten, die Zahlungen für ihn auszulegen. Er bemerkt, daß er den Kredit keinesfalls länger als 3 bis 4 Monate in Anspruch nehmen werde.

Als Referenz für seine Kreditwürdigkeit gibt er die „sociedade geral" 54/56, Rue de provence, Paris, an; dieses Bankhaus werde gern jede gewünschte Auskunft über ihn erteilen.

4. Am 14. Februar 19.. erklären sich Grahl & Co., Leipzig, bereit, gegen eine Zinsvergütung von 5%, vom Verfalltage an gerechnet, die Zahlungen für Leão Domingues, Lisbôa, zu verlegen. Sie berichten über

Borsten: Schlagweiße N. W. seien augenblicklich 2 Faß vorrätig, diese Ware falle schon ziemlich gut aus; verlangt werde M. 2,70 per Pfund.

Schlagweiße A. R., vorrätig 6 Faß, reine Sommerware, die selbst bei billiger Preisstellung nicht zu empfehlen sei; gefordert werde M. 2,60 per Pfund.

Schlagweiße J. W., vorrätig 1 Faß; die Ware sei gut, verlangt werde M. 2,90.

Den Posten J. W. haben Grahl & Co. für 48 Stunden fest an Hand genommen. Falls Leão Domingues darauf reflektiere, sei telegraphische Benachrichtigung bis zum 16. d. M. abends 6 Uhr geboten.

Graue und weiße Borsten $4\frac{1}{2}''$ seien erst zu Beginn der Ostermesse zu beschaffen, es empfehle sich zuzuwarten.

Rohmaterial für Haarpinsel: Die Preise des Rohmaterials für Haarpinsel geben Grahl & Co. an wie folgt:

Dicke Spitzen	M.	40,—	per	Pfund
Rotmarderschweife	„	28,—	„	Zimmer (40 Stück)
Fehschweife	„	26,—	„	Pfund
Landiltis	„	24,—	„	% Stück
Russischer Iltis	„	5,—	„	% Stück
Ziegenhaar Ia Ware	„	4,—	„	Pfund
„ IIa Ware	„	2,50	„	„
Zobelspitzen	„	600,—	„	„

5. Am 16. Februar 19.. dankt Leão Domingues in Lisbôa für die erhaltene Auskunft und beantwortet die einzelnen Punkte des Briefes vom 14./2.:

Borsten: Er zieht vor, dem von Grahl & Co. in Leipzig erteilten Rat folgend, das Hereinkommen guter Winterware abzuwarten, und bittet Grahl & Co., den günstigsten Zeitpunkt für den Ankauf selbst zu wählen.

Er bestellt 3 Faß Schlagweiße, womöglich Marke J. W. Falls dieser Lieferant gar zu steif wäre, so soll Marke N. W. statt J. W. gekauft werden.

Rohmaterial für Haarpinsel: Grahl & Co. sollen alles, was am Markt an dicken Fehspitzen produziert wird, für ihn ankaufen.

In Fehschweifen rechnet er auf Kasaner Ia Qualität. Augenblicklich sei ihm der geforderte Preis zu hoch; aber sobald sich die Situation etwas beruhigt habe, bitte er um Nachricht; er werde dann sofort bestellen.

In Rotmarder, Landmarder und russischen Iltisschweifen habe er zur Zeit keinen Bedarf.

6. Am 25. Februar 19.. zeigen Grahl & Co., Leipzig, Leão Domingues, Lisbôa, an, daß sie 3 Postpakete dicke Spitzen franko an ihn zur Versendung gebracht haben. Sie erteilen Kommissionsfaktur über:

14 Kilo dicke Spitzen à M. 80,—

wozu 2% Provision und M. 2,40 Porto kommen. In der Annahme, daß Leão Domingues eine Generalpolice habe, lassen sie die an ihn zur Versendung kommenden Waren immer unversichert abgehen.

7. Am 1. März 19.. bestätigt Leão Domingues, Lisbôa, den Eingang der dicken Spitzen und zeigt an, daß er Grahl & Co., Leipzig, den Betrag der Kommissionsfaktur mit M. 1144,80 gutgebracht habe. — Die Versicherung der an ihn abgehenden Sendungen decke er selbst. — Er bittet, ihn über den augenblicklichen Stand des Borstenmarktes zu unterrichten.

8. Am 19. März 19.. bestätigt Leão Domingues in Lisbôa seinen telephonisch erteilten Auftrag auf:

2 Faß Schlagweiße N. W. zu M. 2,65 das Pfund.

Gleichzeitig übersendet er zum Ausgleich der Rechnung vom 25. Februar: M. 1144,80, in 10 Tagen zahlbar, Scheck Nr. 2415 auf Mendelsohn in Berlin, und bittet um Gutschrift.

9. Am 20. März 19.. überreichen Grahl & Co., Leipzig, Leão Domingues, Lisbôa, die folgende Originalfaktur über

N. W. 2205	Brutto	412 Kilo	Tara	$32^1/_2$ Kilo	
„ „ 2206	„	425 „	„	$31^1/_4$ „	
		837 Kilo	Tara	$63^3/_4$ Kilo	
Netto $773^1/_4$ Kilo Schlagweiße N. W. à M. 5,30					M. 4098,25
				2% Skonto	„ 81,95
					4016,30

mit der Bitte um Gutschrift per 2. April 19..

Verkaufskommission.

Die Wolle = a lã; die Roh- (Schmutz-, Schweiß-)wolle = Lã em bruto, lã suja (term. tech.)
Die Reinigung = a lavagem; das Ergebnis, die Ausbeute = a colheita.
Das Kämmen, die Kämmerei = o penteado; der Wollkämmer = o penteador.
Die gekämmte Wolle = a lã penteada; Klettentrümmer = desperdicios.
Die Ergebnisaufstellung = relação de rendimento; das Klettenverhältnis = percentagem de cardo.
Die Klette = cardo; Der Kammzug = o penteado.
klettenfrei = cardado, livre de cardo; Die Spule = a bobina.
Der Posten = o lote; das Kämmereigewicht = peso do penteado.
Die Kämmlinge = desperdicios; Die Spinnerei = a fiação.
Die Konditionierung = o acondicionamento; Die Kreuzzucht = lã de raças cruzadas.
Der Spinner = o fiador.

1. Am 5. Februar 19.. bietet sich der Wollkommissionär Paul Fries in Leipzig der Firma Geraldes e C.ia in Thomar als Verkäufer von Kammzug innerhalb des Deutschen Reiches und der Schweiz an. Er betont, daß er schon seit langer Zeit in der Wollbranche tätig und bei der Kundschaft gut eingeführt sei. Er stellt gute Abschlüsse in Aussicht, wenn er durch preiswerte Anstellungen unterstützt werde, er arbeite nur mit ersten Firmen. Als Referenzen gibt er die Kammgarnspinnerei Stöhr & Co. in Leipzig-Plagwitz auf. Seine Bedingungen lauten:

1 % Provision und Vergütung der Auslagen für Telegramme und Porti.

Er schließt mit der Bitte um baldigen Bescheid.

2. Am 9. Februar 19.. erklären sich Geraldes e C.ia in Thomar bereit, Paul Fries in Leipzig ihre Vertretung für Norddeutschland zu übertragen. Südlich vom Main und in der Schweiz haben sie bereits ihre Vertreter, mit denen sie durchaus zufrieden seien. Sie stellen als Bedingung, daß sie den Käufern stets direkt fakturieren und betonen, daß sie nur an durchaus zuverlässige Zahler zu verkaufen wünschen. Die Provision von 1 % soll erst nach Eingang des jeweiligen Fakturenbetrages fällig und zahlbar sein. Ihre Lieferungen würden sie unfrankiert ab portugiesischer Kämmerei bei $18\frac{1}{4}$ % Konditionierung machen, die Zahlungen seien in französischer Währung in Scheck auf Paris zu leisten; Ziel je nach Übereinkunft 30 oder 90 Tage. Endlich wünschen Geraldes e C.ia regelmäßige wöchentliche Berichte über die Marktlage zu erhalten.

3. Am 12. Februar 19.. dankt Paul Fries in Leipzig Geraldes e C.ia in Thomar für das ihm am 9. Februar brieflich entgegengebrachte Vertrauen. Er erklärt sich bereit, die Vertretung für Norddeutschland zu übernehmen und bittet, ihm auch die Vertretung für Böhmen zu übertragen, wo er sehr gut eingeführt sei. Er bestätigt die Provisionsbedingungen und erklärt sich mit der direkten Verrechnung an die Käufer einverstanden. Dagegen empfiehlt er, von der Bedingung unfrankierter Zusendung und von der Fakturierung in Reiswährung abzusehen. Die deutschen Käufer seien gewohnt, die Ware franko Leipzig in Markwährung angestellt zu erhalten; es liege im eigensten Interesse des Verkäufers, auf diese Usanzen einzugehen, sonst sei kein Erfolg zu hoffen. Auf die verschiedenen Formen der Zahlung werde er in seinem nächsten Briefe zurückkommen. — Da sehr lebhafte Nachfrage für Austral- und Laplatazüge herrsche, bitte er um umgehende Zusendung von Mustern.

4. Am 15. Februar 19.. zeigen Geraldes e C.ia in Thomar Paul Fries in Leipzig an, daß sie ihm als Postpaket 2 Spulen à 2 Kilo von Posten 3421 und 3617 zugeschickt haben, die seine Kundschaft voraussichtlich am meisten interessieren würden. Gleichzeitig schicken sie ihm je 200 Gramm von den gleichen Posten als Muster ohne Wert, damit die Ware schneller in seine Hände gelange. Sie erklären sich bereit, ihre Preise in Mark franko Leipzig zu stellen. Für Entfernungen über Leipzig hinaus würden die Käufer die Fracht zu tragen haben. Sie übertragen Paul Fries auch ihre Vertretung für Böhmen unter den gleichen Bedingungen wie für Norddeutschland. Sie bitten um Mitteilung über die üblichen Formen der Re-

gulierung, wobei sie nochmals betonen, daß die vereinbarte Provision nur dann zahlbar werde, wenn die Fakturenbeträge unverkürzt eingehen. Auch in Portugal sei die Nachfrage nach Kammzug zur Zeit sehr lebhaft, die Preise seien im Steigen begriffen.

5. Am 17. Februar 19.. übersenden Geraldes e C.ia, Thomar, Paul Fries, Leipzig, auf Postkarte eine Aufstellung der ihm übersandten Proben:

GERALDES E C.ia Thomar, 17 de Fevereiro de 19..

NOTA DE AMOSTRAS

dirigida ao Ill.mo S.r Paul Fries, Leipzig

Numero	Quantidade	Qualidade	Penteado	Preço	Condições
3421	*7500 kilos*	*Sidney*	*Boa Vista*	*4.85*	
3617	*8000 kilos*	*Australie*	*Bom Retiro*	*4.60*	

Percentagem de cardo: O cardo por 500 metros.

Queira marcar a venda dos lotes 4417 e 3609. — Salvo venda.

6. Am 20. Februar 19.. zeigt Paul Fries, Leipzig, Geraldes e C.ia in Thomar an, daß er Brief, Muster und Spulen erhalten habe. Der leichteren telegraphischen Verständigung wegen wird er die üblichen Regulierungsweisen mit A bis D bezeichnen und zwar soll bedeuten:

Regulierung A. Barregulierung nach 30 Tagen, vom Ausstellungsdatum der Faktur an gerechnet; bei früherer Zahlung 5% Vergütung.

Regulierung B. Dreimonatliches Akzept, nach 30 Tagen vom Ausstellungsdatum der Faktur an gerechnet; Käufer vergütet Diskont und Wechselstempel.

Regulierung C. Dreimonatliches Akzept, vom Ausstellungsdatum der Faktur an gerechnet; Zinsen und Wechselstempel werden nicht vergütet.

Regulierung D. Barregulierung nach 90 Tagen, vom Ausstellungsdatum der Faktur an gerechnet; bei früherer Zahlung 5% Vergütung.

Er spricht seinen Dank für die ihm übertragene Vertretung für Böhmen aus; er betont, daß er nur mit erstklassigen Firmen arbeite und deshalb auch Wert darauf lege, möglichst große Posten angestellt zu erhalten. — Infolge der gedrückten Garnpreise zögerten die Spinner zur Zeit, Ankäufe zu machen, obwohl sie nur über ganz geringe Vorräte verfügten, es sei deshalb ziemlich schwierig, Nehmer zu finden; aber eine Preisabminderung sei seines Erachtens so gut wie ausgeschlossen.

7. Am 23. Februar 19.. telegraphiert Paul Fries, Leipzig, daß er Nehmer für den Posten 3421: 7500 Kilo Australzug zu 4,75, Regulierung B habe. Er bittet um telegraphischen Bescheid. Nachdem die telegraphische Zustimmung am gleichen Tage eingegangen ist, bestätigt Paul Fries in Leipzig brieflich den Wert der Depeschen:

Erste Depesche: Kramer Glauchau akzeptiert 3421 franko Leipzig, wenn 475; Regulierung B. (475 = 4 Mark 75 Pfennige.)

Zweite Depesche: 3421 franko Leipzig B 475 angenommen.

Auf Grund der letzteren habe er an Richard Kramer, Glauchau, Posten 3421, ca. 7500 Kilo Sidneyzug, Kämmerei Boa Vista, franko Leipzig zu ℳ 4,75, Regulierung B, verkauft.

Er bittet, die Kämmerei Boa Vista zu sofortiger Absendung der Ware zu veranlassen und ihm eine Kopie der Faktur einzusenden. Die Provision wolle man ihm mit 1% gutschreiben und nach Regulierung übermitteln, ihm auch recht bald weitere belangreiche Posten anstellen.

8. Am 23. Februar 19.. bestätigen Geraldes e C.ia, Thomar, Paul Fries in Leipzig den Geschäftsabschluß mit Richard Kramer in Glauchau. Sie haben ihm die Provision mit 1% = ℳ 336,85, gutgeschrieben und werden nach Eingang des Akzeptes Scheck in gleichem Betrage einsenden.

Sie legen dem Briefe folgende Kopie der Rechnung bei:

GERALDES E C.ia Thomar, 23 de Fevereiro de 19..

DUPLICATA

Ill.mo S.r Richard Kramer, Glauchau

as mercadorias seguintes, pagaveis em Thomar, valor da n/lettra, expedidas franco ao seu endereço, estação Glauchau, Saxonia, direitos da alfandega e seguro pagos.

Deve

65 B/N.os 2588/2652			L. 3421
	B.t 7405,20		
63 B. à /2,45 k.os			
1 » » 2,55 »			
1 » » 2,05 »	tara 158,95		
	Netto 7246,25		
à $18^1/_4$ P. 2,14 %	» 155,07		
	Netto 7091,18	Penteado Sidney à ℳ 4,75	ℳ 33683,10

9. Am 23. Februar 19.. überreichen Geraldes e C.ia, Thomar, dem Käufer Richard Kramer, Glauchau, Faktur über die aus Kämmerei „Boa Vista", franko Leipzig, an seine Adresse verladenen:

No. 2588/2652 65 Ballen Sydneyzug.

Sie bitten um Gutschrift von ℳ 33683,10, Valuta 25. März a. c. Laut Vereinbarung werden sie sich durch dreimonatliche Tratte für diesen Betrag erholen. — Sie hoffen, daß die angebahnte Geschäftsverbindung sich recht rege gestalten und beide Teile befriedigen möge.

10. Am 20. März 19.. überreichen Geraldes e C.ia, Thomar, der Firma Richard Kramer in Glauchau, unter Bezugnahme auf ihren Brief vom 23. Februar a. c., eine Tratte in Höhe von ℳ 33683,10 per 25. Juni a. c., mit der Bitte, sie ihnen mit Akzept und Stempel versehen eingeschrieben wieder zuzusenden.

11. Am 22. März 19.. gibt Richard Kramer, Glauchau, die ihm übersandte Tratte von ℳ 33683,10 per 25. Juni a. c., mit Stempelmarken und Annahme versehen, zurück. Er bittet um Abrechnung.

12. Am 29. März 19.. bestätigen Geraldes e C.ia, Thomar, den Eingang des Akzepts von ℳ 33683,10 per 25. Juni a. c. Sie haben das Papier bestmöglich begeben und Richard Kramer in Glauchau laut untenstehender Abrechnung ℳ 33472,60 gutgeschrieben. Die restierenden ℳ 210,50 bitten sie, ihrem Bankhause: Deutsche Bank in Leipzig, zu Lasten ihrer Rechnung zu vergüten:

ℳ	33683,10	per 25./6. 19..
„	210,50	Diskont per 3 Monat auf $2^1/_2$ %
ℳ	33472,60	

13. Am 31. März 19.. zeigt Richard Kramer, Glauchau den Geraldes e C.ia in Thomar an, daß er an die Deutsche Bank, Leipzig, durch Postanweisung ℳ 210,50 eingeschickt habe. Er bittet, ihr Diskontoguthaben mit diesem Betrage auszugleichen.

14. Am 1. April 19.. zeigt die Deutsche Bank in Leipzig Geraldes e C.ia in Thomar an, daß sie ihnen für Rechnung von Richard Kramer, Glauchau, ℳ 210,50 gutgebracht habe.

15. Am 3. April 19.. bestätigen Geraldes e C.ia in Thomar der Deutschen Bank in Leipzig den Empfang ihres Briefes vom 1. April, dessen Inhalt sie vormerkten. — Sie bitten, Paul Fries in Leipzig zu Lasten ihrer Rechnung ℳ 336,85 bar zu vergüten.

16. Am 3. April 19.. benachrichtigen Geraldes e C.ia, Thomar, Paul Fries in Leipzig, daß sie die Deutsche Bank in Leipzig angewiesen haben, ihm ℳ 336,85 bar zu übermitteln. Sie bitten um Ausgleichsbestätigung der damit erlegten Provision, Richard Kramer, Glauchau, betreffend.

17. Am 5. April 19.. bekennt sich Paul Fries in Leipzig der Firma Geraldes e C.ia in Thomar gegenüber zum Empfang von ℳ 336,85 womit er aufgabegemäß sein Kommissionsguthaben auf Geschäftsabschluß Richard Kramer in Glauchau ausgeglichen habe.

D. Das Speditionsgeschäft.

Umwandlungen.

Transporte isolado	124—138	Liborio irmãos, Torres Vedras	ersetzen durch	João Liborio
		Leão Dornas, Lisbôa	„ „	Dornas e C.^{ia}
		Robert Haas, Leipzig	„ „	Gebr. Haas
		Luchting & Co., Hamburg	bleiben	
		Speditionsverein Wallwitzhafen	bleiben	
Expedição em c/c.	139—152	Bello e Moraes, Porto,	ersetzen durch	Leão Bello
		Weiss & Co., Leipzig	„ „	Felix Weiss
		Luiz Tinoco, Porto	bleiben	
		C. G. Lentsch, Leipzig	bleiben	

Aufgabe.

Transporte por combinação especial (vgl. Briefe 124—152).

1. Am 16. Oktober 19.. fragt Henrique Grandella in Cintra bei Guilherme Parente, Spediteur in Lisbôa, an, zu welcher Übernahme er 4 Fässer Rauhkarden im Gewicht von 950 Kilo nach Forst in der Lausitz verfrachten würde.

2. Am 18. Oktober 19.. stellt Guilherme Parente in Lisbôa seine Frachtofferte. Er übernimmt den Transport — bei Verfrachtung in Sammelladung — von Bahnhof Cintra bis Bahnhof Forst i. L. via Genf mit 21 Mark per % Kilo. Da er demnächst eine Sammelladung abfertige, so bitte er um baldigen Auftrag.

3. Am 19. Oktober 19.. überträgt Henrique Grandella in Cintra auf Grund der ausbedungenen Frachtübernahme von 21 Mark per % Kilo Guilherme Parente in Lisbôa den Frankoversand von:

H. G. 234/237, 4 Fässer Rauhkarden

an Ferdinand Tempel in Forst i. L. und teilt mit, daß die Ware versandbereit liege.

4. Am 20. Oktober 19.. ersucht Guilherme Parente in Lisbôa Henrique Grandella in Cintra, die ihm zum Transport übertragenen H. G. 234/237 4 Fässer Rauhkarden als Frachtgut an ihn abzusenden.

5. Am 23. Oktober 19.. beauftragt Guilherme Parente in Lisbôa Charles Fischer in Genf, die von ihm eingehende Sendung:

H. G. 234/237, 4 Fässer Rauhkarden

in Empfang zu nehmen und sie zu der vereinbarten Frachtübernahme an Ferdinand Tempel in Forst i. L. in Sammelladung franko weiter zu befördern.

6. Am 23. Oktober 19.. erteilt Guilherme Parente in Lisbôa an Ferdinand Tempel in Forst i. L. Avis, daß er von Henrique Grandella in Cintra: H. G. 234/237, 4 Fässer Rauhkarden für ihn empfangen und per Sammelladung via Leipzig franko an seine Adresse abgerichtet habe.

7. Am 30. Oktober 19.. erteilt Charles Fischer in Genf Guilherme Parente in Lisbôa Spesennota über die franko nach Forst verladenen:

H. G. 234/237, 4 Fässer Rauhkarden.

8. Am 30. Oktober 19.. sendet Charles Fischer in Genf C. G. Lentsch in Leipzig eine Sammelladung und beauftragt ihn, die unter anderen darin befindlichen: H. G. 234/237, 4 Fässer Rauhkarden als Frachtgut franko an Ferdinand Tempel in Forst i. L. weiterzuschicken.

9. Am 9. November 19.. zeigt C. G. Lentsch in Leipzig Charles Fischer in Genf an, daß er die ihm mit Sammelladung vom 30. Oktober a. c. zugegangenen: H. G. 234/237, 4 Fässer Rauhkarden an Ferdinand Tempel in Forst i. L. umexpediert habe. Er belastet ihn für seine Überfuhrspesen und Bahnfracht Leipzig/Forst mit ℳ 32.50.

10. Am 15. November 19.. erteilt Guilherme Parente in Lisbôa seinem Auftraggeber Henrique Grandella in Cintra Spesennota über vorstehende Sendung, unter Zugrundelegung der Frachtübernahme von 21 Mark per 100 Kilo.

Abreviaturas usadas no commercio

In der Handelssprache vorkommende Abkürzungen.

Wir geben hier die gebräuchlichsten Abkürzungen, obwohl verschiedene derselben für gewöhnlich ausgeschrieben werden. Andere Abkürzungen, die bisweilen vorkommen, sind willkürlich, werden sich jedoch aus dem Zusammenhange erklären.

a. c.	anno corrente	dieses Jahres
art.	artigo	Artikel
$b.^{ca}$	barrica	Stückfaß
$b.^{rl}$	barril	Faß
$B.^{to}$, $b.^{to}$	bruto	Brutto
B. p.	bom peso	gutes Gewicht
ɇ	caixa	Kiste
c/	conta com	auf Rechnung für
$c.^{\tilde{a}o}$	commissão	Kommission
$C.^{ia}$	companhia	Gesellschaft
cif.	custo, seguro e frete	Kosten, Versicherung, Fracht
c/m	contra-marca	Kontre-Marke
$C.^{o}$	cambio	Cambio, Agio
$c.^{ta}$ *a* $^{1}/_{2}$	conta a metade	für halbe Rechnung
$c.^{te}$	corrente	laufend
c/c	conta-corrente	Kontokorrent
c/v	conta de venda	Verkaufsrechnung
desc.	desconto	Diskont
$Dez.^{o}$	Dezembro	Dezember
$d.^{o}$	dito	o mesmo
d/d	dias de data	Tag des Poststempels
duz. dz.	duzia	Dutzend
d/v	dias de vista	. . . Tage auf Sicht
E	este	Osten
$enc.^{da}$	encommenda	Bestellung, Auftrag
etc.	et caetera	usw.
$Ex.^{ma}$ S^{a}	excellentissima Senhora	Hochwohlgeboren
$Exp.^{\tilde{a}o}$	expedição	Expedition
fact.	factura	Rechnung
$f.^{co}$	franco	frei
fd.	fardo	Ballen
$f.^{o}$	folio	Blatt
fob.	franco a bordo	frei an Bord

fr.	franco	Frank
gf.	garrafa	Flasche
G. P.	ganhos e perdas	Verlust und Gewinn
gr.	gramma	Gramm
grz.	groza	Gros
G. V.	grande velocidade	Eilgut
i. e.	isto é	d. h.
Ill.mo S.r	illustrissimo senhor	Wohlgeboren
in 4°	in-quarto	Quartformat
in 8°	in-octavo	Oktavformat
in fol.	in-folio	Folioformat
jr.	junior	Jüngere
k. od. k.o	kilo	Kilogramm
L. od. l.	litro	Liter
£	libra esterlina	Pfund Sterling
L.o	liquido	netto
L. P.	Lettras a pagar	zahlbare Wechsel
liqu.ão	liquidação	Abrechnung
L. R.	lettras a receber	zu empfang. Wechsel
m	metro	Meter
m/	meu, minha, meus, minhas	mein
Mk.	marco	Mark
m/d	mezes de data	Monat des Poststempels
m/m	millimetro	Millimeter
m/v	mezes de vista	Monate auf Sicht
N.	Norte	Norden
n/	nosso, nossa, nossos, nossas	unser
N. B.	Nota bene	wohlgemerkt
nesta	nesta cidade	hier
N.o od. n.o	Numero	Nummer
Nov.o	Novembro	November
O. od. o.	ordem, oueste	Auftrag, Westen
%	por cento	Prozent
‰	por mil	Pro Mille
Out.o	outubro	Oktober
P. od. p.	por, para	für
p. b.	posto a bordo	an Bord geliefert
p. b.to	per bruto	Brutto
p. f.	proximo futuro	künftigen Monates
P. C.te	preço corrente	Preisliste
p. p.o	proximo passado	vergangenen Monates
p. liq.o	pezo liquido	Nettogewicht
P. P. od. p. p.ão	por procuração	in Vollmacht
p. m. o. m.	pouco mais ou menos	ungefähr
ppgt.	a prompto pagamento	Barzahlung
P. S.	postscripto	Nachschrift

P. V.	pequena velocidade	Frachtgut
Q. V.	queira voltar	Wenden Sie um
s/	seu, sua, seus, suas, sobre	sein
$	sacco [saque, sem	Sack
s. b. c.	salvo boa cobrança	Eingang vorbehalten
S. E. od. O.	salvo erro ou omissão	Irrtum vorbehalten
S.r F.	Senhor Fulano	Herrn N.
S.	sul	Süden
T.a	tara	Tara
ton.	Tonelada	Tonne
ult.	ultimo	letzt
V.a	viuva	Witwe
v. g.	verbi gratia	z. B.
1.o	primeiro, primeiramente	der erste, erstens
2.o	segundo, em 2.o lugar	der zweite, zweitens
3.o	terceiro, » 3.o »	der dritte, drittens
4.o	quarto, » 4.o »	der vierte, viertens
100.o	centesimo, » 100.o »	der hundertste
1000.o	millesimo, » 1000.o »	der tausendste
$	cifra, dollar	Abkürzung für Milreis

Quittung.

M. *950.—*

mit Buchstaben *Mark Neun Hundert Fünfzig* ....

für Rechnung / im Auftrage } von *Herrn Paul Berger, Berlin*

von *Herren Perron & Co., Spandau,* empfangen, worüber hiermit doppelt für einfach geltende Quittung.

Berlin, den *31. August 19 . .*

Gebr. Dubois.

Recibo

N.º 1

Recebemos dos S.res MIGUEL E DANTAS

por ordem / por conta } do S.r ANTONIO DA SILVA, de LOURES, a quantia de seis centos cincoenta mil reis de que passamos recibo em duplicado.

Lisbôa, 31 d'Agosto de 19 . .

São R.s 650000

Santos e Dias

Sello de R.s 150

Quittung.

QUITTUNG
von Gebrüder Dubois, Berlin.

M. *950,—*

mit Buchstaben ***Mark Neun Hundert Fünfzig*** ....

von Herrn Paul Berger, Berlin, zum Ausgleich unserer Rechnung erhalten zu haben, bescheinigen hiermit

Berlin, den *31. August 19..* *Gebr. Dubois.*

Recibo

N.º 1

Antonio da Silva

a quantia de

R.s 650000

Lisbôa,
31 d'Agosto de 19..

N.º 1

Recebemos do S.r ANTONIO DA SILVA, de LISBOA, morada na Rua do Quelhas 75, a quantia de

seis centos cincoenta mil reis

por saldo de contas até hoje.

Lisbôa, 31 d'Agosto de 19..

São R.s 650000

Santos e Dias

Sello de R.s 150

Eigenwechsel.

SOLAWECHSEL

Berlin, den *1. Juni 19 . .*[1]) Für M. *950,—*

Am *31. August a. c.*[2]) .... zahle ich gegen diesen Solawechsel[3])
an die *Herren Gebrüder Dubois*[4]) . . .. oder deren Order[5])
die Summe von

Mark Neunhundert Fünfzig[6])

Paul Berger.[7])

[1]) Tag der Ausstellung. [2]) Fälligkeitstag. [3]) Wechselklausel. [4]) Wechselnehmer.
[5]) Orderklausel. [6]) Wechselsumme. [7]) Aussteller.

Bilhete á ordem

BILHETE A ORDEM

Lisbôa, 1 de Junho de 19..[1]) R.s 650000

Aos trinta e um dias d'Agosto proximo[2]) pagarei aos senhores SANTOS E DIAS[3]) ou á sua ordem a quantia de *seis centos cincoenta mil réis*[4])

valor recebido em fazendas.[5])

Paulo Bernardo.[6])

Commerciante em Lisbôa, Rua dos Bacalhociros N.o 10

[1]) Data do bilhete. [2]) Data do vencimento. [3]) O credor. [4]) Importancia. [5]) Valor fornecido. [6]) O devedor.

Scheck.

No. *32*

M. *950.*

den 15./5. 19..

Paul Berger, Berlin.

Gebrüder Dubois

Spandau, den *15. Mai 19..*[1])

Die *Herren Gebrüder Dubois,*[2]) *Berlin,* wollen zahlen[3]) gegen diesen Scheck aus unserm Guthaben[4]) an *Herrn Paul Berger*[5]) oder Order[6])

Mark Neunhundert Fünfzig[7])

Mark 950,—

Perron & Co.[8])

[1]) Tag der Ausstellung. [2]) Bezogene. [3]) bei Sicht zahlbar. [4]) Scheckklausel. [5]) an Person, Rektascheck. [6]) Orderklausel. [7]) Schecksumme. [8]) Aussteller.

Chèque

N.º 074527

Data 15/5

Saldo 10.000$000

solvido . . . . 650$000

para

Antonio Antunes

a transportar 9:350$000

Felix Joaquim Allen

N.º 074527 Lisbôa. 15 de Maio de 19 . . [1])

Sello

FELIX JOAQUIM ALLEN [2])

A vista:

Pagará [3]) á ordem [4]) do S.r ANTONIO ANTUNES a quantia de . . . . . .

seis centos cincoenta mil reis [5])

Paulo Bernardo [6])

R.s 650$000

[1]) Data do chèque (escrita com todas as lettras). [2]) Pagavel á vista. [3]) á ordem nominativa ou do portador. [4]) Saccadores. [5]) Saccado. [6]) Importancia.

Akzeptwechsel.

Vorderseite.

Berlin, den *1. Juni 19..*[1])   Für M. *950,—*

Am *31. August d. J.*[2]) .... zahlen Sie für diesen Primawechsel[3])
an die Order[4]) .... der *Herren Gebrüder Dubois*[5]) .... die Summe von
Mark Neunhundert Fünfzig[6])
den Wert .... in Rechnung[7]) .... und stellen ihn auf Rechnung laut Bericht[8])

Herren Perron & Co., Spandau.[9])   *Paul Berger.*[10])

Perron & Co.[11])
Paul Berger

[1]) Tag der Ausstellung. [2]) Fälligkeitstag. [3]) Wechselklausel. [4]) Orderklausel. [5]) Wechselnehmer, Order, Remittent. [6]) Wechselsumme. [7]) Wertempfangsbekenntnis. [8]) Berichtangabe. [9]) Bezogene. [10]) Aussteller. [11]) Akzeptanten.

Rückseite.

M. 0,50
(von mehr als)
800 bis 1000 Mark.

Für uns an die Order des *Herrn Heinrich Bertram*
— Wert in Rechnung —
Berlin, den *6. Juni 19..*
Gebrüder Dubois.

Für mich an die Order der *Herren Dietrich & Co.*
Rüdesheim, den *10. Juni 19..*
Heinrich Bertram.

Für uns an die Order des *Herrn Alfred Peters.*
Heilbronn, den *15. Juni 19..*
Dietrich & Co.

Betrag erhalten
Alfred Peters.

Lettra acceite

Anverso

Lisbôa, 1 de Junho de 19..¹)

R.s 650.000

Aos trinta e um dias de Agosto p. f.º²) pagarão V. Sª por esta unica via de lettra,³) á ordem⁴) dos S.res DOMINGOS E C.ia⁵) d'esta, a quantia de

*seis centos cincoenta mil reis*⁶)

moeda corrente, valor recebido em fazendas⁷) que passarão em conta segunda meu aviso⁸) d'esta data.

Aos Ill.mos S.res PEDRO E C.ia⁹)
Rua dos Lavadouros 70, PORTO

*Paulo Bernardo*¹⁰)

Sello de R.s 700

Acceitamos
PORTO, 3 de Junho de 19..
Pedro & C.ia ¹¹)

PAULO BERNARDO

¹) Data da lettra. ²) Data do vencimento. ³) Designação de lettra de cambio. ⁴) Ordem. ⁵) A favor de quem é passada a lettra. ⁶) Importancia a pagar. ⁷) Valor fornecido. ⁸) Aviso. ⁹) Saccados. ¹⁰) Saccador. ¹¹) Acceitantes.

Verso

Pague-se á ordem do S.r Francisco Martins valor em conta

Porto, 6 de Junho de 19..
Domingos e Sr.

Pague-se á ordem dos S.res Tavores e Crespo valor em conta

Aveiro, 10 de Junho de 19..
Francisco Martins.

Pague-se á ordem do S.r Alfredo Pimentel valor em conta

Lisbôa, 15 de Junho de 19..
Tavares e Crespo.

Recebi
Alfredo Pimentel.

Domizilwechsel.

Vorderseite.

Berlin, den *1. Juni 19..* [1] Für M. *950,—*

Drei Monate nach heute[2] .... zahlen Sie gegen diesen Primawechsel[3]

an die Order[4] .... von mir selbst[5] .... die Summe von

Mark Neunhundert Fünfzig[6]

den Wert in mir selbst[7] .... und solchen auf Rechnung ohne .... Bericht.[8]

Herren Perron & Co., Spandau.[9] *Paul Berger.*[10]

Zahlbar bei der Deutschen Bank in Berlin.[11]

Angenommen *Perron & Co.*[12]

Paul Berger

[1] Tag der Ausstellung. [2] Fälligkeitstag. [3] Wechselklausel. [4] Orderklausel. [5] Wechselnehmer, Order, Remittent. [6] Wechselsumme. [7] Wertempfangsbekenntnis. [8] Berichtangabe. [9] Bezogene. [10] Aussteller. [11] Domiziliaten. [12] Akzeptanten.

Rückseite.

M. 0,50
(von mehr als)
800 bis 1000 Mark.

Für mich an die Order des *Herrn Heinrich Bertram*
— Wert in Rechnung —
Berlin, den *6. Juni 19..*
Paul Berger.

Für mich an die Order der *Herren Dietrich & Co.*
Rüdesheim, den *10. Juni 19..*
Heinrich Bertram.

Für uns an die Order des *Herrn Alfred Peter.*
Heilbronn, den *15. Juni 19..*
Dietrich & Co.

Bezahlt
Alfred Peter.

Anverso

Lettra domiciliada

Lisbôa, 1 de Junho de 19 . . R.s 650000

A tres mezes de data pagarão V. S.a por esta unica via de lettra de cambio, á minha ordem .... a quantia de

seis centos cincoenta mil reis

moeda corrente valor em conta que passarão em conta, sem outro aviso

Aos Ill.mos S.res PEDRO E C.ia
Rua dos Lavadouros 70, PORTO

Paulo Bernardo

Sello de R.s 700

Pagavel no Credit Franco Portugais, Lisbôa

Acceitamos
PORTO, 3 de Junho de 19 . .
Pedro e C.ia

PAULO BERNARDO

Verso

Pague-se á ordem do S.r Francisco Martins valor em conta

Lisbôa, 1 de Junho de 19 . .
Paulo Bernardo.

Pague-se á ordem dos S.res Tavares e Crespo valor em conta

Aveiro, 10 de Junho de 19 . .
Francisco Martins.

Pague-se á ordem do S.r Alfredo Pimentel valor em conta

Lisbôa, 15 de Junho de 19 . .
Tavares e Crespo.

Recebi
Alfredo Pimentel.

N.° *39406* Lisbôa, *25* de *Fevereiro* de 190 *3*

O Sr. *Ex.mo S.r D.r Carlos Luiz M. Helbling* Deve

Ideal
PAPEL VEGETAL
PARA CIGARROS

O MELHOR,
MAIS FINO, MAIS BARATO
E MAIS AROMATICO

a DIAS & COSTA

Não se acceitam recambios nem trocas. As fazendas viajam sempre de conta e risco dos compradores. Para a provincia o transporte é de nossa conta, quando as compras em tabacos forem de importancia superior a 15$000 rs. Nos outros artigos, o porte é de conta dos compradores.

	400	*cigarros Pirate*	*40/85*		*3*	*400*

Encanamentos para gaz e agua
Candieiros e lanternas de todas as qualidades
Fogões para cosinha systema circular
Bombas, torneiras, syphões e tanques de ferro
Retretes, tinas, lavatorios e urinoes
Tubos de ferro, lona, latão e borracha
Fogões para sala e gabinete
Machinas para aquecer agua para banho
Preços especiaes em tubos de chumbo

JULIO GOMES FERREIRA & C.A
Numero telephonico 219
Escriptorio, loja de venda e depositos
82, 84, RUA DA VICTORIA, 86, 88
Fabrica a vapor
17, 19, RUA DE S. THIAGO, 17, 19

Lisbôa, *16* de *Setembro* de 1*903*

O Ex.mo Sr. *Dr. Elbling*
140—1 Rua de Sant' Anna, á Lapa Deve

	4	*Mangas*	*300*	*1*	*200*
em 17	*8*	*„*	*„*	*2*	*400*
	2	*Corôas para bicos de incandescencia*	*600*	*1*	*200*
	4	*Chaminés de vidro*	*150*		*600*
				5	*400*

Recebemos a quantia de cinco mil e quatrocentos réis, importa d'esta conta
Lisbôa, 26 de Setembro de 1903

Reis 10 Reis [1])

P. p.ção de Julio Gomes Ferreira & C.a
Antonio Nunes Nogueira

26 de Setembro 1903
Reis 10 Reis

[1]) Stempelmarke von 10 Reis, welche durch Überschreibung der Firma und des Datums entwertet wird.

FSC
www.fsc.org
MIX
Papier | Fördert
gute Waldnutzung
FSC® C083411

Kolibri 360 GmbH
Ferdinand-Jühlke-Straße 7
99095 Erfurt, Deutschland
produktsicherheit@kolibri360.de